斯特劳斯-卡恩的母亲捷克琳娜·斯特劳斯在五十年代时的照片。

1958 年在阿加迪尔，斯特劳斯-卡恩的母亲捷克琳娜在自己丈夫的 40 岁生日庆祝会上乔装打扮。

1926 年在贝克海滩上的合影，前左为斯特劳斯-卡恩的父亲，当时只有 8 岁。站立者从左到右
分别为：斯特劳斯-卡恩的爷爷加斯顿·斯特劳斯，他未来的养祖父玛留斯·卡恩，他的奶奶
伊万娜·斯坦日尔。

斯特劳斯-卡恩的养祖父玛留斯·卡
恩在马耳他度假时的留影。

离总统只差一步

只差一步

（法）米歇尔·多波曼◎著

庄刚琴 觉金◎译

——斯特劳斯-卡恩传

中国出版集团

现代出版社

版权登记号：01-2011-7075

图书在版编目(ＣＩＰ)数据

离总统只差一步：斯特劳斯–卡恩传 /（法）多波曼著；庄刚琴，觉金译.
—北京：现代出版社，2014.9
ISBN 978-7-5143-2491-4

Ⅰ. ①离…　Ⅱ. ①多…　②庄…　③觉…　Ⅲ. ①卡恩，D.S.－传记
Ⅳ. ①K835.655.3

中国版本图书馆CIP数据核字（2014）第194991号

© Edition originale, Editions du Moment, mai 2011
© Edition augmentée et actualisée, Editions du Moment, juin 2011

离总统只差一步：斯特劳斯-卡恩传

作　　者	[法] 米歇尔·多波曼	
译　　者	庄刚琴　觉金	
责任编辑	张　霆	
出版发行	现代出版社	
通讯地址	北京市安定门外安华里504号	
邮政编码	100011	
电　　话	010-64267325　64245264（传真）	
网　　址	www.1980xd.com	
电子邮箱	xiandai@cnpitc.com.cn	
印　　刷	北京牛山世兴印刷厂	
开　　本	710×1000　1/16	
印　　张	17.5	
版　　次	2014年9月第1版　2014年9月第1次印刷	
书　　号	ISBN 978-7-5143-2491-4	
定　　价	36.00元	

20 岁的斯特劳斯-卡恩在冬季滑雪

1920 年代时的布朗西·布瑞特曼，斯特劳斯-卡恩俄国血统的外祖母

斯特劳斯-卡恩突尼斯籍的外祖父安德鲁·费律斯 60 岁时的照片

斯特劳斯-卡恩突尼斯籍的外曾祖母塔提亚娜·贝尔考夫

1964—1965 年斯特劳斯-卡恩在摩纳哥上中学时的留影。

1970 年斯特劳斯-卡恩和他的朋友伊夫·马尼昂在拉丁美洲旅行。

1975 年斯特劳斯-卡恩拿到博士学位时

1991 年 11 月 26 日在巴黎举行婚礼时的斯特劳斯-卡恩和安娜·辛克莱。

2009 年斯特劳斯-卡恩在金萨沙一个医疗中心里递交国际货币基金组织的募捐

2006 年斯特劳斯-卡恩在巴黎参加社会党初选的竞选活动

2009 年 9 月斯特劳斯-卡恩在参加匹兹堡峰会时和奥巴马交谈

　　"斯特劳斯-卡恩飞得高，摔得狠……他将被一颗原子弹炸得粉碎。爆炸、海啸，这一切都会在 5 月发生。他将连社会党的初选都参加不了。"这些话语，我永远都不会忘记。2011 年 4 月 6 日，巴黎阿里斯蒂德-布里昂路 4 号，在国民议会的一间侧厅里，正午时分，我听到一位当时在法国政府一个重要部门工作的女士说了这样一番话。她属于那些"消息灵通"人士。这一天我们一起出席了由社会党议员玛尼埃尔·瓦拉斯和人民运动联盟议员尼克尔·阿穆林共同主持的伊朗反对派记者招待会。

　　作为三本有关伊朗的书的作者，我对这场记者会特别关心，所以她的话开始时我并未在意，我还以为她指的是刚出版的一本书，书中透露了一件有关这位极有可能是左派总统候选人的丑闻。我对她回答道，两年来我一直在撰写斯特劳斯-卡恩传，想不出来还有什么被封锁的丑闻能阻挡他参选。我还告诉她，就我所知，除了我的书，没有别的有关斯特劳斯-卡恩的书将在 2011 年 5 月出版，接着我很快就离开了记者招待会。我心里主要惦记的是正等着我的工程，也就是审读《斯特劳斯-卡恩传》的清样。

自从 2011 年 5 月 14 日国际货币基金组织总裁被捕以来，在国民议会听到的这番奇谈怪论又浮现在我的脑海。我联系了说这番话的那位女士，她在 5 月 26 日和我单独见面时又确认了一遍。她向我透露说这条"消息"来自法国商界的一位高层人物。和我一样，她在事发后也感到非常困惑不解。我把这番话用开玩笑的口气告诉了我妻子。在我调查研究斯特劳斯-卡恩期间，我已经听过许许多多无稽之谈。人们曾向我许诺提供海量肯定是爆炸性的"内部信息"，但最终都是漏洞百出……而这 4 月的某一天在国会听到的"预言"难道真的佐证了针对斯特劳斯-卡恩的阴谋论？要在这条路上往前走，还需要别的成分。预感？巧合？"4 月 6 日的预言"至少表明了某些阶层围绕着斯特劳斯-卡恩的总统竞选所显示的氛围。两年来，丑闻随时就要暴露的谣传一直追着极有可能入主爱丽舍官的斯特劳斯-卡恩，可都像是天边的闷雷，响个不停却不见暴雨大作。

长期以来，政界与新闻界这个小圈子一直对斯特劳斯-卡恩参选2012 届总统的说法持怀疑态度。"他不会参选！"人们凑在一起总说。有人斩钉截铁地说："斯特劳斯-卡恩？他只是说说而已，这是个随心所欲的家伙。"另一些人则认为："他不会放弃国际货币基金组织的舒适生活来蹚总统竞选的浑水。"还有人像说知心话一般小声嘟囔着："他太贪图享受，他将因性问题而受阻。"

啊！性，一个包含了无穷幻觉的主题。在网上，有关斯特劳斯-卡恩与女人、金钱、犹太教的流言，经常是异想天开，极不公正。然而法国民众对政界和新闻界这个小圈子的态度无动于衷，他们对流言也不以为意，斯特劳斯-卡恩一直都是民意测验的佼佼者。从 2010 年夏天起，民众便保证他将在与尼古拉·萨科齐的第二轮对决中以至少 60% 的得票率胜出。

自从 2007 年 9 月当选国际货币基金组织总裁以来，斯特劳斯-卡恩既换了身份，又改变了精神面貌。在法国政治版图上他占有一个特殊的位置，尽管形式上他已另有高就。作为国际高级公职人员，他如同国家元首般与这个星球上的大人物并肩而坐。无暇参加社会党代表大会和各类"小型"的全国研讨，他全力以赴致力于调整世界经济，职责要求他出言谨慎，必须咬紧嘴唇，"华盛顿的斯芬克斯"只能字斟句酌地用隐语来透露他对法国形势的看法。然而他的身影依旧笼罩着法国政治舞台。

远离让人想念。2011 年的春天，尽管奥朗德一直在民调中上升，斯特劳斯-卡恩依然被看成即是社会党初选也是下一年总统选举的最大热门。雄踞在华盛顿高高的奥林匹斯山上，斯特劳斯-卡恩显示他是唯一可以与尼古拉·萨科齐"就像个国家元首"一样平起平坐的对话者。斯特劳斯-卡恩的声望建立在实实在在和深入的基础之上。他代表着寻求改革的左派，有能力，尤其具有国际经验，左派的某些人害怕他在政治上走中间路线，但许多人期待着他把重心移回到在最近几年里因移民、民族特点、社会安宁等而被冷落在一旁的经济社会问题上来。

2011 年 4 月底，斯特劳斯-卡恩参选总统看来已是确定无疑。在他逗留巴黎期间，他在他的朋友、作家堂·法朗克的艺术家作坊里与社会党高层领导会晤，那些曾公开反对他的人也来毕恭毕敬地听他讲话，他还抽时间会见了《玛丽安娜周刊》《解放报》和《新观察家》三家报刊的编辑负责人。无论对谁，他都显得非常自信。什么都不能停止他奔向社会党初选的步伐，那也是通往爱丽舍官的最后一道关卡。他周围的人并不想真正隐瞒他们已经开始准备这位候选人在法国的"着陆"，熟悉内情的人已经知道了日程，斯特劳斯-卡恩将在 6 月 15 日前后辞去总裁职务，极有可能在 6 月 28 日，也就是社会党内初选登记的日子，斯特劳斯-卡恩将宣布他夺取爱丽舍官的心愿。

无论是报刊还是在社会党内，人们好像已经忘记了几个月前对这位候选人所表现出来的各种犹豫不决，然而斯特劳斯-卡恩却记得清楚。4月28日，在和几名记者午餐时，斯特劳斯-卡恩透露说他担心在竞选期间就他的"女人、金钱、犹太人"问题而受到攻击。为了说得更加明确，他甚至谈到暗中陷害他的可能性。他说，有人也许会用几十万美元买通一个女人告发他在某处停车场强奸了她！这是预感，或是预言，偶合？女人问题不可否认是他的致命弱点。

2011年5月14日他被捕继而因试图强奸的罪名收监之后，人们对所谓的法国媒体对斯特劳斯-卡恩与女人们的关系有一条"不开口"的潜规则议论纷纷。本书作者没有回避这个话题，远远没有。5月5日，在纽约的一幕上演前夕，本书的第一版上市发行。书中用大量篇幅谈到了那些最敏感的话题，许多见证，尤其是那些来自对前财长十分熟悉的女士的见证都是初次披露。

本书用了长长的两章来讨论两桩被公开了的私生活纠葛：他与国际货币基金组织匈牙利女雇员皮罗斯卡·纳吉的私通，以及2007年在电视里接着又在网上播放过的年轻女作家特里斯坦娜·巴农指控斯特劳斯-卡恩对她粗暴侵犯。我第一个在一本书里对这桩纠纷用许多篇幅进行了探究。在增补的本书第二版里，我还对此事添加了新的内容，目的是让读者能自行判断，形成自己的意见。

在他被捕前，尤其是被捕后，许许多多有关斯特劳斯-卡恩的事都已经说过或是报道过，人们常说："无风不起浪。"在两年的调查研究中，我一直努力不把风和浪混作一谈。我核实了各种各样的谣传，和男男女女各种不愿透露姓名的控告人会面。我从未放过任何消息来源，我曾认为是无关紧要的某些信息，某些内情透露，在国际货币基金组织总裁被捕后有了新的重要性。我有责任从现在起让每一位读者们都对此了解。

5月14日在纽约索菲戴饭店的客房里到底出了什么事？这应当由法庭来回答。

在等待诉讼期间，我可以做的是为读者澄清这桩事件发生的背景，让大家了解斯特劳斯-卡恩及他的亲友们是如何经历了这一幕。

米歇尔·多波曼

2011年6月

目 录
CONTENTS

第一章　活在法国无忧无虑

2011 年春天。斯特劳斯-卡恩谈到他的童年、家庭和他的根。"我在阿加迪尔度过了我的童年，"他说道，"当我三岁的时候，我父母来到了这个摩洛哥南部的城市。我一生最初的记忆就在那里。我的脑海里会再现出阿加迪尔的海滩，无边无际。阳光、海浪、沙子、常年如夏，基本如此，几乎一整年。从 2 月份到 11 月份，那时候每个周末我们去沙滩上野餐，在一个几公里远的小湾里。我们成群结队，和父母的朋友们一起，一行人二十来个，其中有很多孩子。对一个小孩来说，能在沙子和水之间玩上一天，简直就是在天堂。我在这样的氛围里长大，以至当我来到一个阿拉伯国家的时候，我会重新找到我童年时那种感觉。"情感上是东方人，名字上是个阿尔萨斯人，宗教信仰上是犹太人，斯特劳斯-卡恩是多种因素结合的产物。"我从来不觉得自己是移民的后代，"他解释道，"当一个人像我一样在国外一直住到 11 岁，他会感觉自己更是个法国人。我直到青少年时代，才意识到我祖先的出身。"

他的家族谱扎根于地中海和欧洲的各个角落。它有着各种传奇般的经历和令人难以想象的联姻，体现出一个几代以来习惯自由、思想出奇开放的家族特色。斯特劳斯-卡恩出身于商人和知识分子那个谱系，这些人最后都定居在法国——一个他们定居之前渴望的、定居之后热爱的国度。这些人撰写了这本《多米尼克·斯特劳斯-卡恩》的第一章。

敖德萨

我们不妨一起翻看多米尼克·斯特劳斯-卡恩母亲家族的照片。他的高祖，穿着像个哥萨克人，有着蒙古人的眼神，同时，他却有着一位阿拉伯外高祖母。斯特劳斯-卡恩母亲的祖先是一对有着浪漫经历的、来自乌克兰的移民，他们的故事起源于 1880 年前后敖德萨的黑海岸。在当时，那个故事可以称得上是非常的疯狂。

多米尼克·斯特劳斯-卡恩的外曾祖父母，格里高尔·布瑞特曼和塔提亚娜·贝尔考夫分别为 22 岁和 18 岁。年轻的医学生，也是磨坊主和有名的犹太教士的孙子，并非家产万贯，而女方的父母倒是很有钱。她的父母住在敖德萨中心一个又大又漂亮的房子里，他们经常组织一些接见活动。塔提亚娜接受最好的教育，也受家庭女教师帕斯卡利娜教导，她教塔提亚娜伏尔泰的语言、英语、钢琴和礼仪。

法国，在西方代表着文化之"必修课"。年轻的格里高尔梦想去法国完成他的医学学业，逃离反犹太主义迫害。19 世纪末，分布在立陶宛到乌克兰的八百万意第绪语系（Yiddish Land）犹太人深受反犹太主义的迫害。1881 年，极有可能是格里高尔和塔提亚娜收获美丽爱情的那一年，敖德萨地区重要的犹太团体遭受到反犹太迫害，其中有一部分人遭到嚣张抢掠的暴力行为。

抢劫、强奸、杀戮经常袭击生活在这个沙皇帝国的犹太人。有些人开始移民到巴勒斯坦，但更多人转而逃到另两个避难国家，遥远的美国和被全世界的犹太人所钟爱的法国。在这个 1791 年发表《人权宣言》的国家，拿破仑在 1808 年赋予犹太人公民的身份。"活在法国无忧无虑"，意第绪语系的犹太人习惯这样传颂。或因格里高尔是犹太人？或因他贫穷？塔提亚娜的父母，尤其是母亲，反对这桩婚姻。

为了继续他们的爱情，两个年轻人从敖德萨逃跑，一个黑夜，他们坐在先由两匹、后又变成一匹马拉着的小车上，穿越狼群出没的森林。

几天之后，也可能几个星期后，他们来到了维也纳，在那个城市，塔提亚娜转而信仰犹太教，也是在那个城市，他们在一个犹太教堂里结了婚。

穿越了欧洲，这对年轻的情侣于1882年来到巴黎，他们住在拉丁区的一间佣人房里①。格里高尔每天3点起床，去一家面包店当伙计。下午，他在医学院继续学业。而他年轻的妻子则教授一些俄语课。

1888年，格里高尔关于精神病的博士论文通过了夏尔克教授主持的论文答辩，然后他开始在一些外省的城市做临时性的医学服务，1895年前后在靠近布卢瓦的一个叫埃尔伯特的村庄开业行医。在那个村庄，布瑞特曼家族扎下根来。这个乌克兰移民，摇身一变成为了乡村医生，坐着四轮马车开始到处出诊。他废寝忘食，周日和黑夜也不休息，给那些穷困的病人送上他妻子塔提亚娜准备的蔬菜牛肉汤，赢得了"良医"的名声。他在1914年一战前死去，并被埋葬在埃尔伯特墓地一个后来发展成家族墓地的墓穴里。

像那个时期的很多犹太移民一样，布瑞特曼家族已经完全同化了。宗教习俗被抛弃，四个孩子取了法国名，他们热爱政教分离的共和国和让他们学业优秀的教育。其中有一个儿子，鲁斯恩，也成为医生，不过是在罗摩兰丁，他还被选为麦那图-苏尔-夏尔的村长。

有一个女儿，布朗西，1892年出生，即多米尼克·斯特劳斯-卡恩未来的外祖母。她在布卢瓦初中读书，与众不同、才华横溢，想效仿家族的男人们从事医学工作。不过她父亲认为这个工作不适合一个年轻的女孩。她在巴黎噶朗斯埃尔牙医学校上课，并在第一次世界大战前夕成

① 关于多米尼克·斯特劳斯-卡恩的大部分信息来自于他母亲的书——《请进来跳舞》，他的母亲名捷克琳娜·斯特劳斯-卡恩，亦名为费丽娜（别名，取自她的姓Fellus的第一个音节以及名字Jacqueline的最后一个音节）。这本书于2005年以作者自费的形式出版。这些信息采自于家族的好几位成员的回忆：多米尼克·斯特劳斯-卡恩本人，他姐姐瓦雷里·斯特劳斯-卡恩，他姑妈爱丽丝·卡恩，他养祖父玛留斯的最后一个妻子——宝莱特·卡恩，最后还有斯坦福·凯塔，宝莱特的儿子，即玛留斯·卡恩的继子。

了法国一名年轻的女外科牙医。加入战争的她做护士工作，并认识了一位她兄弟鲁斯恩的战友，他们曾在那次恐怖的马恩战役中在一个战壕里并肩作战。这名战士名叫安德鲁·费律斯，即多米尼克·斯特劳斯-卡恩未来的外祖父。

走向突尼斯

安德鲁·费律斯和布朗西·布瑞特曼于1918年1月结婚。一战结束后，他们搬到巴黎，1919年他们三个孩子中的老大捷克琳娜出生了，她就是多米尼克·斯特劳斯-卡恩的母亲。但是安德鲁在法国的首都处境不佳，因此夫妻俩不久之后就离开巴黎去了突尼斯。

当时这个小国家人口约为四百万，那里的犹太人在阿拉伯人征服突尼斯之前，像在所有穆斯林国家里一样，很长时间内和基督教徒共享"非本教居民"的地位，即"受保护"居民，这个身份允许他们从事宗教活动，不过以付出一系列不公平的代价为前提：特殊税收、不同的衣着、划区居住、司法不平等。

犹太人比较支持突尼斯受法国保护国制度，在这个保护权制下，1881年开始，突尼斯城的大公受法国任命的常驻外交代表的辖制。像其他地方或俄罗斯的教友一样，突尼斯犹太人崇拜启蒙运动之国，以至于在拿破仑时期，有些犹太人穿戴三色标志的衣帽。在受保护国制影响下，一部分犹太人脱离当地人，采用欧洲人的生活方式。在出发去打仗之前，布朗西·布瑞特曼的丈夫就把他的名字法国化了，而最初他的名字叫佘摩乌·费鲁斯①。

20世纪初，费律斯一家人是当时典型的突尼斯犹太家庭，那个时代并存着富有的商人和赤贫的民众，欧化的知识分子和不会说法语的文

---

① 佘摩乌（Shemaoun）这个名字可能来自当时受掺杂阿拉伯语的犹太方言 judéo-arabe 里 "Simon" 的发音：Shiymown。

盲。费鲁斯（Fellous）这个名字出自一个突尼斯词"flous"，在突尼斯俚语里这个词的意思是"小鸡"或"银子"。

安德鲁·费律斯的父亲，哈意姆·费鲁斯，即多米尼克·斯特劳斯-卡恩的外曾祖父，靠放高利贷发了家——今天我们称之为银行家。在壮年时，经过了两次婚姻和有了六个女儿后，他还一直期待一个男性后代，因为一个儿子才是那个时代的突尼斯人所唯一看重的。

他的第三任妻子，年轻的塔伊达·阿杰日，终于给他生了三个儿子。其中佘摩乌·安德鲁是老大。父亲庆祝他出生的欢庆活动持续了一个月，在此期间，根据犹太教关于善行的教规，即犹太教戒律规定每个人尤其是富人们每天做善事的教条，他的父亲还向穷人们散发了很多钱。帅气、优雅又迷人，佘摩乌·安德鲁在身旁所有女人们的疼爱下长大了。

多米尼克·斯特劳斯-卡恩的外祖父属于受法国保护国制下出生的第一代，这代人急于想登上通往现代化的列车。在公立学校接受了按教育部大纲规定的培育后，他认同了政教分离和共和的价值理念。像大部分马格里布地区的犹太人一样，自从德雷福斯事件以来，他认为自己站在法国左派阵营那边，左派主张和阿拉伯人一起捍卫权利的平等性，但并不打算当即就给予阿拉伯人独立。换名为安德鲁的佘摩乌自愿加入法国军队，这在当时的突尼斯人里是一个勇敢的、少见的选择。

当1920年他带着妻子布朗西和女儿捷克琳娜回到突尼斯时，他的父亲哈意姆已去世两年。

文化混合

布朗西，斯特劳斯-卡恩未来的外祖母，认识了她的婆婆塔伊达，并且发现她属于受法国保护国制之前的时代。她只会用突尼斯犹太人所特有的方言表达自己的想法，把阿拉伯语翻译成阿拉米语，小心谨慎地遵守着宗教戒律，尤其是 caherout①，有着和穆斯林女人们一样的生活方式并且相信她们的迷信，尤其害怕"毒眼"带来厄运。穿着打扮东方化，脚蹬阿拉伯拖鞋，她坐在软垫上抽着水烟筒。这对于成长在现代的、主张无神论的布朗西来说，是个真真实实的文化冲击。

这个最时髦的巴黎女人，开着车，在这样一个女人不工作并且几乎从来不独自外出的国家，是如此的不相称。

布朗西到那里不久，就在突尼斯市圣-夏尔街道开了一家牙医诊所。她还获得了一个欧洲人很少能够得到的特权，那就是被允许进入巴固西长官——比塞大统治者的宫殿，为的是护理他众多妻子们的牙齿。

但是，迫于压力，她于 1921 年她的第一个儿子——让出生后就停止了她的工作。她的丈夫赚的钱足以养活一家人。他们的第三个孩子，皮埃尔，出生在 1923 年。安德鲁·费律斯做谷物代理生意，在突尼斯市的那不勒斯街设了办事处并把家安置在巴黎大道一个配有路易十五风格家具很漂亮的公寓里。后来由于 1929 年的金融危机导致谷物市价崩盘，他也破了产。

捷克琳娜，斯特劳斯-卡恩的母亲后来一直保留着她年轻时精神上和物质上那种担惊受怕、飘浮不定境况的回忆。她丈夫的父母也曾遭受过同样的巅峰和低谷。

花花公子的安德鲁使布朗西很不幸福。捷克琳娜的回忆里鲜有和他父亲一起生活的日子。每年夏天，她和母亲、兄弟们一起去位于索洛涅区的布瑞特曼家度假三个月。这个小姑娘感觉和外祖母塔斯阿娜以及法国舅舅、表兄们更亲些。相比较而言，她承认和突尼斯的祖母就没有那么亲，不过倒是这个祖母把法国外祖母家遗忘的犹太传统传承给了她。

一有宗教节日，塔伊达就会召集哈伊姆·费鲁斯三次婚姻带来的众多人口：八个女儿，三个儿子，这些孩子的配偶以及众多的孙辈。在逾

---

① 一种犹太人的饮食规则，即把适合于犹太人的食物和不适合的食物区别开来，譬如猪肉或者甲壳类食物。

越节期间，即犹太教的复活节，参加者的头顶装满了腌制或蜜制食品的盘子，这两种食品分别象征着苦难和甜蜜的生活。小捷克琳娜和堂兄们看到这个情景就会觉得好玩。她还知道赎罪日，在犹太教堂里，日落一小时之后，一家人围着举着祈祷披巾的父亲，听犹太教士吹响梭法号，这是一种用公羊角做成的乐器，它发出震耳欲聋的声音被认为是在再现杰里科的军号。

当人们为捷克琳娜的两位兄弟庆祝犹太男孩成人（13岁）时，捷克琳娜有一点嫉妒。但是，在犹太家庭里，人们是不同意女孩子也可以为她们宗教上的成人礼举行庆祝活动的。话虽这样说，她还是接受了对当时的犹太年轻女孩来说已经是出奇自由的教育。虽然让祖母不开心，捷克琳娜在青年时代还是被允许单独出门去上高中或电影院，和同龄男女伙伴们一起坐火车去拉·马尔萨沙滩。

她打扮得像漂亮的欧洲女人一样去参加舞会。在她母亲——那个曾经是才艺出色的学生的帮助和引导下，她接受中学课堂学习，这和她那些突尼斯堂姐正好相反，她们当时只学习做婚姻所要求的裁缝和家务。捷克琳娜阅读量很大，她在文学和拉丁语方面显示出才华。在1939年中学会考后，她开始学习法律。

就在那个时刻战争在欧洲爆发了。不过突尼斯人当时只能听到战争那遥远的回音。1940年秋天开始，维希政府建立了一些不利于犹太人的歧视性法令。与同样处于受法国保护国制下的摩洛哥苏丹穆罕默德五世相反，突尼斯城大公同意实施这些法令。法令禁止犹太人从事某些职业，不过在1942年6月19日执政的新大公蒙塞夫治下有所缓解。

1942年11月11日德国占领突尼斯后，犹太人的境况骤然恶化。捷克琳娜，她的母亲和她的兄弟们逃难到突尼斯城北部的一个小渔村凯普·邦，而父亲却躲在法国。两个兄弟被关押在比塞大一个劳改营里，1943年3月逃了出来并加入英国军队。随着军队他们路过埃及来到黎巴嫩。

1943年5月，美国人解放了突尼斯城。费律斯一家人收回他们那位于风景区的、曾经被德国人征用的漂亮别墅。纳粹们仅运送了一架装有犯人的飞机到集中营，他们曾经想在突尼斯实施最后的了结，不过隔岸的地中海阻碍了他们那灾难性的举动。

　　犹太人当时也得到了突尼斯当局的保护。蒙塞夫本人就把好几个犹太人藏在他的私人府邸里。"我母亲一家人幸免于难，"斯特劳斯-卡恩强调道，"可能是由于这个原因我对纳粹屠杀犹太人事件认识得较晚。而且是通过家庭外面的人才知道的。因为我父系那一方，也算是较幸运的。"

第二章 斯特劳斯和卡恩

多米尼克·斯特劳斯-卡恩的父亲，吉尔伯特，拥有一半的犹太血统，这足以使他受到反犹太法令的打击。但他并非出生时就叫斯特劳斯-卡恩。在他的大半辈子里，人们仅通过吉尔伯特·斯特劳斯的名字认识他。事实上，多米尼克·斯特劳斯-卡恩有两个祖父。生祖为斯特劳斯，继祖为卡恩[1]。他们都爱着同一个女人，并且各与她生了一个孩子。我们得好好解释一下这个不同寻常的故事。

吉尔伯特·斯特劳斯的生父，加斯顿，1875 年生于比什维莱尔，如同其他那些犹太家庭一样，加斯顿家族几世纪以来一直定居在阿尔萨斯，对伏尔泰的祖国忠心耿耿——尽管 1870 年法国战败后该省被德军兼并。

加斯顿·斯特劳斯有"一个意为'鸵鸟'的姓氏，该姓显然出自于代表这种飞禽的一种标记……加斯顿首先有一位名为穆瓦兹的祖先，后有一位祖先叫约瑟·斯特劳斯，后者是 18 世纪一个服饰配件商家族的创始人……这个家族先后定居在昆德绍芬和阿格诺地区"[2]。

加斯顿胸襟宽广。这个不遵守教规的犹太人娶了路内威尔市一位信仰天主教的洛林女子，伊万娜·斯丹日尔，她小加斯顿 17 岁，在阿尔

---

① 有关多米尼克·斯特劳斯-卡恩父亲方面的信息来源同前言。

② 根据《从凯撒到萨科齐，有关掌权者姓名的小故事》（巴黎，让-克洛德·拉戴斯，2007 年），系谱学者让-路易·勃卡尔诺揭示多米尼克·斯特劳斯-卡恩是德雷福斯上尉的第十四层表兄，是吉斯卡尔·德斯坦和密特朗两位总统期间担任部长的奥利维尔·斯蒂尔的第十七层表兄。

萨斯她姐姐的一家商场当销售员。加斯顿把她带到巴黎，并在那里经营海绵制品批发生意。他的生意很红火，夫妻俩很是幸福。

1914 年，时值 39 岁的加斯顿·斯特劳斯奔赴前线。彻底脱离军队回家后，他的妻子伊万娜·斯丹日尔于 1918 年 11 月 11 日生了小吉尔伯特，也就是后来的多米尼克·斯特劳斯-卡恩的父亲。

在 20 世纪 20 年代中期，斯特劳斯一家人在他们巴黎二十区的家里迎来了同样来自阿尔萨斯的加斯顿的堂弟。他叫玛留斯·卡恩，而且他像加斯顿·斯特劳斯一样也成为了……多米尼克·斯特劳斯-卡恩的祖父。玛留斯·卡恩在他这个孙子的一生中扮演了一个重要的角色。

玛留斯

玛留斯 1904 年出生在离斯特拉斯堡不远的科尔伯赛穆村，当时该村属于被德国人占领的阿尔萨斯地区。那场把他两个祖国都牵扯进去的战争爆发时，他正好 10 岁。

当法国和德国的士兵在战壕里厮杀时，玛留斯在斯特拉斯堡读了初中和高中。他每天往返 30 多公里，先乘坐火车，至于剩下的路程，冬天时他就在结冰的湖上滑冰前行，其他季节则步行，他一年四季都毫无怨言替两个姐姐背书包，按他的说法是为了"像个男人"。玛留斯热爱学习并取得了优秀的成绩。

1918 年 11 月 11 日，当法国胜利的钟声敲响时，玛留斯 14 岁，他终于能够获得他喜爱的国籍了。两年之后，16 岁的时候，他通过高中会考。当时，考虑到德国人曾经把那些年轻的、出色的阿尔萨斯人排斥在管理岗位和高级公务员职位之外，法国共和国给这些年轻人提供一种有利于他们获取这些职位的特殊待遇。因此玛留斯得以不用考试就直接进入巴黎综合理工学校。但是他的父母则对此不以为然，作为谨遵教规的犹太人，他们希望他能成为拉比。

玛留斯一心却只想着一件事：离开家乡，去征服一个在战后到处充满希望的世界。因此玛留斯来到巴黎，边学法律，边工作，同时做巴黎食品集团的采购员和巴黎老佛爷百货的供应商。

在首都，玛留斯感受到了现代化、社会主义和……他的堂嫂，伊万娜·斯丹日尔，即收留他的加斯顿·斯特劳斯的妻子。玛留斯是个二十来岁的年轻小伙子，伊万娜近三十五岁。她的丈夫加斯顿，在世界大战中受到德国人毒气的迫害，已经是个过早衰老的五十来岁男人，因此玛留斯很自然地就逐渐成了家里的男主人。

既然"老"斯特劳斯不再有能力旅行，年轻的卡恩就带着伊万娜去西班牙旅行六个月，好像还取得了做丈夫的默许。加斯顿·斯特劳斯确实胸襟宽广且大度。预感到自己时日不多，他也就任凭他的家在他眼皮底下重组。

伊万娜和他有一个儿子，吉尔伯特，1918 年出生，即后来多米尼克·斯特劳斯-卡恩的父亲。在加斯顿还在世的时候，1931 年，伊万娜和玛留斯生了一个女儿，爱丽丝，家人称她为丽赛特。

加斯顿1934 年去世，第二年玛留斯娶了伊万娜。20 世纪40 年代末的时候，玛留斯收加斯顿的儿子吉尔伯特为继子和爱丽丝·斯特劳斯……他自己的私生女为继女，因为死者在世时承认爱丽丝是合法婚姻的孩子。她的名字于是改成了爱丽丝·斯特劳斯-卡恩。

至于多米尼克·斯特劳斯-卡恩的父亲，虽然根据家庭状况改名为吉尔伯特·斯特劳斯-卡恩，在很长的一段时间里人们还是叫他吉尔伯特·斯特劳斯。

"我父亲，"多米尼克·斯特劳斯-卡恩回忆道，"从来不曾抵触玛留斯。相反地，他们两个很亲近。他们甚至在专业上有所合作。不过，他一直没法把他当成父亲。他们俩只差十四岁，我父亲把玛留斯看作是一个大哥哥。而我，却一直把他当作祖父。如果说我在年轻时候像我父亲一样被人称为斯特劳斯，我更愿意从 1970 年开始，人们根据我的家庭情况叫我斯特劳斯-卡恩。这表达了我对祖父的怀念，也证实了我被1967 年的六日战争和1973 年赎罪日战争唤醒的犹太身份。"

工人国际法国支部（SFIO）

如何描述玛留斯·卡恩呢？这个中等身材的男人，结实，爱好美食，性格果断，嗓门儿洪亮，是一个社会党人，一个世界公民和一个法国爱国者。他在1920年12月的图尔会议之后不久加入共产国际法国支部。图尔会议中，少数成员跟随雷奥·勃鲁姆拒绝向东风屈服，这股东风推动大多数成员建立了法国共产党，即听命于莫斯科的共产国际法国支部（SFIC）。

在整个一生中，玛留斯把自己定位成"勃鲁姆主义者"。这个词对他来说意味着对一个人、一个斗争、一种思想的忠诚。雷奥·勃鲁姆在图尔会议上作了一个前瞻性的演讲。

那么在一战后几年，一个18岁或20岁的小伙子又是如何加入雷奥·勃鲁姆和阿尔伯特·托马斯的"老字号"的呢？要知道，雷奥·勃鲁姆这些人一直不懈地支持或参加"神圣同盟"帝国主义战争，把整一代人送进战壕，幸存者要么中毒要么残废。玛留斯自有他的理由。1887年以来，他那遭受德国侵略之害的家族一直盼望着法国战胜并解放阿尔萨斯和摩泽尔省。玛留斯因此不可能是个和平主义者；这点与他那些同年代人不一样。

由于年轻时候被剥夺了做法国人的权利，他后来终身热爱、支持着法国和她的共和体制。1932年他作为社会党候选人时，遭受了右派对手的质疑和大肆侮辱："玛留斯·卡恩不是法国人。他是德国人出身！"突遭此种质问，玛留斯感觉自己像被扇了一记耳光。这件事对他打击是如此之大以至于他自此以后不再参加任何一次选举。

玛留斯热爱法国。他常说他一生中最美好的日子，是他成为法国人的那一天。也是在三色旗号召下，玛留斯参加了第二次世界大战。1940年6月溃败时，他和其他两百万法国士兵一样当了俘虏，在德国北部吕贝克的奥弗拉戈集中营待了将近5年，一同被关押在那里的还有雷奥·勃鲁姆的儿子罗伯特和历史学家费尔南德·布罗代尔。

做俘虏的最初几年算是顺利度过。纳粹德国和维希政权签订的停战协议至少有利于德国人根据日内瓦条约对待法国战俘，但对于其他国家的战俘，譬如苏维埃战俘，就另当别论了。

最后几年就很艰难了。犯人们每天生活在英国人和美国人轰炸德国人的炸弹声中，而且他们开始挨饿。幸运的是，玛留斯利用阿尔萨斯出身和地道的德语成功地掩饰了他的犹太籍。

吉尔伯特·斯特劳斯，多米尼克·斯特劳斯-卡恩后来的父亲，也参加了1940年6月的战争。不过他没有被俘虏。德国人承认维希政权后，他作为停战部队的士兵于1942年被遣返到图卢兹。之后，他加入"解放北方"的抵抗主义运动。

像他的犹太父亲一样，吉尔伯特·斯特劳斯是个社会党，但明显更倾向左派。年轻时在人民阵线那段时间里，他有一阵子是某个和共产党关系密切的组织里的活跃分子。

带着社会党的标记，1949年3月，他在塞纳-埃-瓦兹的马尼-恩-威克辛区选举中败北，而这个地区恰恰离四十年后他儿子多米尼克站稳脚跟的萨尔塞勒市不远。不知是否巧合，在他的生父加斯顿死后，重组的斯特劳斯和卡恩一家也定居在后来成为瓦尔-德瓦兹省的那个地方。

"我的祖父是塞纳-埃-瓦兹联邦的负责人之一，"多米尼克·斯特劳斯-卡恩回忆道，"他和阿尔努维尔-勒-高奈斯镇镇长保罗·莫兹安关系不错，当时该镇是瓦尔-德瓦兹省第八选区所在地，后来我也在那里做过议员。我的祖父在1971年后加入了弗朗索瓦·密特朗的社会党。但是他永远笃信工人国际法国支部的精神，直到1977年去世。"

工人国际法国支部（SFIO），1969年后称作社会党。这个组织的形象一直和阿尔及利亚战争联系在一起。在很长一段时间里，该组织的总书记——1956年1月被任命为议会议长的居伊·莫莱，一直支持争端。

工人国际法国支部盲目支持殖民主义，从这一点来说，不管在乔瑞斯和德·勃鲁姆时代，或共和国和政教分离时代，这个党对斯特劳斯家族、卡恩家族甚或斯特劳斯-卡恩家族来说，是一个工人们的党，雇员们的党，小学教师们的党。"社会主义是一种道德观。"乔瑞斯曾经说过。

工人国际法国支部，即社会党，同时也是个共济会，它成为多米尼克·斯特劳斯-卡恩家族几代人的脊柱。"打我喝奶那天起我就是个左派，"多米尼克·斯特劳斯-卡恩如是吐露心声。也是通过工人国际法国支部，他的父亲才得以认识他的母亲捷克琳娜·费律斯，那个在巴黎发迹的突尼斯女人……

第三章 吉尔伯特和捷克琳娜

1943 年 5 月，捷克琳娜·费律斯 20 岁，是个非常漂亮的年轻女子，棕色头发，肤色暗淡，典型的地中海人。那时美国人刚刚把德国人从突尼斯驱赶出去，捷克琳娜也终于可以考虑自己的未来。她之前曾经学过两年的法律和一年的地理历史。这在当时对一个年轻的突尼斯女人来说已经是很不寻常了。不过她不曾获得任何文凭，当时的学习只有一个目的：写作，也为了在有许多犹太人的突尼斯城左派知识分子圈子里建立一些人脉关系。

在她父亲一个朋友的帮助下，她得以在《突尼斯日报》"被压扁的狗"这个杂讯栏目实习一年，之后她继续在《展览报》边工作边学习了两个月。但是捷克琳娜的梦想是去巴黎"发迹"。

1945 年 3 月她搭上一架军用飞机，坐在舱内很不舒适的座位上，实现了去巴黎的梦想。在法国首都，她将成为一名真正的记者。通过她父亲另外一个关系，她被社会党周报《巴黎流浪儿》录用，这个报社位于林阴大道街区，和工人国际法国支部的《人民日报》在同一个楼里。

费丽娜

结合她的姓费律斯（Fellus）里第一个音节和名捷克琳娜（Jacqueline）里最后一个音节，她的一位朋友昵称捷克琳娜为费丽娜（Féline）。她有一对猫绿色的大眼睛。用这个笔名，她做了一些真正意义上的报道：监狱、钻石加工厂、以色列国家建立之前的巴勒斯坦犹太家庭等。

26 岁的时候，她开始享受战后巴黎的和谐景象。爵士乐、波利斯·维昂、朱丽叶·格瑞格、萨特和波伏娃。那是圣-日耳曼区的繁华时代。捷克琳娜和她的兄弟们恰好住在附近，他们租来的豪华公寓位于拉斯帕耶大道 236 号，带有一个露台，兄妹们经常在那里接待朋友。公寓属于几个去突尼斯出长差的建筑师。几个月后，回到巴黎的主人们要求立即收回他们的住所。捷克琳娜拒绝了他们的要求。为了捍卫自己的权利，她咨询了社会党的法律顾问，那位顾问的办公室就在离她办公室很近的《人民日报》办公楼里。他的名字叫吉尔伯特·斯特劳斯。"我不但留住了房子，还找到了一个丈夫。"捷克琳娜后来写道。

吉尔伯特·斯特劳斯当时 27 岁，比捷克琳娜年长 1 岁。他个子矮小，戴着眼镜。"吉尔伯特并非是人们所谓的美男子。"捷克琳娜继续写道，"但是他面部轮廓精致，有着一双美丽的远视眼，而且他非常聪明。爱夸口，知道如何说话'取悦女人'，就像人们说的那样，他是个成功人士。……他有着非凡的魅力，人们就那样坐在扶手椅里一动不动，听他滔滔不绝讲话和阐释他的观点。"

虽然年轻，吉尔伯特已经在战前经历过另外一种生活，伏尔泰高中的出色学生，提前中学毕业，20 岁就边学法律边在小学教书。1939 年，他和一位名为日内维尔·包拉尔的年轻女子结婚，战争期间两人分手。

捷克琳娜的父母不太乐意女儿嫁给一位离过婚的男子。但是费丽娜是个我行我素的女人。她已经深深爱上这位被她昵称为"吉尔"的男人。

滑稽的婚礼

一见钟情是相互的。尽管两个年轻人以前曾经被地中海隔开，他们的家庭背景却很相似，同样对世界持开放态度，社会党人，而且都是在俗教徒。吉尔伯特爱好音乐，他会带捷克琳娜听音乐会。热爱生活，喜欢享受的他请捷克琳娜去一些黑市的餐馆吃饭，这些餐馆在实行定额配给的年代尤其受到人们欢迎。他们还去乡下小客栈共度情侣周末。

多米尼克·斯特劳斯-卡恩的父母于 1946 年 7 月 24 日在巴黎十四区区政厅登记结婚。吉尔伯特挑选塞纳-埃-瓦兹区的社会党女议员吉尔曼娜·德葛隆为证婚人。然而当客人们在教堂前广场上焦急等待的时候，新郎的父母却迟到了三刻钟。母亲伊万娜对此很是恼火，因为她那丢三落四的丈夫玛留斯搞混了地铁线坐错了车。

几分钟后又发生了滑稽的一幕。在举行婚礼的大厅里，区长做了件大蠢事。按照仪式，当他向新郎提问——"您是否愿意娶……为妻?"，他竟然把新娘的名字和吉尔伯特第一任妻子的名字搞混了! 听到新郎干瘪瘪地回答"不愿意"时，人们哄堂大笑，整个仪式就在笑声中收场。不久以后他们在拉斯帕耶大道的公寓里举办了庆贺活动。

根据和那些房东们签订的协议，在合约到期时夫妻俩搬了出去。但是他们已经习惯了过舒适的生活。因此吉尔伯特得赚钱，他于是放弃在《人民日报》的工作，不过继续以社会党活动分子身份免费给该报提供建议。他和玛留斯·卡恩计划一道投身商海。他们父子俩一起投资了红酒批发生意，但是一年后便不得不黯然收场。

"他们俩没有生意头脑，"多米尼克·斯特劳斯-卡恩满怀深情地叹了一口气说。事实上，红酒不是他们的……兴趣所在。归根结底他们还是知识分子。如果说他们想做生意，他们可以在法律这个行当里干得很出色。

玛留斯在被俘期间，和另外一名犯人，一位法律教授很合得来。后者给他上了一些法律课程，进一步补充完整了他已前学过的法律启蒙知识，并帮助他后来拿到学位。

20 世纪 40 年代末，玛留斯和吉尔伯特联手开了一家法律咨询事务所，一开始办公地点在 17 区的帕耶街，后来搬到瓦葛拉姆大道。斯特劳斯和卡恩表现非凡，儿子还不到 30 岁，父亲也就 40 岁左右。这两个男人聪明、有涵养又富有魅力，应酬不断。战后重建的法国，企业需要在各个领域咨询，吉尔伯特和玛留斯正好提供这种服务。他俩很快就建立了一本联系手册，并改善了各自的生活方式。捷克琳娜不再工作。她的丈夫无法忍受她离开家庭跑到伦敦、罗马或耶路撒冷等地方去做报道。

体弱多病的婴儿

年轻的女人怀孕了。预产期是 5 月初，但 1949 年 4 月 25 日星期一她提前几天分娩了。孩子出生前一天，捷克琳娜和吉尔伯特匆匆登上出租车，去捷克琳娜的接生婆所在的那伊-苏尔-塞纳诊所。分娩历时很长且很辛苦，接生的人不得不用产钳接生。

婴儿在午餐时间出生，他后来竟然成了个很爱吃的人！可是在他出生的时候，这个未来的国际货币基金主席其貌不扬！他体重不到 3 公斤，身长 48 厘米。他生有黄疸，还没有力量喝妈妈的奶。为了不断奶，捷克琳娜不得不给别人的婴儿喂几天奶。身体一旦痊愈，小多米尼克就直冲猛赶，不久就成了一个胖娃娃。

他一生的头两年是在他父母租来的、靠近意大利广场的一个小房子度过的。但是吉尔伯特梦想拥有更大的空间、经历、阳光以及拥有一块有别于父亲的、属于自己的天地。要么突尼斯？捷克琳娜想。但是她又不太愿意重新投入到她那个关系众多的东方家族里。

1950 年，吉尔伯特在阿比让出席一个一个研讨会，并参加一个专为年轻法律人士组织的海上旅游。返程时，船只在卡萨布兰卡中途停靠几天。一位共济会的朋友建议吉尔伯特去参观摩洛哥南方的明珠——阿加迪尔城。吉尔伯特刚好有足够的时间去一趟。他被那座城市、被它的炎热气候和纤细的沙子征服了。这个摩洛哥最大的渔港拥有约 40 万居民，他们居住在 1540 年为了抵抗葡萄牙人而建的城堡里。

吉尔伯特还得知在阿加迪尔只有一个律师。那意味着有很大的空间可以填补，有未来可以构建。回到法国后，吉尔伯特激动不已。捷克琳娜则持保留态度但还是被说服了。

1951 年 11 月，两人携带两岁半的小多米尼克和一个德国籍的年轻女雇工（"小姐"）在马赛登上了去卡萨布兰卡的轮船。吉尔伯特·斯特劳斯希望他的孩子们能像他、像祖父玛留斯·卡恩以及他们的阿尔萨斯祖先们一样会讲歌德的语言。这些年轻女孩在德国有着自己的生活，但是每隔两年还是会有一位新的"小姐"坐船来到这里。

摩洛哥自 1912 年开始就是一个受保护国，该国的苏丹穆罕默德五世在法国任命的常驻外交代表的辖制帮助下，使古老的阿拉乌伊特王朝得以永远传下去。由于摩洛哥施行法国的部分法律，吉尔伯特·斯特劳斯得以毫不费力地从事他的职业。不过，他还是需要上一些有关摩洛哥法律的课程来完善法律知识。基于此，斯特劳斯一家人在卡萨布兰卡待了一年。

1952 年秋天，吉尔伯特获得 BEJAM，即摩洛哥法律行政学习文凭。开着他那装满了行李的车子，家具随后运来，吉尔伯特、捷克琳娜、"小姐"和小多米尼克向阿加迪尔出发了。

第四章　阿加迪尔

"车子沿着悬崖峭壁不停地拐来拐去地开了 150 公里后，我们到达阿加迪尔，"捷克琳娜·费律斯写道，"我们兴高采烈，这地方人见人爱。坡顶是大马路的尽头，取而代之的是一条窄而不平、俯冲大海的小路。展现在眼前的是一块巨大的土地，东边依着悬崖，西边是广阔的沙丘。这个白色的城市就这样盘踞在中间。无垠的沙滩连着大海，常年蓝色的大海（一年中只有几个星期除外）。在城堡和高墙的俯视下，整个城市一分为二：吉萨利亚——市场众多的阿拉伯城区和漂亮宾馆林立的新城区。"①

在摩洛哥，捷克琳娜重新找回故乡突尼斯的那种氛围。吉尔伯特受到了共济会"兄弟们"的热情欢迎，他们帮助他安顿下来。来到摩洛哥这座城市不久，吉尔伯特和捷克琳娜·费律斯就成为当地共济会的顶梁柱。他们在那里建立了隶属于共济会总部的首个人权互助会。

经历了两年奋斗，吉尔伯特·斯特劳斯通过他的法律和税务援助事务所过上了不错的日子，但他永远都成不了富人。吉尔伯特·斯特劳斯花钱多、存钱少。尽管如此，他的家族在阿加迪尔生活那些年还算是发达的，他们在那里的生活水平远比他们在法国能想象的要高，移居国外的人往往如此。

1954 年春天第二个儿子马克·奥利维尔出生后，斯特劳斯一家人搬到了现代城区的一处漂亮房子里，它位于穆罕默德五世大道，离沙滩

---

① 费丽娜《请进来跳舞……》。

几十米远。他们一家人占据了整个五层。楼层的一面是法律事务所，包括吉尔伯特和女秘书的办公室，另一面是舒适的、窗户朝向大海的住所。房子的二、三层驻有法国领事馆的办公室。而第六层，斯特劳斯一家人租了一个单身公寓给捷克琳娜的父亲安德鲁·费律斯住，因为他的妻子布朗西厌倦了他的花心，已离他而去。

也许是命运的捉弄，捷克琳娜终于和这个年轻时老见不到面的父亲共度时光。而布朗西本人，从此以后住在法国，一年来阿加迪尔两三次看看逐渐长大的孙子们。

美满生活

在斯特劳斯家的餐桌旁总少不了人，他们来自各个阶层，有阿拉伯人也有短暂停留的欧洲人。捷克琳娜·斯特劳斯-卡恩回忆道："当我们的朋友们接待法国本土的人们来访时，那些人常常会问，'在阿加迪尔，你们每天晚上玩什么呢？'我们的朋友们就会回答，'我们在斯特劳斯家吃晚饭。'"人际关系对吉尔伯特的工作是很重要的。这个小而全的事业占用了捷克琳娜的全部时间。

每天早上，女主人就在厨师阿穆德陪伴下，匆匆赶往伊耐兹加纳市场采购，她的车子会装满数量惊人的各种食物。斯特劳斯一家人几乎每天晚上请客吃饭，有时候还组织舞会。人们乔装打扮，在他们家里欢聚一堂。平常晚上，阿穆德就准备一个冷餐或热餐。他会做摩洛哥食品和法国糕点，同样会烧俄罗斯或西班牙菜。捷克琳娜也会帮上一把：古斯古斯炒饭、香喷喷的塔基那炖菜、咸馅儿饼、突尼斯点心等所有那些她在故乡学会的特色菜。

1957年9月在巴黎度假时，斯特劳斯一家迎来了他们的第三个孩子瓦莱丽。她比多米尼克小8岁。瓦莱丽的二哥马克·奥利维尔只比她大3岁，"马可"和她都很崇拜已经是父母帮手的大哥哥"多米"。沙滩在此中发挥了一定的作用。

通常中午时，斯特劳斯一家人会来到楼下的游艇俱乐部。多米从学校赶过来，"小姐"则把两个小的带下来。游完泳吃完一个轻松愉快的午餐后，吉尔伯特和捷克琳娜带上"小姐"和两个小的回家，而多米则返回学校。

还不到10岁的多米很喜欢和那些每隔两年就换人的"小姐"们相处。多米尼克·斯特劳斯-卡恩和这些"小姐"们以及玛留斯·卡恩说德语，因此他得以熟练掌握这门歌德的语言，他同样能说流利的英语，不过西班牙语没有说得这么自如。

多米尼克喜欢字斟句酌，他喜爱读书，他对什么都感兴趣。他在学校不用死读就能拿到好成绩。天生非凡的记忆力，使他比别人更快领会课本知识，也匀给他更多玩乐时间。

多米尼克爱做恶作剧，他还有两个稍比他年长的小姑娘玛丽丝和乔安乐做同谋。有一天，三个小坏蛋在和斯特劳斯同住一座楼的法国领事家的门锁里放鞭炮。有一个下午，他们从五层阳台上用洒水壶向楼下的行人洒水。

童年回忆

"在摩洛哥的那些岁月真的很幸福，"多米尼克·斯特劳斯-卡恩回忆道，"我那时上公立学校，学生中大部分是法国人。在那个年代阿拉伯孩子很少能上学，因为他们没钱。如果能找出有钱的阿拉伯人，那么根本就没有法国穷人了。我看到太多不利于阿拉伯人的不平等事情，这是殖民的产物。不过我那时还不懂这个，我有许多阿拉伯伙伴，当我在宽敞的家门口玩牛仔和印第安人游戏时，参与的孩子中有一半是摩洛哥人。"

斯特劳斯一家在摩洛哥时正好碰到导致丹吉尔、拉巴特、马拉喀什等大城市骚乱的民族主义者起义。地处沙漠边缘，阿加迪尔只能听到从那些地方传来的游行示威的余波。但是斯特劳斯家庭内部却展开了激烈的讨论。

当摩洛哥 1956 年赢得独立的时候，阿尔及利亚正处在 1954—1962 年那场八年之战。祖父玛留斯·卡恩支持工人国际法国支部的官方路线以及该组织总书记居·莫雷，后者主张用战争压制阿尔及利亚的独立主义者。吉尔伯特·斯特劳斯本人想的正好相反。他已经远离工人国际法国支部。

"在阿加迪尔，"多米尼克·斯特劳斯-卡恩回忆道，"我的父母亲并非党员，我甚至不知道有一个支部的存在。我的父亲完全融入了阿拉伯人的世界。他自然成了反殖民主义者。"

吉尔伯特·斯特劳斯加入 PSA，即自治社会党，该党于 1958 年由工人国际法国支部一些持不同政见者建立，不久之后又转变成 PSU（统一社会党）。统一社会党的领袖有：丹尼尔·玛耶、皮埃尔·孟德斯·法朗士和年轻的米歇尔·罗卡尔。

在居·莫雷的大力支持下，戴高乐 1958 年 5 月重新执政，这进一步加剧了统一社会党那些领袖和工人国际法国支部组织的破裂。当社会党里持不同政见者和激进党派发现戴高乐是个准独裁者后，他们和共产党以及第四共和国的重量级人物弗朗索瓦·密特朗走在一起上巴黎街头进行游行示威。

弗朗索瓦·密特朗由于热衷投机而受到人们嘲笑，当时很不受左派阵营喜欢。尽管在 50 年代末他极力反对戴高乐，人们当时也不看好他会有辉煌的未来。

"在那个年代，"多米尼克·斯特劳斯-卡恩回忆道，"我父母是很激烈的反戴高乐主义者，他们远离工人国际法国支部组织。不过我从没有听他们说起密特朗，他当时还不属于左派圈子里的人。他们谈话中提及最多的是孟德斯·法朗士的名字，法朗士同时代表着拓新和传统精神。我觉得他们当时成了孟德斯主义者。"

捷克琳娜·斯特劳斯和他丈夫持一样的想法。反殖民主义阵营由于捷克琳娜父亲安德鲁·费律斯的加入而得到巩固。另一位祖父，玛留

斯·卡恩则孤身一人支持着工人国际法国支部官方路线。多米尼克·斯特劳斯-卡恩无法忘却"围着餐桌没完没了的争论":

"我现在脑海里还经常浮现我父亲和祖父吵架的情景。我那时显然还小,没法告诉你们我那时是否对此了解。但是在 8 岁或 10 岁时,我开始参与那些社会主义两种趋势针锋相对的小型研讨会,会上,祖父玛留斯代表老一派的工人国际法国支部,我父亲代表孟德斯主义。我父亲一点也不喜欢密特朗,但是他也不看好统一社会党。1965 年密特朗排挤了莫雷和孟德斯,作为左派候选人参加总统竞选与戴高乐抗衡。我父亲后来又加入社会党,我在 70 年代也和他一样加入该党。至于我的祖父,虽然他是个忠诚的莫雷主义者,但我从没有听他骂过密特朗。"

玛留斯·卡恩和他的儿子吉尔伯特携手做生意。一个在巴黎,另一个在摩洛哥,两个男人分担业务。因此,斯特劳斯一家每年要在巴黎待上四到五个月,往往把暑假延长到 11 月底。

多米尼克·斯特劳斯-卡恩回忆道:"我是在巴黎的一所小学里开始念书,接着在六年级时又进了卡尔诺中学。"斯特劳斯一家人每次都在巴黎十七区租不同的房子,但这些房子都离瓦格瑞姆大道不远,因为爷爷奶奶住在那里。

和玛留斯在一起的时候,多米尼克言行像个"小皇帝"。多米尼克爱开玩笑,即使在祖父允许他自由出入的法律事务所里也如此。他偏爱的闹剧之一有:在事务所门上放一个装满水的杯子,当一个倒霉的客户通过时,杯子里的水就会倒下来。玛留斯在任何事上都迁就多米尼克。他是他的第一个孙子,也是 1954 年马克·奥利维尔出生前唯一的孙子。

多米尼克爱生闷气,玛留斯爱发火。在吃饭时,要是他把酱打翻在领带上,那么整个房屋里都回响着他的咆哮声。玛留斯脾气暴躁,但心地善良。他和多米尼克的感情无人可取代。孙子爱学,祖父爱传授。玛留斯读过所有古典文学名著,他会时不时讲上有意思的一段。玛留斯尤其迷恋历史,在他位于索姆省奥姆的房子里,他拥有一个很大的书房,里面装满了各个时期、所有历史人物的书籍。

往返生活在法国和摩洛哥之间，多米尼克以及他的弟弟和妹妹都享受了特殊的教育环境。"阿加迪尔？那时可是个天堂，"捷克琳娜总喜欢这样说。

失落的天堂

1962 年 2 月 29 日，发生在阿加迪尔的一场史无前例的地震一刹那粉碎了斯特劳斯一家人在摩洛哥的幸福生活。

这场午夜前突如其来的地震，持续了 15 秒左右。震级中等：里氏 5.7 级。但是它却是至今为止摩洛哥历史上最具杀伤力的一次地震。具体伤亡人数和损失很难确定。人们估计有 12000 ~ 15000 死者和 25000 伤者。其中大部分遇难者是阿拉伯人。原因谁都知道！震中正好处于老城区下面，而那里的小街道到处都是地基不牢的房子，全被彻底毁坏。

和大多数欧洲人一样，斯特劳斯一家人住在新城区，所以在这场灾祸中幸免于难。多米尼克·斯特劳斯-卡恩至今记忆犹新："大楼挺立在那里，但是里面的房子却是乱七八糟，我当时处于半醒状态，我母亲跑过来找我们，找妹妹、弟弟和我。"

捷克琳娜给两个小的穿好衣服。吉尔伯特，据他妻子说："叫多米去找鞋子；接着又吩咐他做一大堆小事情，这样就可以避免他感到恐慌。"[1]

多米尼克那一刻还没意识到这一点，"我记得一个很搞笑的细节：我那有点残疾的外公，竟然以极快的速度冲下楼梯。我看到我的家人和楼里的所有人都安然无恙。我当时还有点没有睡醒，还以为那是在做梦。孩子们碰到不寻常的事情通常会很兴奋。我们和其他死里逃生的人们聚集在被帐篷遮挡的大花园里。一切都给人很怪异的感觉，但并不可怕。我第二天才逐渐意识到这场灾难的严重性。那一天，我坐在车上穿

---

① 费丽娜《请进来跳舞……》。

过城市，经过一些倒塌的房子前。最令人震惊的是，除了废墟，我们竟然看不到其他任何东西。甚至连一具尸体都看不到。因为地震 24 小时后，救援队还没有到达！"

那时摩洛哥还没有如今我们拥有的先进设备，救援工作因此持续了很长时间。瓦砾堆下面是多米尼克的同班同学们、朋友们的家人以及邻居们，他们就这样永远消失了。阿加迪尔，他度过幸福童年的那个城市，转眼间成了偌大的一个难民营，饥饿的幸存者们徘徊在废墟中间。

在帐篷下待了几天之后，斯特劳斯一家人离开阿加迪尔去了卡萨布兰卡。他们在朋友借给他们的一所空荡荡的公寓房里住了几个月。由于没有什么家具，他们就睡在箱子上。"这可是路易十三式样的家具哦！"吉尔伯特自嘲道。多米尼克也跟着说他父亲的那些风趣话，还开始自创了一些。文字游戏、双关语、字母或音节次序颠倒的文字等等都是多米尼克的最爱。但地震改变了他的内心世界，他变得深沉了。

多米尼克后来跟他母亲说："从那一刻起，我觉得自己长大了。"[1]在学年快结束的时候，斯特劳斯一家人决定离开摩洛哥。

"地震使我父亲丧失了一切。他四分之三的顾客要么遇难，要么受灾，要么已经离开了城市。他那些摩洛哥顾客的钱都被存到一个已经消失的钱柜里了。在阿加迪尔已经没有什么未来可言。其实在地震之前我们就计划离开摩洛哥。考虑到我要准备高中会考，我的父母亲想过回法国。我那时候六年级，地震只不过推进了回国事宜。"

1960 年 6 月，多米尼克·斯特劳斯-卡恩离开了摩洛哥。十一岁的他就这样把童年留在身后。他是永远也不会忘记这个国家的。

怀念故里

多米尼克很快就回到了法国，很长一段时间内他都不去想阿加迪

---

[1] 费丽娜《请进来跳舞……》。

尔，"那太令人痛苦了。我在那里找不到什么人了。我在那次地震中失去了大部分童年伙伴。90 年代的时候，我第一次回去。我去了我们的那幢房子。上了楼梯到了那一层楼，我敲门。一位先生开了门并立即跟我说：'你好，斯特劳斯-卡恩先生！'他应该是在电视上见过我。2010年我又去了一趟我们的那个房子。巨大的变化：以前，它四周宽敞，而现在它的周围全是房子。沙滩上又形成了一个由平台搭建成的通道。在阿加迪尔建造的一切太不可思议了！它已经变成了一个大城市。只有沙滩没有变。"

多米尼克·斯特劳斯-卡恩怀念在那漫长夏夜里，人们围着餐桌进行的无止境的、时而被笑声打断的争论。他曾在和他妻子 2000 年一起购买的、位于马拉喀什的房子里重建同样的氛围。

这所用 50 万美元购得的老宅，成了夫妻俩的大本营："那是我们俩一段艰难的时期，"安娜·辛克莱说道，"多米尼克辞去了财政部长的职务，他那时还不是国会议员。而我一年之后则被法国电视一台扫地出门，那时我们家门可罗雀，不过我们却至少有了空闲时间。我们用卖我母亲的一套公寓房所得支付了那所大房子。装修的钱来自于法国电视一台开除我所支付的赔偿金，这笔钱是通过劳资调解委员会获得的。我们全身心投入到这个房子的修缮工作中。当时它可谓破旧不堪，下雨天房间里都会漏雨。修缮使得它面目一新，我们把倒塌的墙壁扶正，多米尼克亲自监督管道和电路安装。而我，则负责房子的装饰。这不是一个像那些从来不曾踏足的记者们描述的古老的宫殿，却变成了一个舒适漂亮的房子。在多米尼克担任国际货币基金会主席之前，我们所有的假期都在那里度过。现在我们主要在圣诞节的时候去，不过房子经常被我们的孩子们占用，人人都想去那里。"

多米尼克·斯特劳斯-卡恩陷入矛盾之中：他深深热爱以色列国家，同时却确确实实认同穆斯林世界。在 21 世纪初那几年，和安娜·辛克莱一样，他上阿拉伯语课，去学一门只在童年时掌握了一点基础知识的语言。

　　"由于没有时间，他不得不放弃上课。"安娜·辛克莱说道，"而我，却继续学了下去。多米尼克能听懂阿拉伯语谈话，但是我在书写方面却比他强多了。"这对有时候表现得"极端犹太复国主义"的政治——媒体夫妻，就这样关注着他们所熟悉的阿拉伯——穆斯林世界。

第五章 摩纳哥

"地震在我父亲心中打下了终身难忘的烙印。"多米尼克·斯特劳斯-卡恩回忆说，"在地震前的好多年里，他打造了一些他自认为坚不可摧的东西。但是顷刻之间，一切都化为乌有。"年届四十二岁，带着三个孩子，吉尔伯特·斯特劳斯又从零开始。

在卡萨布兰卡待了几个月后，一家人又在巴黎住了一年，吉尔伯特和玛留斯·卡恩一起工作。多米尼克当时在卡尔诺中学读初中二年级。他已不再是一个小孩，并且开始注意女孩子了。不过他受不了巴黎那严峻的冬天，一家人都怀念阳光。不过，他们不久就又与阳光重逢，在摩纳哥海岬！

自从1956年雷尼埃王子和美国演员格瑞斯·凯莉结婚后，这个小小的公国才开始为世界所认识。那里没几个税法专家。吉尔伯特·斯特劳斯觉得他可以在那里，尤其在那些从阿尔及利亚撤返到那里的人们中间找到些客户，由于阿尔及利亚独立，一些人离开阿尔及利亚并在蓝色海岸上岸。昔日大西洋海岸边的儿童多米尼克如今成了地中海边的青少年。

在摩纳哥五年期间，斯特劳斯一家人过着惬意的日子，夏天游泳，冬天在离开摩纳哥不到两小时车程的阿尔卑斯-马里迪莫滑雪场滑雪。吉尔伯特在小公国工作，而他的家人则居住在与摩纳哥接壤的博所莱伊镇的法国大道上，在那里一家人租了一个带有朝向大海的大阳台的漂亮房子。

在摩纳哥和博所莱伊镇之间，不设边界，人们自由地穿梭于两地。

两个地方的居民合计有两万左右，这已经算得上是一个很大的、洒满阳光的、各种社会阶层共同居住的地中海村庄。那里有民众居住区、商业街以及商贩们高声竞价叫卖鱼、百里香和薰衣草的普罗旺斯市场。多米尼克的妹妹——瓦茉丽·斯特劳斯-卡恩对此还很留恋："我们那时每天去的市场给我的童年留下了深刻的印象。与旁边那个浮夸、造作的公国截然不同，博所莱伊具有一种让人感觉到'无拘无束'的舒服。"

多米尼克就读的中学取名为阿尔伯特一世中学，位于摩纳哥。这所学校在行政上与法国驻外机构同等待遇。老师们的薪酬由在巴黎的国家教育部支付，教学大纲和法国本土所有中学一模一样。

1961年9月底，多米尼克进入该学校读初中三年级。他当时12岁半，中等身高，身材苗条，俊秀的脸大半被眼镜遮住，黑头发，耳朵稍微有点招风，有时候他还戴条领带。这个爱好运动的帅小伙子肤色暗淡，一年里大部分时间为古铜色。他打手球、橄榄球、网球，滑雪，当然还有游泳。

多米尼克可不愿意和女孩子在一起浪费时间。1963年夏天，仅仅14岁的他和朋友斯蒂文·魏贝尔格一起骑摩托车跨越科西嘉，收获甚丰。多米尼克在身体运用方面轻松自在。5月到10月的美好季节里，他大部分时间都穿着泳衣。正是在海滩上他碰到了他"生命中的第一个女人"——艾莲娜·杜马斯。

第一次恋爱

艾莲娜·杜马斯至今仍未忘怀："我总是想起在曼顿海滩上多米尼克的模样，我们曾经一起在曼顿获得初中毕业证书。"她回忆道："那是1963年6月。和他一样，我和阿尔伯特一世中学其他学生一起参加野餐。他当时浑身晒得黝黑。我16岁，他14岁。不过他看起来要比真实年龄大些。这是我对他最初的印象。"

艾莲娜·杜马斯其实已经遇到过多米尼克，只是他从来没有引起她的注意而已。他们俩都是初中四年级，但不同班。1963 年，艾莲娜这个漂亮、留有半长褐色头发的女孩子，还和多米尼克一样戴着眼镜。1947 年出生于摩纳哥，艾莲娜却和摩纳哥许多居民一样拥有法国国籍。她在拉·宫达密那商业区里长大，她那来自于奥弗涅地区的父亲在那里拥有一家很大的熟食店。她的母亲像那个年代的许多妇女一样不出去工作。在这个传统的天主教家庭里，在领圣体之前，艾莲娜接受洗礼，去修女小学上学。

"我是一个很乖的小天主教徒。但是在我父亲去世那天，我突然间不再相信上帝。"1962 年 1 月，年轻姑娘 14 岁，他的父亲在靠近宝来纳的第七国道上被一辆汽车撞死。像多米尼克一样，磨难使艾莲娜成熟起来，从此以后，她觉得有义务照顾事故之后一直郁郁寡欢的母亲。而多米尼克倒是很少忧伤，他尽情享受生活。他使艾莲娜快乐起来，这也打乱了她的生活。

"其实，在我们第一次见面前，我们的命运就已经交织在一起。我俩在初三同级不同班。我和他的一个朋友，一个和他一样优秀的男孩，开始谈情说爱。不过那个男孩的文笔没有多米尼克好，他因此请多米尼克帮忙代写情书给我。那是一些蹩脚的诗句，譬如'我的心远离你，我将死去'或'你有着柔美的眼睛，我的爱人'。后来当我知道在认识我之前多米尼克就给我写过情书时，我真是笑喷了。"

1963 年开学的时候，两个年轻人分在同一个班级，高中一年级 M 班（科学班）。"多米尼克疯狂地爱上了我，开始时我的反应并不积极。那只是一个帅气的男孩，一个喜欢摆弄机械的男孩。我对他不是很感兴趣，但是他太执著了。当他想要什么东西的时候……他对我紧追不放。因此，他终于达到他的目的了。"

那是 1963 年 11 月 23 日，一个很容易记住的日子。"肯尼迪总统遇刺的第二天，"她后来回忆道，"这件事给我们都留下了难以磨灭的回忆。家里有电视的学生们看到了刺杀画面。接下来好几天，我们在中学一直谈论这件事。"

那天下午，正好是个周六，当太阳从沉浸在哀伤中的美国领土升起的时候，多米尼克邀请艾莲娜去摩纳哥玩。他们登上在空中高速盘旋的飞机，然后，他拥吻了她。"艾莲娜就是我的终身伴侣，"之后不久他就这样跟他母亲说，而后者被他斩钉截铁的语气给愣住了。

两个年轻人志趣相投，认真，肯动脑筋。"多米尼克和我一样喜欢贝多芬、巴赫、莫扎特。但是他一点也不接触20世纪的音乐，"艾莲娜回忆道。她很小就开始弹钢琴并参加了摩纳哥青年乐团。两个年轻情侣一周至少去电影院一次，一般情况下是周四，那天不用上学。两人大量阅读，尤其是艾莲娜，她如饥似渴地阅读了所有古典文学经典作品，雨果、左拉、莫泊桑和列夫·托尔斯泰等。

"有一天，多米尼克来图书馆找我，他当时怒气冲天，因为我沉浸于阅读中忘记了我们的约会。"多米尼克很少发火，他更喜欢用生闷气来表示他的不满。"那回大概持续了两天。太可怕了，我跟他说话，他不答理我。但是也不知道为什么，他突然就停止生闷气了。"多米尼克好几个年轻时的朋友都还记得他赌气的样子。原因很简单——多米尼克一赌气人就变了。当他不生闷气的时候，多米尼克就是一个快乐的、爱说笑话的男孩，一个开心果。"我很勤奋，而他则懈怠多了。他只不过是一个好学生而已，但学业还不是他的当务之急。"

平时工作日，假如天公作美，他们就去海滩。一如既往地去海滩。"我们聚在一起，"艾莲娜·杜马斯后来讲述道，"和所有的伙伴们来到港口大坝。我们大声欢笑着，很是开心。多么美好的回忆啊！"

活络扳手

冬天的周末，在中学放学的时候多米尼克父母总来接他去奥龙滑雪。那是一个位于阿尔卑滨海省的滑雪场。"那是令人难以忘怀的美好时光，"斯特劳斯-卡恩的小妹妹瓦莱丽也确认道，"我当时五六岁，多米尼克十三四岁。旅途中时间过得很快。我们在车子里就餐，往往能吃到妈妈准备的、闻起来有很大蒜味的肉团子。多米路上一直唱歌，他用那些已不流行、我们很少用到的，而且像我这样的小姑娘压根儿就不认识的词来哼唱一些古旧的歌曲和那些与蒸汽机有关的歌谣。多米也讲一些搞怪的故事。我现在还记得其中莫名其妙的一个。那是一个谜语：'橡皮筋和活络扳手两者之间有什么区别？呵呵，没什么区别，它们都是用橡胶制成的？稍微停顿？……那个活络扳手除外！"

到达滑雪站，父母和孩子们穿上滑雪鞋。吉尔伯特滑得很好，他以前可是在山地特种兵部队服的兵役。至于多米尼克，大家一致认为他是滑雪高手。他教弟弟、妹妹和艾莲娜滑雪，就像他后来教自己的孩子们一样。

多米尼克和艾莲娜当时不像同龄人那样叛逆。他们是如何做到这一点的呢？多米尼克的父母非常开明豁达，而艾莲娜那不幸的母亲又无能力干涉他们俩。两个年轻人与那个时代预示着1968年"五月风暴"的"年轻人的反叛"擦肩而过。那些耶耶歌曲、嬉皮士行为以及在乔尼·好乐迪的音乐会上打砸椅子等可不是他俩干的事。

不过，他俩也并非仅仅喜欢古典音乐。"我们一起去狂欢舞会，我们跳摇滚舞。我们很喜欢在一起跳舞。"艾莲娜·杜马斯后来回忆道。多米尼克向他母亲描述他和艾莲娜这种亲密无间关系时，他解释道："要知道，这是一个我既可以谈论哲学又可以一起跳摇滚舞的年轻女孩。"

多米尼克也把艾莲娜引进了他那个不同寻常的家庭。"关于他母亲的第一印象？捷克琳娜·斯特劳斯开着车，闯红灯。她总是漫不经心。话很多。那是一个真正的犹太妈妈。我亲切地称她为章鱼，因为她总是像章鱼一样紧抓我们不放。她庇护着孩子们，围着孩子们转，也一直管教我们。但同时她会给我们很多自由。那是一个非常非常宽宏大量的女人。我很喜爱她，我也同样喜爱她的丈夫吉尔伯特，一个优雅的、人际关系处理得很出色的男人。我也喜爱他的弟弟马克以及他的妹妹瓦莱丽。在这样一个热情洋溢、好客又团结的家庭里，我马上就适应并融入其中，而且觉得很自在。他们的餐桌旁总是有人。"

艾莲娜也参与有关政治、社会或哲学问题的热烈讨论。捷克琳娜和吉尔伯特·斯特劳斯作为坚定的世俗教徒和共济会成员，却仍然固守犹太传统。"那些宗教节日，"多米尼克·斯特劳斯-卡恩后来回忆说，"并非完全按照常规进行。相比于我父亲，我母亲更重视在这方面和我们沟通。我们不参与宗教仪式，但是我们会全家聚在一起。像其他不遵守教规的人们一样，赎罪日那天，虽然我们不斋戒，但晚餐和往常还是不一样。"

Pilpoul（对犹太教义的辩证研究法）

吉尔伯特夫妇希望他们的孩子们也信仰犹太教。多米尼克出生不久就受了割礼。在 13 岁的时候，人们就为他举办了犹太男孩成人仪式。"这说起来有点复杂，"他后来解释道，"我们在家里组织了一个很简单的典礼，不过并没有完全遵守教规。举行犹太男孩成人仪式前孩子们得上犹太教法典课，但是我此前没有上过这个课。因此我不懂希伯来文。其实，这个仪式仅仅是我父母共同商榷的结果。奇怪的是，我父亲比母亲更支持这件事，这真是颠倒了，因为我母亲可是在突尼斯那个更重视宗教的氛围里长大的。她主要在传统和文化方面固守犹太教，而我的父亲更偏向于在知识层面上。"

犹太教对于吉尔伯特·斯特劳斯来说，可以归结为"Pilpoul"（对犹太教义的辩证研究法）的一种智力活动。这个让大多数法国人倍感陌生、奇怪的单词，却让 20 世纪 60 年代经常光临斯特劳斯家的人们大开眼界。

Pilpoul，意即"刺激的推理"，最初是 Talmud（犹太教法典）① 的

---

① Talmud 意思为用希伯来文所进行的"研究"，是对犹太法学博士讨论的一种编译，它主张在犹太法律的所有主题范围内，对摩西五经——希伯来文圣经进行自由阐释。

一种研究方法。16 世纪由波兰犹太人发明。老师要求学生饱含对宗教的热忱，依次为两个相对立的论题辩论。这个活动可以捕捉到人们细微的心理变化并深入了解中、东欧犹太人的思维模式。

斯特劳斯一家人玩的是 Pilpoul 的通俗版本。艾莲娜·杜马斯和多米尼克所有的朋友一样，对此很是迷恋。她后来回忆道："就餐有时候会变成多米尼克和他父亲之间的智力乒乓球比赛。并非总是吉尔伯特获胜。"

在斯特劳斯家的餐桌旁，即使很年幼的孩子也有权发表观点。他们甚至被要求必须发言。多米尼克·斯特劳斯-卡恩后来详细解说道："我父母都是'真理越辩越明'的信徒，那是一种源自古希腊、目的在于帮助一个人挖掘自己内在知识的辩论术。吃饭的时候，即使很小的孩子也会就人们似乎遗忘的、这样或那样的知识提问题。"

得益于辩论和辩证研究法，多米尼克·斯特劳斯-卡恩一直有着非凡的记忆力，并且培养了把两种观点融会贯通的能力。从他在摩纳哥的青少年经历，已经可以看出他将成为什么样的人。多米尼克具有领导的禀性。他曾在中学里组织一个"辩论俱乐部"，他喜欢在学校里公开演讲。1966 年高中快毕业那年，他参与演讲比赛，满怀激情地为废除死刑作辩护，最后获得了由雷尼埃王子颁发的第一名雄辩奖。从外表看来，多米尼克很单纯，他在任何场合与任何人相处时都显得无拘无束。良好的教育也赋予了他很大的言论和行为的自由。

斯特劳斯一家人不循常规，远在 1968 年"五月风暴"之前，他们就已经具有 1968 年精神。"还是多米尼克的妈妈给我讲解避孕知识的呢！"艾莲娜·杜马斯后来如是承认。捷克琳娜和吉尔伯特·斯特劳斯那时不过四十多岁。捷克琳娜长得美丽，吉尔伯特很迷人。在外人看来，他们俩很是和睦。

吉尔伯特

然而，在一个幸福家庭的后面总是隐藏着一些问题。吉尔伯特·斯特劳斯在深爱着她妻子的同时，也恋着别的女人。人们见过他在摩纳哥挽着一个漂亮女孩的胳膊。少年的多米尼克对此痛苦万分。"他完全乱了头绪，"艾莲娜·杜马斯回忆道，"他跟我说，'我将来绝对不会这样做……'"吉尔伯特·斯特劳斯的不忠行为也并非不为人知。他的妻子捷克琳娜后来在回忆录中就曾经很宽容地提及："吉尔伯特对我来说，是个很好的丈夫，也是孩子们很好的父亲。在这46年的共同生活里我有什么好指责他的呢？其实没什么事情……也可以说很多。他曾经迷恋'猎艳'并拜倒在别的女人的'石榴裙'下。就这点来说，我确实痛苦过，但每次我会跟他摊牌让他决定，要么他放弃外遇，要么我带着孩子们离开，他从来都是毫不犹豫地选择回到我的身边，而且每次还会加倍爱我。"①

捷克琳娜和吉尔伯特始终都是真心相爱："虽然也有一些磨难，我们俩一直是很和睦的一对，在20世纪的后半部分岁月里，我就像是紧紧附在他这块岩石上的贝壳。"② 捷克琳娜和吉尔伯特"相依为命"，他们的女儿瓦莱丽后来如是回忆道。

捷克琳娜真正的痛苦来自于哪里呢？并非是他丈夫朝三暮四的性格，而是使他饱受折磨的疾病。吉尔伯特·斯特劳斯患有躁郁症，他时而高兴时而抑郁。某天心情大好，某天又降到了低谷。这难道是地震的后遗症？一个更为内在的伤害？

在他生命的后半部分里，吉尔伯特·斯特劳斯好多次心情大起大落，高兴的时候心情很好，之后又从最高点快速降到低谷，心情很低落。虽然得到精神病领域权威人物——勃艮第教授的定期治疗，吉尔伯特的这个时不时就发作的慢性疾病还是一直没有治愈。"当身边有人时，"艾莲娜·杜马斯后来回忆道，"吉尔伯特就变了个人。在吃饭的时候，他总是引人注目，大献殷勤。但是他也会即刻就崩溃。我还记得

---

① 费丽娜《请进来跳舞……》。
② 同上。

他在 70 年代每逢星期天的样子，甚至有回在圣诞节也如此：他身着睡衣，而我的婆婆却张罗着给他换衣服。她为此全力以赴，但是好多次我也见她疲惫不堪。"

1965 年，一场突如其来的严重事故摧毁了吉尔伯特妹妹的职业生涯和生活，他为此深受打击。玛留斯的女儿爱丽丝·卡恩从此以后双腿彻底瘫痪。她当时仅三十来岁。此前作为歌剧院的歌唱家，她在《卡门》中脱颖而出，似乎前程似锦。她后来不得不放弃职业，然后和丈夫一起开了一家汽车驾驶学校。她丈夫以前是个男高音，几年之后死于脑血栓。

"我父亲和他妹妹很亲近，"瓦莱丽·斯特劳斯-卡恩对此回忆道，"我知道这个悲剧对他的打击有多大，即使他表现得很镇定。"在斯特劳斯家里，大家都呵护着两个年龄最小的孩子，尤其是瓦莱丽。"如果家里发生了什么不顺，"她接着回忆说，"我母亲和多米尼克就刻意把我们两个小的支开。15 岁的多米尼克已经俨然一副大人的样子。当有不顺心的时候，我虽然不懂，但是我看得出他和母亲在商量。"

吉尔伯特在摩纳哥的生意辉煌了四年，最终还是垮了。几个月之间他又失去了一切。某个东西阻碍了本来运作很好的机器。吉尔伯特只能认输，他已经没有那么多精力东山再起。就这样，突然之间，他破产了。1966 年夏天，斯特劳斯一家人离开摩纳哥公国。生活再次中断。方向：巴黎。

"我当时 9 岁，"瓦莱丽讲道，"打击来得太突然。我们很快离开了我曾经长大的地方。我父亲当时拖着病体，多米尼克忧心忡忡。这对一个青少年来说是个沉重的包袱。但当他与我们这些小孩在一起的时候，他却有说有笑。因此，即使在最困难的时刻，小孩子们也从不觉得凄苦。"

第六章　高中生和新郎

　　1966 年 9 月。多米尼克 17 岁了。那年他刚通过理科班中学毕业会考，接着又回到了他以前读过初二的卡尔诺中学。不过这次他注册的是巴黎高商（巴黎高等商学院）的预备班。他父亲在蒙特勒伊开了一家小规模的法律事务所，该事务所离克洛瓦-德-沙沃地铁站不远，应该会吸引新的客户群。

　　年近五十的捷克琳娜也不甘落后。年轻时学过法律的她很快就进入一家保险公司工作，不久又筹建了自己的事务所。一家人住在位于巴黎的另一头——库尔贝瓦的一个带家具的出租房里，其中有两间卧室，一间给父母，另一间给两个小的。

　　多米尼克则睡在起居室的一个坐卧两用的沙发上，那即是卧室又当书房，沉重而又破旧。他备考巴黎商学院的条件算不上很好。多米尼克在 1967 年的选拔考试中失利。这也说不上很糟糕，因为在那个年代仅有百分之五到百分之十的考生能一次性考过。但多米尼克却为此度过了艰难的一年。他怀念阳光，尤其是艾莲娜。而年轻姑娘艾莲娜则在尼斯注册文科预科一年级，她同样遭受相思之苦。

　　"而且，我不喜欢那个文科预科！"她现在回忆说。两个年轻情侣只能在学校放假时才能相见："那太折磨人了。我们没法想象没有对方在身边如何生活。因此，我们决定由我去巴黎和他住在一起。但那需要我母亲的同意。我当时 20 岁，而那时法定结婚年龄还是 21 岁。我母亲是肯定不会同意我未婚同居的。只有我结婚她才放我走。"而多米尼克，自从四年前遇到艾莲娜以来，就认定她会成为他的妻子。斯特劳斯家的长辈们也不反对这个婚姻。如果换了另外一个家庭，肯定会担心这种婚姻会影响年仅18岁的孩子的学习。而在斯特劳斯家里，大家把尊重个人自由放在首位。只要多米尼克愿意……

在黯然回到巴黎一年后，吉尔伯特的生意又开始走上坡路。他离开了蒙特勒伊，和一个叫斯伯尼的合伙人一起在奥斯曼大道130号开了一家法律事务所。给法院做专家鉴定为事务所带来了可观的金钱收入。

不久之后，斯特劳斯一家人就搬入一个漂亮的公寓房，它位于克莱伯大道，临近人权广场。到底斯特劳斯一家人搬过多少次家呢？孩子们也说不出个准确数来。大概15次吧。但他们总在租来的房子里安家。

克莱里斯

搬到巴黎以后，生平第一次斯特劳斯家投资地产。他们在约讷省靠近科特尼的萨维尼-苏尔-克莱里斯买了一座小别墅，在一个供中产阶级度假的小村里。"被迫离开摩纳哥是个打击。我的父母亲意识到原来他们一无所有。"瓦莱丽·斯特劳斯-卡恩后来如是分析。在那个他们安顿行李的"克莱里斯"，他们建造了一个非常适合家庭居住的度假房。

到那儿后不久，吉尔伯特·斯特劳斯就成为住宅产业的业主协会会长，他在一场业主们和不动产带头人的冲突中捍卫了业主们的利益。之后，在这个只有几百个选民的镇子里，吉尔伯特最后成功地当选，担任一个低微的、类似于镇长助理的职务。

在这个古老的村子里，1967年9月9日，多米尼克迎娶了艾莲娜。婚礼低调又轻松。下午3点，多米尼克打网球。下午4点，他套上西装，在未来新娘的陪伴下走向镇政府。在只有15位来宾——他们的父母、弟弟、姐妹们以及祖父母的见证下两个年轻人相互说"愿意"。显然，举办一个宗教婚礼仪式是不可能的。艾莲娜是天主教徒，多米尼克却是犹太人。她已不再相信上帝，而他从来就没有相信过。作为婚庆，他们从镇政府回来后举办了一个家庭聚餐。第二天，由父母埋单，两个年轻人在游艇上度过了夜晚。

在最初共同生活的几年里，他俩搬到巴黎郊区文森讷的一个很大的两居室里，那房子以前住的是布朗西·布雷特曼，即多米尼克的外婆，不过那时她已搬去和女儿同住。

艾莲娜放弃了文学，然后在巴黎二大注册了法律专业，同时她在她公公的事务所兼职做秘书。"一开始，"她解释道，"我什么都不会做。我只会打字，打得很好，那是我童年弹钢琴的缘故。我和我公公相处得融洽。和他在一起，我从来不知道什么时候生意不顺。在办公室，如果他情绪不佳，也没有任何人看得出来。"

艾莲娜的母亲在自己丈夫去世后一直一蹶不振。"我们俩都因为父母的缘故而吃了不少苦。"艾莲娜·杜马斯后来回忆。1973 年，吉尔伯特的事务所又处于困难时期，多米尼克和她不得不为弟弟马克支付进入高等经济商学院的注册费。多米尼克总是显得比他年龄大。艾莲娜还记得："当我们去看禁止 21 岁以下人们观看的电影时，人们就会放他进去，而我虽然比他大两岁，却被要求出示身份证。"毫无疑问，在整个法国，多米尼克是罕见的已婚高中生，在卡尔诺中学绝对是唯一的一个！1967 年开学时，他在卡尔诺中学结识了几个年轻人，他们很快就成为了他最亲近的朋友。

坚不可摧的友谊

在多米尼克最亲密的朋友里有年仅 17 岁的伊夫·卢利艾，他来自于一个截然不同的家庭。他那当工程师的父亲毕业于巴黎综合理工大学，是个虔诚的天主教徒，而他那来自于俄罗斯的母亲，则是东正教徒。

伊夫·卢利艾在基督教氛围里长大。在读巴黎商学院预备班时，他不再相信上帝，"那是因为一堂哲学课，课堂上老师精彩的讲解使我变成无神论者。"毕业以后，他成了共产党员，在"红色亿万富翁"都门的集团工作，专门从事和苏维埃联盟有关的农副产品和食品生意。当共产主义影响在东欧消退的时候，上帝又回到了伊夫·卢利艾的生活里："四十来岁的时候，"他说道，"我感到内心无比的空虚。在圣灵降临节那一天，我的一位朋友提议我陪他去做弥撒。"

几年之后，伊夫·卢利艾摇身一变成为修道士。2000 年他被授予神父职位。他起用和母系出身相关的俄语名字伊万。为了叙述方便，我们以后一直就这么称呼他。"我们都惊呆了。"他的朋友们异口同声地说道。艾莲娜·杜马斯携子罗林参加了这位老朋友的神品晋升礼。多米尼克没能去成。

"我们的关系疏远了，"卢利艾神父后来说，"我们不再有同样的生活。不过我们还是保持着联系。1994 年，我们在我们的共同朋友菲利普·力固迪艾尔的国家勋章授予仪式上再次见面。十多年前，多米尼克也参加了纪念菲利普·力固迪艾尔的弥撒。我最近一次见到多米尼克是在另外一个年轻时的朋友——2006 年底去世的皮埃尔·斯特罗贝尔的葬礼上。我们在一起追忆过去，我发现他什么都没有忘记。我知道我始终能信赖他。他对我的变化持比较开明的态度。多米尼克是和我年龄相仿的、活着的人里面唯一能给我留下深刻印象的朋友，而且我从未和他有过任何冲突。"

对于卢利艾神父，往事历历在目，仿佛 1967 年他俩的第一次相遇就发生在昨天："我们当时在同一个班。在接下来的日子里两人相互产生好感。在学业上，多米尼克和我互补。我当时擅长数学，而多米尼克则更擅长历史—地理学，相对于数学，他更喜欢人文科学。我当时住在离卡尔诺中学不远的一位兄弟家里，但是下课后我经常去位于文森讷的多米尼克和艾莲娜家。我和多米尼克一起学习，我们也一起尽情欢笑。他总是那么搞笑，我们当时的处境很舒服。那是法国妇女解放运动之前。艾莲娜保障后勤、负责做饭，我们三人相处得很好。我们一直聊天，聊到很晚。我经常留宿他们家，睡客厅。多米尼克和我形影不离，还有伊夫·马尼昂和我们构成了三人老友组合。"

　　加上伊夫·马尼昂，他们之间的来往就更频繁了。"上周我在巴士底广场的一家咖啡馆和多米尼克会面聊了两个小时，"2010 年 11 月的某天，伊夫·马尼昂透露说，"我们聊了聊苹果的新电脑 iPad 和一些新科技，反正就是些四十年来我们一直喜爱的玩意儿。"

热衷国际象棋

　　如今，两个男人过着截然不同的生活。伊夫·马尼昂专门从事公共交通，现在是该领域一些国际集团的顾问。而多米尼克·斯特劳斯-卡恩则负责世界经济。尽管如此，他们始终把对方当作兄弟。伊夫·马尼昂的妻子维罗妮卡证实了这一点："我 1969 年遇到伊夫时，我还是美国文学专业的大学生，我随即也认识了多米尼克。我总是促成他们在一起，他们俩也总是形影不离。这对艾莲娜和我并不总是那么容易。当他们在一起的时候，我们感觉自己就像不存在似的。多米尼克是个非常谨慎的男孩，很让人捉摸不透。只有当他和大家在一起的时候，他才从自己的世界里走出来。他喜欢我们不打扰他。伊夫同样如此。他俩都有点儿'神道道'，他们不抛头露面，也不喜欢高谈阔论。这是两个很聪明的男孩，他们两人之间往往直入话题并用他们自己的方式交流。"

　　这些方式里就有游戏。多米尼克·斯特劳斯-卡恩酷爱游戏。伊夫·马尼昂也这样："我们从来不玩扑克牌或摸彩这样的赌博或赌钱游戏，"他明确地说，"但是我们玩和谋略相关的游戏。1968 年，多米尼克带我去位于拉丁区的勒·特瑞蒂尼酒吧玩，正是这个酒吧首先把日本围棋引进法国。多米尼克也是最先玩日本围棋的一批人之一。但是我们两人的共同爱好是国际象棋。我们在任何场合都下国际象棋，即使没有棋盘。有一次，艾莲娜撤走了棋盘，我们于是自己画了一个棋盘，并用方糖代替棋子。经常我们弃棋盘不用，而是凭借智力走上几局，这很费劲，因为需要彼此努力发挥记忆力。在 70 年代的一个冬天，当时一帮朋友正在多米尼克和艾莲娜别墅的阳台上进行一场无聊的讨论。我们两人走到结了冰的河面上，走了一公里。在那里，多米尼克从包里拿出一副小型国际象棋。我们坐了下来并开始下棋。现在我们经常通过网络下棋。我们时不时地会互发一些关于比赛的短信。昨天他在上飞机前还给我发了个短信。我每天早上买《解放报》只为研究国际象棋的一些问题。我想只要条件允许，多米尼克也会这样做的。"

当那天他们在巴士底广场见面的时候，伊夫·马尼昂向他的老朋友阐述了一些关于税收改革的个人想法："他认真聆听了我的想法，然后他对我说，'不错，你所讲的涉及实体经济。但是今天真正的主要问题是整个世界金融领域。'我立即明白我们两个不在同一个层面上。不过我们还是在平等地讨论。"伊夫·马尼昂从没想过要给王子做顾问："我从来不参与政治。不应该把这些东西掺和在一起。如果他成为共和国总统，我们还是会一直保持我们的兄弟友谊。但是我不指望他能在7月14日邀请我去爱丽舍宫。我不想露这个脸。"

他的妻子维罗妮卡总结道："多米尼克是个非常慷慨的家伙。他总是帮助朋友而不求回报。我们不指望从他身上获得什么。但是我知道，如果有一天我找他，不管他在哪里，他都会来。他虽然有了很大的变化，生活也不一样了，但是他一直保持着对朋友的忠诚。"伊夫·马尼昂1948年出生，比多米尼克早一年。不过他的家庭出身使得他和伊万·卢利艾走得更近点儿。还在孩提时代，伊夫·马尼昂有一天就问他父亲："爸爸，我们属于哪一派？"他爸爸回答他说："我们属于右派多些。"

在他长大成人的马赛，直到16岁为了准备基础数学会考而读公立高中之前，伊夫·马尼昂在耶稣会会士之家待了11年。在那里他成了左派。"我们三人的友谊建立在共同拥有深厚的价值观。我们当时都是左派，不信教甚至是激进的无神论者。围绕着我们的世界观和生命的意义，我们有过很多的讨论。"伊夫·马尼昂考试失败后，1967年9月进入卡尔诺中学就读，他后来说道，"和多米尼克在一起，我们马上相互产生了好感。我们建立了一个包括卢利艾和力固迪艾尔的互帮小组，我们一起做作业，每个人读一本书并讲给另外三人听。我们四人非常团结，不过小组的核心由我和多米尼克构成。"

1967—1968 年期间，伊夫·马尼昂、伊万·卢利艾和多米尼克·斯特劳斯不仅在一起共同学习，在生活上也相互影响。多米尼克和艾莲娜受邀去伊夫·马尼昂位于马赛的家里度假，他们在地中海的海湾里划船。周末的时候，他们就挑一些不远的地方去旅游。这些年轻人一起去伊万·卢利艾父母家，流连于诺曼底海边的悬崖峭壁，也去萨维尼-苏尔-克莱里斯的斯特劳斯家。在靠海的悬崖边上，卢利艾家族拥有一个带炮楼的小城堡。伊万的父母很好客，但是家里氛围比萨维尼-苏尔-克莱里斯要拘谨一些。

美好的家庭

"斯特劳斯家氛围比我家要轻松一些，"伊万·卢利艾承认，"在他家，规矩没那么复杂。饭一旦做好，人们就开饭，每个人轮流洗碗。父母亲和孩子们保持着信任和直接的关系，和那些小小孩也如此。那真的不错。家里每天总是洋溢着自由和交流的气息。"而伊夫·马尼昂也对斯特劳斯家的周末保留着美妙的记忆："我发现了另外一个世界。他们有一些离婚的朋友，而我的父母亲从不和离婚的人来往。他的父亲没有我父亲那么专制。吃饭的时候，多米尼克可以和他父亲舌战，后者总是平等地对待他。"

和长子的即席辩论让吉尔伯特·斯特劳斯觉得很兴奋。"一头老狼通过抵抗一头年轻的狼来保持永远年轻。"在一次和多米尼克"明显意见不同"时，吉尔伯特向捷克琳娜吐露了心里的想法。"我的父亲知识非常渊博，"他的女儿瓦莱丽肯定地说，"我还记得在我三十来岁时，我的那些毕业于名校的朋友以及我丈夫都被他给彻底镇住了。我父亲还擅长桥牌，他在棋盘问答游戏中一直处于不败之地。他经常鼓励我们一起观看类似于'头和腿'、'最长的单词'、'冠军的问题'等电视游戏节目，不管里面涉及文学、历史、科学甚至体育，他知道其中的大部分答案！只有当碰到娱乐类题目时，他才回答不上来……一般情况下，他讨厌答错，当他觉得别人质疑他的答案时，他会不容他人置疑并且会去字典里寻求证据。

"有一件趣事很好地概括了我父母的'怪癖'。在 70 年代的时候，有一次他俩从美国回来，每人都带来了一件 T 恤衫，他俩在乡下很得意地穿上它们。我母亲的 T 恤衫上写着：'That's sure! I start my diet…on Monday！'（真的，我发誓星期一开始减肥……）而我父亲的那件上写着：'Once, I believed I was wrong…but it was a mistake！'（我曾经以为自己错了……其实我没错！）爸爸还特别爱好音乐，我们总是看见他坐在扶手沙发里听古典音乐，手指头绷得紧紧的并相互挤压，他陷入沉思：他在这种情况下思考得最好。我的童年就是以古典音乐作为摇篮曲而度过的。"

像所有的朋友一样，伊夫·马尼昂那时"很迷恋这个家庭。……这个家有东方食品：古斯古斯粉、塔基那炖菜、布里克馅儿饼以及多米尼克母亲做的突尼斯糕点。以及她对于孩子们毫不保留地流露的情感。同时她还非常现代。而且是真正的左派。她的立场体现出某种组织性，那是受到共济会的影响。我是后来才了解到这一点。因为她以前没有直接说起过。他的丈夫也没有提及过。"

那时正是 1968 年前的几年，多米尼克总体上和他父母持有同样的观点。"和我父亲唯一的不同意见是对共济会的看法。"多米尼克解释道，"他坚决要求我加入共济会。而我完全反对。我跟他解释说这是个守旧的、保守的、过时的组织。那时，我开始自称为马克思主义者。"

不过多米尼克的朋友们不觉得他当时很热衷政治："他对政治感兴趣，"伊万·卢利艾回忆说，"但他并没有很迷恋政治。我们当时都是左派，但这没持续多少时间。一直维系我们的是反戴高乐主义。如今，人们只记得 1940—1944 年那个抵抗主义运动的英雄。但是我们这些 60

年代的青少年对于这段光辉的历史却难以忍受。我们这一代人见多了历史和辉煌，我们希望烧毁生活中的两个极端。渴望更多的自由、减少不公正和不平等。必须承认这比较肤浅，但这些正是我们加入左派的依据……"不久以后，几百万反对戴高乐的声音响了起来："十年，够了！"

第七章 铺路石下，复习备考①

"释放我们的同志！释放我们的同志！"1968 年的 5 月 3 日，索邦大学几百学生先被警察粗野地逐出校园，后又遭抓捕。"释放我们的同志！"这条口号自此以后立即响彻在法国的每一所大学里……5 月 3 日后的那些天，激烈的示威震撼了拉丁区。继承首都革命的历史传统，学生们纷纷在巴黎竖立了路障。革命爆发，被镇压，大家也都熟知这个循环。一周之内，在整个法国，先是大学生，接着是高中生，甚至是最乖的学生都加入到"愤怒的人群"中。

人们开始大谈"革命"。然而也有一些左派学生无视正在发生的一切，如伊万·卢利艾、伊夫·马尼昂、多米尼克·斯特劳斯以及他的妻子艾莲娜。当街头红旗飘飘的时候，他们中的三个人选择归隐乡下备考享有盛名的巴黎高等商学院。考试定于 5 月 13 日周一进行。"革命？当然可以，不过先学习后革命，"多米尼克·斯特劳斯-卡恩如今打趣说。

5 月 3 日周五，也就是警察撤离索邦大学那天，斯特劳斯-卡恩和他的妻子以及两个形影不离的朋友，伊万和伊夫，离开了巴黎。前进方向：斯特劳斯父母那位于乡下的房子。商学院的考试将于 10 天后进行，他们自然不能累坏身体。"大家觉得考试前调整好身体素质和精神状态都是必不可少的。其实我们已经复习得很充分了，"多米尼克·斯特劳斯-卡恩解释道。

---

① 这句话来自 1968 年"五月风暴"的口号 Sous les pavés la plage，"铺石路下是海滩"，意为"在各种规矩之下，埋藏着自由"。即人们若想像沙滩一样自由自在，就应该掀翻沙滩上的铺路石，以争取没有束缚的身体自由。——译者注

约讷省的萨维尼-苏尔-克莱里斯非常适合放松的需要。"我们一直欢笑。多米尼克总是爱笑，"卢利艾神父如是说，"那些重大事件？直至 5 月 10 日，外面什么情况我们一点都不知道，真的是一点都不知！这听上去有些不可思议。但是当时在多米尼克父母乡下的房子里，根本就没有收音机或电视。"

每天，艾莲娜负责后勤，而三个男生则全心全意备战"十项全能"。这是一个由体能到智力、包含十个不同标准的考试，内容涉及网球、乒乓、游泳、日本围棋、竞走、国际象棋。"这个'十项全能'并非什么奥运项目，"伊夫·马尼昂后来回忆说，"它是由多米尼克发明的。要打败多米尼克总是不易！因为无论从体力还是从智力来说，他总是喜欢接受挑战。"

随大流

5 月 10 日星期五，多米尼克的父母来到他们的第二住所过周末。他们告诉了年轻人外面的情形。在一周内，形势就发生了急剧的变化。整个法国处于沸腾之中。"凌晨五点，巴黎醒了，"歌星雅克·底特鲁当时唱道。

5 月 11 日周六，天刚蒙蒙亮，整个拉丁区仿佛还昏昏沉沉，街上一片荒凉。历史学家们后来把那晚称之为"街垒之夜"。警察的暴力行为使得舆论倾向示威者。工人联合会、左派各党派，甚至那些怀疑学生的人们号召所有工作人员于 5 月 13 日星期一进行全国性大罢工。罢工当天，大规模的示威游行遍及巴黎，多米尼克的父母自然不能不参加，而巴黎高商的入学考试也被推迟到 14 日星期二。

不过，星期一的这场示威运动对于三位备考学子倒是一次很好的、额外的体力测试。当天，捷克琳娜·斯特劳斯开着她的菲亚特 500 护送三名考生和艾莲娜。她把四个年轻人放在游行队伍的边缘，自己则去远处停车。他们根本无法靠近。因为警察局当天公布游行人数有 17 万人，而游行组织者则宣称有 80 万人。有一件事是肯定的：游行场面声势浩大让人印象深刻。这是首都巴黎历史上出行人数最多的一次。

巧合的是，5 月 13 日正好也是戴高乐将军重返法国政坛第十年纪念日。"十年，够了！"游行的人们叫喊着。在示威队伍最前面的是达尼埃尔·科恩-贝蒂和其他一些学生领袖。几米远处是被红色的戴尼所讥讽的那些人：法国总工会的负责人贝诺阿·弗兰松以及乔治·色吉。后面老远，艾莲娜、多米尼克、伊万和伊夫夹杂在游行队伍里。

"当时人太多了。根本没法前进。"艾莲娜·杜马斯后来回忆道。四个年轻人相互胳膊拉着胳膊，在好几个小时里缓步前行。"我们当时也很疯狂。"伊万·卢利艾肯定地说，"我们感受到一种无法比拟的自由感。我们很想改变，这是再合情合理不过的事情了。我们也不愿破坏一切，我们只想改善一些事情。"艾莲娜和其他三个伙伴并没有待到游行结束，因为伊万·卢利艾得去医院看望他刚做完手术的父亲。而且不管发生什么，他们都必须保持头脑清醒和精神饱满地迎接第二天的考试。

反左派运动

5 月 14 日，伊万·卢利艾、伊夫·马尼昂和多米尼克如期参加了高商的笔试。在他们奋笔疾书的时候，大西洋卢瓦尔省布格地区的南方航空的工人们一致决定延长罢工时间。很多激进的毛派主义者用他们特定的隐语说："星星之火，可以燎原。"

在随后的日子里，运动牵扯到成百上千的企业。仅仅一个星期的时间内，1000 万受薪人员加入了罢工或被迫停止工作。在那些因交通人员罢工而瘫痪的大城市中，人们靠搭顺风车出行。人们和陌生人讲话，随处可见人们在街角巷尾即兴地辩论着。作为一处"资本主义文化的高地"，法国奥德翁国家大剧院日夜被学生和艺术家们所组成的"革命行动委员会"占领。在后台，人们或两人一组或集体行动，纷纷致力于性解放的实践活动。在舞台前，成百上千的人们加入激烈的讨论，无政府主义大学生、法国总工会的工人、艺术家、高层管理人员、左派分子、共产党，甚至还有几个被喝倒彩的戴高乐主义者在这里针锋相对！

在艾莲娜的陪伴下，多米尼克也至少参加了一次奥德翁的活动，他还在那里遇到了卡尔诺中学的一位老师，那人已经变得对现状很不满。和伊万和伊夫一起，这对年轻夫妻还去了运动总区——巴黎索邦大学。昔日光荣的墙壁上贴满了后来被载入史册的口号："现实一点儿，让不可能变可能"，"铺石路下是海滩"，"我们并不反对陈旧，我们反对那些让一切变陈旧的制度"。

多米尼克·斯特劳斯去了几次朱西厄（Jussieu）大学，人们还用它以前的名字称呼它——酒市大学（la Halle aux Vins）。他在那里参与了预备班的革命行动委员会召开的几次会议，其中乔森-德-萨利高中的弗朗索瓦·戈萨维尔·罗斯就是号召者之一，之后他和多米尼克成为在巴黎高商的朋友。

"我还在那里抽了几回大麻，"斯特劳斯-卡恩后来承认道。除了这小小的赶时髦外，多米尼克对 1968 年的狂热并不在意。和那些同伴不一样，他始终对这场有着史诗般意义的运动无动于衷。19 岁时，他的人生目标已很明确——一个改良主义者。但是，他的改良主义理念却经由共产主义道路演变而来。"我支持革命，但必须是有次序的革命。我曾经过于反左。当我在议会听到他们的大篇论调，我觉得他们很愚蠢。这让我愤怒。我真想揍他们一顿。"

马克思和马尔库斯

以前，反左的倾向会让多米尼克把自己和曾在法国工人国际支部的祖父玛留斯联系起来，他们曾是亲密无间。但是 1968 年，社会民主还未被人们所理解。除了因阿尔及利亚之战而失去民心的"老字号"之外，被人们称为"非共产主义左派"的两位领导人——皮埃尔·孟德斯·法朗士和弗朗索瓦·密特朗正在被边缘化。至于法国共产党——在独自统治左派30年后，它有史以来第一次招致了广大知识分子、年轻人以及工薪阶层的质疑。但是在法国工会的帮忙下，法国共产党得以成为联结工人阶级的一条纽带。

鉴于一开始野蛮罢工过于无序，工会总部试图将整个运动回归到一些传统的请愿上来：要求提高工资待遇，减少工作时间以及推选工会代表。在革命的土地上感受到了竞争，那些人用社会民主的幌子霸占了改革主义者们所开垦的荒芜之地。多米尼克·斯特劳斯以及他的两个同伙伊万和伊夫，也加入共产主义。

伊夫·马尼昂后来证实道："在1968年，我们一开始是反对左派的。我们认为他们既效率低下又妨碍人们的自由。当我们稍微年长懂事，二十或二十一岁的时候，我们投了共产主义的票。为了秩序，也为了保证效率！"

而当时年轻的多米尼克，由衷觉得自己是个共产主义者。不过，他那个左派家庭（不过不是马克思主义家庭）倒没有影响他在外面接受教育。他在知识层面上蜕变也只因读了巴黎高商预备班的一些指定书目。"我能够通过高中会考，"他后来承认道，"是多亏了我数学和物理都考了18分。其他的科目，考得一般。我在卡尔诺中学大量阅读是为了文化概况考试，因为那年以乌托邦为主题的文化知识对于进入巴黎高商至关重要。"

多米尼克在卡尔诺中学求学的两年期间，他主要阅读了人类学家克洛德·列维-斯特劳斯的《忧郁的热带》，该书奠定了反殖民主义思想；他还阅读了美国哲学家海贝特·马尔库斯的颠覆之作《性爱与文明》。后者是更甚于弗洛伊德的读物，他大肆宣扬性解放和怎样把男性从工作的禁锢中解放出来。

从1966年的9月起，年轻的多米尼克投入地阅读卡尔·马克思的主要著作：《共产党宣言》、《资本论》，把所有宗卷都看完是非常非常艰难的……"一开始，相对于政治层面，我对于马克思主义的理解更偏向知识层面。我被马克思主义的精妙所吸引，以及它结合政治、经济和哲学阐释世界的能力。我找到了一个完整的思维体系，它的内洽性正好弥补了我内心所空缺的宗教满足感。"

1968年5月24日，巴黎再次遭遇了暴动之夜。内阁各部空无一人，学生们打算烧毁证券交易所，极左激进派计划重现1917年10月的圣彼得堡事件。他们梦想由"苏维埃政府"取代当权的戴高乐势力。多米尼克·斯特劳斯此时很清醒。他也在巴黎的街头小巷游行，但他从不在运动中担任任何角色。他们三个男生已经通过了巴黎高商的笔试，他们再次离开巴黎去准备他们的口试。

在离开那天，电台播报说成百上千的示威者受伤。伊夫·马尼昂在马赛的父母很担心他们的儿子。他们打遍了巴黎所有医院的电话以求证儿子安然无恙。而他们的儿子竟然忘记告知他们！在多米尼克、伊万以及艾莲娜的陪伴下，他又跑到卢利艾家那位于诺曼底地区法莱兹市那个带有炮楼的小城堡里。"我们三个都在笔试中得到了好成绩，"他后来解释道，"但是为了口试的成功，我们还需再用功点儿，因此我们只得离开巴黎这个趣事多多的地方。"

当多米尼克和伊万参加激进游行的时候万万没想到，此举竟会与他们的学习有关联。在酒市大学的预备班教育委员会议中，有人呼吁调整考试的相关内容以避免对那些参加革命活动的同学造成不公。最后学校委员会达成一致，为了避免死记硬背一些数据，考生只需向学校提供一份统计报告。

5月29日，法国共产党和法国工会联合起来在巴黎街头组织大规模游行，这是第一次"人民政府"的形成。当天，爱丽舍宫一片荒凉。戴高乐将军那天去德国巴登-巴登和法国驻德国司令部部长玛索将军会面。疯狂的谣言四处传播着。人们说首都巴黎被坦克包围。次日早上，戴高乐返回了爱丽舍宫，颠覆了整个形势。在下午4点半的电台演讲中，他宣布解散国家议会，并定于下月举行国民议会选举。

自此以后，革命运动消退，与当初爆发时之来势凶猛相比，真可谓是来得快也去得快。示威活动在 6 月还继续着，不过规模较之前要小，却更激烈。失望的工薪阶层重又回到了工作岗位。

考 试

"革命"告一段落。复习仍旧要继续。在备考巴黎高商的同时，我们的三位火枪手也报考了高等经济与商业学院——另外一所高等商科学校。这两所高商的很多考试题目一样，不过有些题目仅商业学院才有。

为了准备地理笔试，他们三人待在萨维尼-苏尔-克莱里斯，伊夫和多米尼克并没有花时间去学习有关日本的地理知识。于是他们利用回巴黎的返程中填补知识空当。多米尼克开着他那辆在摩纳哥上了牌照的雷诺8。伊夫·马尼昂回忆说："在车上，我读着有关日本国的那本《我知道什么?》。多米尼克一边专心开车一边听我读。我们觉得这个国家被考到的可能性很小。可是我们的考试恰恰考到了它。多米尼克记住了一切。他有着非凡的记忆力! 不过由于他没读过这本书，他也没能见过日本地图。考试的时候，监考官的眼光移过多米尼克的肩膀，瞄了一眼他的考卷，竟然对这个茫然的考生心生恻隐! 他对他说：'你画的不是日本，而是英国!'"

6 月，三个人将参加两所高商的口试。"多米尼克和我们每科考试成绩都一样，"伊夫·马尼昂确认说，"我们当时心里很清楚，只要通过可怕的口试，我们就能被商业学院录取。我们就告诉自己必须在那些不擅长的学科得高分，譬如历地。由于我们没能准备好，我们就决定在考试时向考官提出：'有些科目的部分内容我们没有复习到，那是因为当时忙于特殊事件。在那个特殊时期，你们是想录取关心国家大事的学生还是置身事外的学生呢?'于是我们俩在这些考试中都得到了满分30的27分。"

1968 年 6 月底，他们参加了巴黎高商的口试。伊万·卢利艾以第三名的成绩被录取，多米尼克和伊夫分别名列第二十九名和第二十七名。他们也都在商业学院考试中取得好成绩，但是他们更偏爱巴黎高商。多米尼克和艾莲娜在考试结束后便去摩洛哥度假，艾莲娜想了解这个多米尼克度过童年的国家。

伊万·卢利艾则去了美国，他想住在当地人家里来提高他的英语水平。从美国回巴黎的时候，多米尼克与卢利艾母亲一起去机场迎接他。"多米尼克总是助人为乐，"卢利艾的父亲回忆说。

秋叶开始飘落。1968 年 5 月已成往事。多米尼克加入了共产主义学生联盟，那是当时大学中唯一的反对极端左派的学生组织。他全力地支持共产党，但并没有正式加入。如他自己所说："在我眼里，共产党就是工人阶级的政党。作为一个真诚的马克思主义者，我认为革命离不开工人阶级。与那些在我看来只是小资情调的左派相反，我不愿脱离老百姓。我深深赞同马克思主义。在经济问题上，我认为计划经济也要优于资本主义。从国际角度上看，我觉得共产主义集团是唯一能与在越南战争中的侵略者美帝国主义相抗衡的力量。因此，我更支持华沙条约的军队于 1968 年 8 月侵入捷克斯洛伐克。次年，要是我够 21 岁，符合年龄条件的话，我肯定投票给杰克·杜克罗——法国共产党的总统提名候选人。"

第八章 共产主义，生意和背包旅游

　　故事发生在 1968 年的 9 月 15 日，即巴黎高商开学那天。一位老师问学生毕业后有何打算。弗朗索瓦·索梅尔佛吉尔回答说："我想在大公司当人事经理。"多米尼克·斯特劳斯那时和他刚结识不久。此时他俩正并肩坐在一起。"可为什么你想成为人事经理呢？"多米尼克反复问弗朗索瓦。他不能理解竟有人如此没有抱负。而他呢，则随口说出了他的答案："我到底是成为财政部部长还是诺贝尔经济学奖得主好呢？"他语气认真地跟那些惊呆了的同学们重复了好几遍，然后又说道，"我不可能一心二用。"

　　在巴黎高商的学习让他自命不凡。"我选择巴黎高商是因为它是最好的学校，"他对周边的人说。当时，巴黎高商正处于迅速发展的阶段。1964 年以来，它搬到了凡尔赛附近伊芙琳省的汝伊 - 昂 - 若萨斯，戴高乐将军曾经亲自前往主持新校舍奠基仪式。校长居·雷洛想通过和一些法国公司以及盎格鲁一撒克逊体系的高校合作，把它打造成顶尖学府。

　　巴黎高商是第一个离开巴黎搬到郊区的大学校。人们称它为"美式校园"。而现实中的校园却很简朴。它远离市中心，公共交通不便，除了学校的食堂，几乎找不到一个聚会或娱乐场所。

　　在汝伊 - 昂 - 若萨斯，学生们过的是寄宿制生活。学校大约有一千名的学生，分别来自三个年级，每个年级大约三百人，学生们根据字母顺序被分为十六组不同的"学习联盟"。多米尼克被分在倒数第二组，与其他二十几个姓氏开头为 R 和 S 的学生在一起。他们分别是伊万·卢利艾、菲利普·力固迪艾尔、弗朗索瓦-格萨维埃·罗斯、皮埃尔·斯特罗贝尔以及弗朗索瓦·索梅尔佛吉尔。姓氏开头字母是 M 的伊夫·马尼昂，没和他的好友们分到一组。但为了和多米尼克他们在一起，他申请了换组。

大块头

在巴黎高商学习的三年期间，这组的所有男孩子们形成了紧密团结的帮派。而多米尼克是他们的领头。伊夫·马尼昂说："当老师问学生：'你觉得自己和哪个学生关系最密切？'所有人的回答都是'多米尼克。'"学生们也以字母顺序排列被安排住在独幢小楼里。他们中大部分人不到 21 岁。学校不是男女混住的，因此禁止男生把女朋友带进来。

这个禁令不针对多米尼克。鉴于他已婚的特殊情况，他被允许住在外面。多米尼克每天开车在他和艾莲娜居住的文森讷与学校之间往返。在那个堵车问题已开始出现的年代，他得忍受作为郊区居民得承受的堵车命运。这个问题后来因一部拍摄于 1973 年，由杰克·海基林和马尔特·凯勒主演的电影《飞奔的市郊》而闻名于世。为了准时到达学校，多米尼克每天必须很早就从家里出发。

学校的课程集中在 8 点到下午 1 点。某些下午，多米尼克继续留在汝伊-昂-若萨斯。作为橄榄球队队员，他参与训练以迎接大学校橄榄球联赛。由于他的脑袋有点往后缩在两肩之间，而且他的身材肥胖，有些人打趣称他"大块头"。其实多米尼克只是长得结实而已。他给人的印象就像一面镜橱一样魁梧。

弗朗索瓦·戈萨维·罗斯回忆说："有个下雨天，正当橄榄球比赛进行得不可开交、双方运动员都作好打一场硬战准备的时候，多米尼克突然倒地俯冲、用手拨开泥水。他在找……眼镜，后来还是对方的前卫们帮他找到。多米尼克总显得较冷漠，仿佛他乘直升飞机从高处俯瞰这个世界。他往往给人一种华而不实的感觉。然而事实上，他能够胜任高深的工作。他能用比别人更少的时间，完成比别人更多的任务。我曾经在橄榄球赛后的庆功会上见过他。他并不是最后一位加入吃喝玩乐的人，但他是第一个想到'比赛后继续努力'的人，是第一个在玩乐的同时心里惦记着第二天工作的人。"

当需要他们"紧锣密鼓干活"的时候，多米尼克和他的伙伴们加起来一共五人就会关在寝室里埋头苦干，有时候一直学到很晚。"有一天，"弗朗索瓦·索梅尔佛吉尔回忆说，"为了写一张纸的综述，他分析了有关金融政策和发展的一份 70 页的报告，一直忙到深夜。最后，他拿到了最高分。"

学生会的"赤色分子"

当学校里没什么重要事情牵绊他时，年轻的新郎便迫不及待地赶回他们小两口的爱巢。多米尼克热烈地爱着自己的妻子，他们天天如胶似漆、相互尊重。多米尼克什么事都和艾莲娜说。而这位年轻的妻子呢，她不仅有扎实的文化知识还有自己的一套判断标准，多米尼克很重视她那有分寸的判断。弗朗索瓦·索梅尔佛吉尔曾说："多米尼克这人很会讨好吸引别人。不过能拥有艾莲娜一切都足够了。而且他对她完全忠诚。"

艾莲娜也一直参与他们这帮人的生活，多米尼克的这些朋友们很熟悉并欣赏她。伊夫·马尼昂回忆说："当艾莲娜不在的时候，多米尼克也会像其他人一样不正经。而当她在场时，多米尼克会变得很认真。已婚男人的身份给多米尼克赢得了不少威信。他思考问题时往往从一个负责任的男人角度出发。"

当多米尼克在校园发传单参与学生会竞选时，艾莲娜一直陪伴在他的身边。因为在巴黎高商，多米尼克真的很想投入地做点什么。巴黎高商开学后不久，他便参加了有生以来的第一次竞选。那是一个每年都会举行的、有关学生会的竞选。学生会是个传统意义上非政治性的机构，在名校里，平时主要与学校共同组织管理文体和节假日活动。学生会即将卸任的主席丝毫不掩饰自己的右派倾向并大事炫耀他那大资产阶级的生活作风，竟然乘坐他父亲的劳斯莱斯私家车上学！

1968年5月的巴黎高商校园内，大部分的学生并没有加入当时的罢工。贝尔纳·珂兰曾组织过一次示威。这个两年前入校、企业高管的儿子，自诩是左派的"元老"，不过他并不属于任何组织。他曾夸下海口："只要我们一帮人，就可以改变只会组织节庆活动的学生会的现状。对于即将卸任的学生会成员，我们写了一篇有点儿好玩但又充满火药味的文章送给他们。我们称那些即将卸任的学生会头头是'抱头鼠窜'"。

于是，在马尼昂、卢利艾和其他三个朋友的陪伴下，多米尼克·斯特劳斯-卡恩与贝尔纳·珂兰碰了面。在珂兰等"元老"的眼里，他们显得很坚定，珂兰后来回忆说："我们这帮朋友就是玩玩而已，而多米尼克那群人则有领导学生会的才智。"

多米尼克·斯特劳斯-卡恩和他们商讨了名单上成员的构成，这份名单上的人自称左派并由珂兰领导，多米尼克为其中第二号人物。在竞选获胜以后，贝尔纳·珂兰成为学生会主席，多米尼克出任副主席一职。但是，他很快就证明了谁才是学生会真正的"老大"。贝尔纳·珂兰后来承认道："虽然多米尼克从不会居功自傲，但是他的一些政治观点确实比我的要有条理。他异常的活跃。和他的那些伙伴们一起，他几乎能包揽学生会里所有的事务。"

与此同时，多米尼克还加入了法国学生联合会，而在1971年，这个组织因意见不合而彼此仇恨，最后分成了由共产主义者领导的——新法国学生联合总会，以及由托洛茨基分子领导的——法国学生联合工会这两派。

半日制的共产主义者

1968年的秋天，法国学生联合会总部下属的学生联盟，想要在校园里招募约40位会员。对于有1000多名学生的巴黎高商来说，这个数字显得微乎其微，但是相对于1968年5月之前的人数则已经很多了。

在校园内，多米尼克因与皮埃尔·斯桥贝尔领导的共产主义学生联盟走得很近而被很多人所熟知。如果说他在精神层面上比以往更加马克思主义化，那么他的个人行动则与布尔什维克一点儿都不靠边儿。自从认同了学校的精英价值理念后，他便一心想要在一点上显得"与众不同"：联合伊夫·马尼昂，他拒绝被他认定为过于资本主义的课程——市场营销！有个老师被认为极端的倾美主义，因为他一年要去美国很多次。最后多米尼克和他的学生会成功地使这位老师离开了巴黎高商。

利奥奈尔·若斯潘曾把自己定义为"风趣的苦行僧"。而多米尼克·斯特劳斯则是一个"勤奋的风趣人"。他性格坚韧，在任何场合都与人保持距离。

1969年，也就是他在巴黎高商二年级时，他和伊夫·马尼昂按照规定即将卸任离开学生会，他们把下一届的学生会竞选搞得很搞笑，他们还列出一张被称为"酒桶"的名单。伊夫·马尼昂现在回忆起当年的往事还会笑出声来："在一本讽刺杂志的赞助下，我们印了一张多米尼克打扮成流浪汉的照片，手里还拿着一个酒瓶。最搞笑的是，我们竟然被选上了！校长雷洛先生提醒我们在选举时要实现辞职的诺言。多米尼克回应他道'以前那个是醉酒后的誓言'，不过，我们后来还是辞职了。"

尽管他有着法国最得人心的滑稽演员高吕施式的幽默，多米尼克·斯特劳斯-卡恩却并非是个无政府主义者。他考入巴黎高商后，便正式加入了学校的学生共产主义联盟，直到1972年毕业，他一共做了四年联盟成员。新闻记者居·高诺普尼奇证实了这一点："我当时在联盟的办公室内。我直至今日也能清楚地记得多米尼克·斯特劳斯。因为就读名校的人凤毛麟角，我们彼此都会注意对方。虽然他并不是一个活跃的激进分子，但是他在共产主义学生联盟里所起的作用，或者更确切的说，他在所管辖的分支——高校联盟中所起的作用，是不容忽视的。"

尽管很多巴黎高商的学生都被引导成右派，校园里最激烈的争论却是在多米尼克和几个毛派分子之间。卢利艾神父可以证明："面对那些巴黎高商里不多的极左派，巴黎高商中一些共产主义者便充当起改革者的角色。有一件事令我和多米尼克都格外地震惊：毛派的那些人要求关闭证交所，因为他们担心这会导致那些贫困学生资产阶级化！"

在左派团队被选举进入学生会领导层后，汝伊-昂-若萨斯校园发生了一次骚乱运动，这在当时的大学校是非常罕见的。"我们并不想摧毁一座资产阶级学校，"伊万·卢利艾继续说道，"只是为了改革教学方法。譬如，我们希望在某些核心课上能够引进对话模式，能取代以往一刀切的用 ABCDE 五个等级给学生打分的做法。"

罢课期间，位于弗里德兰大街的巴黎商务部和工业部负责教育的领导接待了学生代表团，多米尼克·斯特劳斯-卡恩和弗朗索瓦-格萨维埃·罗斯也名列其中。

弗朗索瓦-格萨维埃·罗斯是个富有经验的激进分子，却被多米尼克这个新手给唬住了："我们俩坐在负责商学院教学的校长安德鲁·布隆多对面。多米尼克趁机以巴黎高商的对手经济商学院为例，向他提出应该增设一些公共常识课、增设高层次的哲学、社会学课目以吸引那些最优秀的学生来巴黎高商。安德鲁·布隆多以前以为这只是些不知天高地厚的小孩，然而多米尼克却完全像一位关心学校利益，严肃的对话者。我们至今仍清楚地记得，那位校长慢慢将身子倾向他，并开始怀着敬意听多米尼克讲话，把他放在和自己同等的地位，这真是让人印象深刻。"

勤奋又风趣

1971 年初，当多米尼克·斯特劳斯-卡恩读大三选修组织和制度管理课时，巴黎高商被一群学生占领，这可是学校有史以来的第一次。运动的原因？教学管理改革以及大三的学费上涨。这次，多米尼克没有参与其中。在巴黎高商的最后一年里，他没有过多的时间可以贡献给战斗。每天下午 1 点，当巴黎高商的课程结束后，多米尼克很少待在学校不走。"我渐渐发现他正在同时上三四门课程。"贝尔纳·珂兰后来回忆说。

1968 年，当他还在预备班的时候，多米尼克这个"博而不专"的人同时也在巴黎十大上法律课。"这是为了讨我父亲开心，"他说道，"直到高中毕业会考时，我没学过什么重要的知识，预备班后我才开始如饥似渴地大量学习，"他又补充说道，"这应归功于我在卡尔诺中学有幸遇到的老师们，法语老师方杜先生和哲学老师莫居伊先生，以及教历史—地理的贝尼奇先生。"

1970 年，在巴黎高商的最后一年期间，多米尼克开始了在巴黎政治学院的学习，而且除了学习法律，他还在巴黎六大的统计学院攻读统计硕士学位。为了换换脑子，他本打算和伊万·卢利艾一起攻读数学本科……"我们后来放弃了，因为这和其他学科时间上有点冲突"，卢利艾神父肯定地说。因为，即使是多米尼克·斯特劳斯-卡恩，一天也只有 24 小时而已。

所有认识他的人都见识过他那超出常人的工作能力。艾莲娜·杜马斯回忆说："我见他异常勤奋地学习。由于他没有时间去学院，我就把自己因为没有时间上课而向巴黎二大订阅的笔记给他看。曾经有一次我见他在考试前一天复习了 900 页的刑法笔记。"

在上了这么多课的同时，多米尼克还接了许多家教活，尤其是给高中生上数学课。当艾莲娜一直在她公公那里兼职工作时，多米尼克也为家里作贡献。在巴黎高商一位同学的介绍下，他还为凡尔赛一位中小企业的老板提供服务，那家企业正愁收不齐客户拖欠的款子。用赚来的酬金，年轻人跟他解释如何再投资。他给那个老板提供"咨询"，而且不放过可以赚钱的机会。当企业的老板顺便谈起他儿子学习成绩一塌糊涂时，多米尼克不失时机地提出给那位高中生上课！

在革命战斗和生意的空隙里，多米尼克和几位朋友撰写一本有关《马克思之幻想》主题的小册子，这本小册子由艾莲娜打字成书，后来发行了四十来本。"我们写这本小册子，主要是因为马克思在巴黎高商的课程里占有一席之地，"多米尼克·斯特劳斯-卡恩解释道，"不过我们有点儿失望，因为销量比我们预计的要低。"小册子开头引用了哲学家黑格尔高深莫测的一句话："夜里的奶牛都是灰色的。"把共产主义和市场营销调和起来可不是件容易的事情。

巴尔干半岛度假

1969 年夏天，多米尼克、伊万和艾莲娜开着雷诺 4L 车进行了长途旅行，这辆车还是祖父玛留斯在参加一个孙子的学校摸奖赢得的。这次同行出游的还有多米尼克的弟弟、15 岁的马克·奥利维尔。目的地：土耳其。

期间经历数个星期的驾车冒险之旅，横穿南斯拉夫后，四个年轻人又越过保加利亚的边境。夜幕降临，当他们在那些地处偏远的小镇里安营扎寨后，就来到一个咖啡馆坐在桌旁喝咖啡。咖啡馆里唯一的女性——艾莲娜的出现使店里其他顾客惊讶不已，他们用奇怪的眼神打量着四位法国年轻人。

到达保加利亚首都索菲亚后，这些人体验了在一个社会主义经济制度下旅游的乐趣。他们必须去巴尔干官方旅游局购买一种票证，用这个票证他们可以投宿在当地人家中。那些家庭都是由政府有关部门正式指派的，因为那时候巴尔干半岛上几乎没有什么旅店。有一次，几个年轻人觉得招待他们的家庭的气氛实在是太沉重了，他们礼貌地给主人留下了小礼物便匆匆收拾好行李另找住处。

"显然，"多米尼克·斯特劳斯-卡恩说道，"我当时丝毫不想居住在东欧国家，哪怕是在相比之下没那么封闭的南斯拉夫。但是那次旅行并没有让我放弃共产主义。事实上，我那时觉得国控经济的原理是好的，只是没有被正确应用，只要我们换个方式，国控经济应该是可行的。"

继保加利亚后，四人跑到了他们假期的真正目的地土耳其。他们的这次旅游一直深入到位于土耳其东北边的特拉布松，他们还在附近的亚美尼亚待了两三个星期，其间他们住在帐篷里或便宜的小旅馆里。在驾车旅游了大约 5000 公里之后，四个年轻人在土耳其的伊兹密尔搭上了前往意大利的船只。

多米尼克和马克-奥利维尔的母亲每次都很担心孩子们出门旅行，在他们临行之前，她便准备好了整整一箱的药包，其中甚至有抗蛇毒的血清蛋白。四个年轻人一路上小心翼翼地把血清蛋白保存在冰箱里，直到他们到达伊斯坦布尔时，才从一个当地的医生那里得知，法国当地生产的血清蛋白对土耳其的毒蛇毒素根本不起作用。

巧的是，1973 年，一个比多米尼克·斯特劳斯年少 6 岁的年轻法国人竟然也经历了同样的土耳其之行。这个 18 岁的高中生名为尼古拉·萨科齐。如果说旅游可以让年轻人成长，那么多米尼克已经很好地成长了。

多米尼克和太阳神殿

1970 年夏天，多米尼克和伊夫想借在巴黎高商第二学年末的实习机会赚点钱。他们向 12 家正寻求新市场销路的法国企业提供关于秘鲁经济的详细报告，当时的秘鲁不为人所知而且不易进入。两个年轻人，这次在艾莲娜和伊夫妹妹的陪伴下，踏上了探索美洲的三个月长途之旅。

伊夫·马尼昂讲述道："我们是这个旅游路线的开拓者。没有直达的飞机，就是有我们也买不起。我们的经费少得可怜：每人每天大概一美元。所以我们买了最便宜的机票，飞往了纽约。就连基督教青年会所提供的青年旅舍对我们来说也太贵了。我们最后不得已来到一家不三不四的、肮脏的、靠近时代广场的旅馆，每人每天 5 美元，这已经远超我们的预算了。那时的纽约有许多又脏又穷的区域，不过我们当时几乎身无分文，所以也没什么可被偷的。我们不喜欢当时正盛的'美帝国主义'。多米尼克激烈批评越南战争以及那些大公司在拉丁美洲的大规模采伐行为。我们在纽约只待了两天，便急不可待地想跑到我们的目的地。"

驱车抵达佛罗里达后，四个年轻人又乘坐当地公司的一架"老式飞机"到达哥伦比亚北部。然后，他们开始了探险之旅：参观卡塔赫纳，一个由西班牙海盗建造的带城防工事的城市，然后乘坐一辆很不舒适的火车一直到哥伦比亚首都波哥大，接着又坐另一辆火车路过基多穿越赤道。那里的消费比美国低很多，他们住在小宾馆里，每到一处就着迷于那些巴洛克风格的教堂。

"在哥伦比亚，"伊夫·马尼昂旧事重提，"我们经历了最奇妙的时刻。在一个住在麦德林穷人区的传教士的帮助下，我们参观了一个贫民窟。贫民窟的旁边有一个大农场，里面的奶牛群由手持武器的人看管着，他们随时都可以向越过栅栏的饥民开枪。我们当时觉得这个太让人憎恨了。但是当农场的主人邀请我们参观的时候，他向我们解释说他不能容忍偷盗，因为这会祸害他的企业和几百名雇员。这次会面让我们很有感触，因为两种说法，无论是老板的说法还是穷人的说法，在我们看来都是合理的。"

在秘鲁马库萨尼村，四个年轻人在乡间迷了路，于是体验了几天那些从来没见过外国人的当地居民的生活。"我还记得在一个当地的节日里看到大秃鹰与公牛搏斗。还有一个印加的祭司，这和丁丁和太阳神殿里的描述是一样的情形。"伊夫·马尼昂开玩笑说。

那时，他和伙伴们的日子可不好过："在哥伦比亚，两个在酒吧结识的印第安导游带领我们划着独木舟横穿热带丛林。我们四个法国年轻人，在哥伦比亚和法国以及家人断了所有联系。我们那时渴极了，只能割断藤蔓植物喝汁水。晚上，没有人敢离开帐篷半步，因为四处都能听见野兽们嚎叫。那两个印第安导游好像非常享受'虐待'我们，他们问：'要是我们抛下你们不管，你们怎么办？'我们回答说，'我们找到河流，然后就可以走出热带丛林了。'他们于是嘲笑我们说，'不，如果我们抛弃你们，你们三个小时内就会死去，不是被蛇咬死，而是……因害怕而死亡！'"

食物匮乏、阴冷的夜晚、酷热的白天以及因睡在安第斯山脉著名的景区——马丘比丘遗址而引发的发烧，整个旅程令人难以忍受。他们后来通过免费搭车走出了安第斯山脉。

"我们在卡车后座上待了三四天，"伊夫·马尼昂后来回忆说，"一路吃着灰尘。多米尼克继我之后也病倒。由于我已经打开一盒抗生素，他就让我一个人吃完。"

三个月很快就过去了，回到巴黎以后，伊夫和多米尼克手头也没有什么有关秘鲁经济的资料，可是他们必须向客户交出十二份报告。"多米尼克和我平分这个工作，各做一半，"伊夫·马尼昂回忆道，"我费了九牛二虎之力才写了三页报告，而多米尼克竟然在巴黎的图书馆炮制出一份有四百页的报告！"

第九章　从多米尼克到斯特劳斯-卡恩

继 1971 年在巴黎高商获得文凭后，多米尼克·斯特劳斯-卡恩又在次年取得巴黎政治学院（公共服务系）的文凭和巴黎十大的公共法律学位，1975 年，他在巴黎十大得到了经济学博士的头衔。如同意大利战争中年轻的拿破仑一样，他接二连三取得成功。不过多米尼克·斯特劳斯-卡恩也有遭受特拉法尔加打击①的时候，那是一个让他痛心疾首的失败。

被接连的成功冲昏头脑的多米尼克低估了考进国立行政学院的难度。他之前一直以为他可以不费吹灰之力被该学校录取。他在笔试中被硬生生地淘汰了。这对没有用心复习功课的多米尼克来说，倒不失为教训。

那一阵，他为这次考试的失利而非常懊恼。但之后也只能认命了。既然国立行政学院不接收他，他也只能说服自己并非很想考取那学校。"国立行政学院是个有实力的名校，不过缺乏底蕴，"他声称道，"国立行政学院毕业的学生都是那种像军人般学习如何在行政部门掌权的人。"②

对一向乐观的斯特劳斯家族来说，任何一个挫折都是有益的。多米尼克在国立行政学院遭受的失败帮他找到了发展道路。由于家庭以前所

---

　　①　特拉法尔加的打击，喻为意外的不幸事件，特拉法尔加系西班牙临大西洋的海岬，英国海军由纳尔逊率领在此战胜法国舰队，但纳尔逊也在此战阵亡。——译者注

　　②　《挑战》杂志，1997 年 9 月。

经历的痛苦遭遇，多米尼克排除了私人机构："我和我的弟弟从小就因为父亲不稳定的自由职业而吃过苦头。正因为如此，我们两个分别都选择去公共部门工作。有了手头这些名校的文凭，我们本可以在一些私企谋得高位。不过相比于钱，我们更偏向找一份稳定的工作。"

科研人员

出于爱好和本能，多米尼克选择了在大学里研究经济学。也是命运使然，1971 年 9 月，刚从巴黎高商毕业不久，他就遇见了经济学家安德鲁·巴博，此人在南特尔管理着一个国家科学研究中心的实验室：CREP，即储蓄和财产研究室。年届 37 岁的安德鲁·巴博当时正在物色一些年轻的科研人员以组建团队。这个温和右派的传统经济学家被多米尼克这个年轻的马克思主义者给吸引住了，他在后者身上感受到了对经济学相比于参与党派运动更为强烈的热衷。

安德鲁·巴博之后又招募了安德鲁·马松，一位年轻的巴黎综合工科学院学生，那人在数学方面相当有天赋。后来，他还招募了多米尼克的一位学生，戴尼·凯斯勒，后者曾在巴黎高商担任微观经济学教师。

留着一头长发，围着红披肩，戴尼·凯斯勒这位左派的激进者比他的老师多米尼克年轻 3 岁，并在很长的一段时间内和多米尼克保持着友谊，不过后来一个成为法国企业家协会，即老板公会的二号人物，另一个在 90 年代末当了利奥奈尔·若斯潘的财政经济部长，成了对立面，从此后两人就分道扬镳了。

在 70 年代初，年轻的戴尼·凯斯勒在狂热追求文凭上和多米尼克有得一拼：巴黎高商、巴黎政治学院的硕士学位、哲学博士预科结业证书以及社会和经济学大学教师资格证。

在位于南特尔的储蓄和财产研究室实验室里，团队迷恋于工作，不再理会一周 35 小时工作制……戴尼·凯斯勒后来说道："我们没日没夜地工作，经常工作到深夜，周末也不休息，研究家庭开支、储蓄、遗产和财产。那是一段不可思议的时期。大家一起处理一些复杂的工作、发明经济模型、在一些国际大刊物上共同署名发表文章，带给了我们至美的、奇妙的快乐。"①

在一些国际会议上，多米尼克和研究室的同事们得以碰到一些经济界的头面人物。譬如：后来在白宫担任罗纳德·里根顾问的马丁·费尔德斯坦、老布什总统的顾问迈克尔·博斯金、未来的诺贝尔经济学奖获得者以及著名的计量经济学作者詹姆士·托宾、克林顿时期的执掌国库的拉里·萨默斯。雄心壮志的多米尼克撰写了一篇关于储蓄和退休金的论文，这篇论文直接质疑了该领域大师级人物佛朗哥·莫迪利亚尼的理论，后者当时为麻省理工学院教授，并于 1985 年获诺贝尔经济学奖。

多米尼克天不怕地不怕。"我们根据人们的经济行为设计了一套非常复杂的模型，应该说，这个模型比美国人的相关研究早 10 年。"② 但是他 1975 年发表的论文难被世人所采纳和理解："安德鲁·巴博认为该篇论文的切入点很好，打开了一些视野，但是没有找到决定性的突破口所在。多米尼克成功地震撼了经济界既有体系，但是没能从根本上更新它。"③

26 岁时，多米尼克似乎已经做好了在大学里大干一番事业的打算。在从事饶有兴趣的科研工作的同时，他还能匀出时间在巴黎高商、中央理工学院、托勒别克大学、法国国立科学技术与管理学院甚至远到阿尔及利亚安纳巴大学授课！命运之桥似乎正引领着他成为诺贝尔经济学奖得主，与此同时，也让他离政治越来越远。在南特尔，有一阵时期，多米尼克还加入了极左派的教师工会，但很少参加活动。他早已心不在此。他对经济的热爱战胜了对共产主义的投入。

多米尼克·斯特劳斯-卡恩深受约翰·梅纳德·凯恩斯影响。这位

---

① 引自樊尚·吉莱和维罗尼克·勒·比永合著的《隐藏在多米尼克·斯特罗斯-卡恩背后的生活》一书，巴黎 Seuil 出版社，2000 年。

② 同上。

③ 同上。

死于 1946 年的著名的英国经济学家，是国家干预主义的理论创始人。
该理论尤其使美国得以走出 1929 年的经济危机。

以斯特劳斯-卡恩署名

自 1971 年从巴黎高商毕业以来，多米尼克和艾莲娜的生活逐步得
以改善。年轻小伙子一旦开始谋生，小夫妻俩就从"学生"阶层上升
到"年轻的受薪阶层"。搬离了那个位于文森讷的两居室后，他们住进
了巴黎 1 区一个宽敞的公寓房，它位于玛德莱娜和协和广场之间的里奇
潘斯街。

他们打破了斯特劳斯家租房的传统，这次他俩成了这个房子的房
主。这绝非是因为多米尼克会攒钱的缘故。艾莲娜·杜马斯后来解释
道："我把从我父亲那里继承来的那套位于克雷蒙·费朗的房子给卖了。
为了凑足房钱，我们还稍微贷了些款。对于这么大面积的房子来说，这
个房价已经算是相当便宜了，100 平米，而且地处市中心。多米尼克的
祖父觉得其中可能会有猫腻，他总跟我们说，'这个房子里有只狼'，
内藏隐患。幸好事实并非如此。但是，我们不得不着手翻新整座公寓：
从地板、装饰画到淋浴房，都要重新装修过，还好当时有我妹夫的帮
忙。多米尼克凭一己之力翻新所有的电路，虽然一开始并不是很顺利！"
夫妻在之后的十年里都住在里奇潘斯街。他们的三个孩子也都是在那里
出生的，瓦内萨出生在 1973 年，玛汀娜 1976 年，罗林 1981 年。

70 年代期间，多米尼克具有那个时期年轻爸爸的典型特征。他留
着胡子，带着厚厚的玳瑁眼镜。即使上班工作一时打领带，在家则一直
穿牛仔裤和 T 恤衫。他们家里总是高朋满座，多米尼克和艾莲娜总是热
情款待，大家一夜夜地大谈改造世界。斯特劳斯家族世世代代都喜欢有
一大帮朋友在家里。

多米尼克和家族保持着紧密的联系，虽然公务缠身，他每周四尽量
抽出时间去祖父位于瓦格姆街的房子吃午饭，或在周日去和捷克琳娜和

吉尔伯特在靠近人权广场、位于克雷伯大街的房子共进午餐。周末的时候，年轻夫妇带上小女儿瓦内萨有时去萨维尼-苏尔-克莱里斯，有时去索姆省欧蒙市玛留斯·斯特劳斯-卡恩的乡间别墅修身养息。

"我们和他一起玩槌球游戏，"艾莲娜·杜马斯一脸微笑回忆说，"大家都很开心，但一旦发现有人作弊，他会生气，大声吼叫，满脸通红。可他自己作弊却又另当别论！"

虽然他已经进入社会并有超负荷的工作，多米尼克却绝不为工作而放弃度假。与艾莲娜一起，他们买下了一处足以接待他们所有朋友和朋友孩子们的带有大阳台的乡下别墅。别墅里一共有十一间卧房，房间偶尔不够时，他们的朋友也会睡到邻居家的别墅去。冬天滑雪，夏夜里悠长的散步，一年四季里别墅都飘有酒香。每人轮流做饭。但多米尼克尤其偏好掌厨。四十年后，好几位朋友还记得他做的螯虾鸡肉或波尔多酒烧鸡肉。

当人们提及"多米尼克"时，有人称他为"斯特劳斯"。70年代中期时人们就是这样称呼他的。"有一天"，艾莲娜·杜马斯解释道，"我发现他用'斯特劳斯-卡恩'署名。这让我不禁有些意外。"

和他的兄弟马克·奥利维尔和他的妹妹瓦莱丽一样，打出生起，多米尼克的身份证上就写着"斯特劳斯-卡恩"。但是他们的父亲吉尔伯特却一直保留并使用着自己亲生父亲传下来的姓。长大成人之后，多米尼克·斯特劳斯-卡恩决定把家庭真实情况和姓结合起来。

在使以色列国家陷入危机的1967年"六日战争"和1973年赎罪日后，多米尼克这样明确表明犹太人身份难免让人担忧。多米尼克·斯特劳斯-卡恩后来解释道："我的父亲曾经告诉我在阿尔萨斯有成百上千人姓斯特劳斯却非犹太人。不过，我的犹太身份是毫无疑问的。"

斯特劳斯-卡恩，一个由科恩演变而来的姓，在希伯来语中意为"神甫"，是犹太人广为传承的一个姓。多米尼克行事谨慎，他那时的朋友们并不觉得他特别在意犹太身份。"我当时知道他是犹太人，"伊万·马尼昂后来回忆道，"但是我们之间从来不谈这个。"除了犹太教之外，多米尼克更想表明自己与自己喜爱的祖父玛留斯·卡恩的血缘关系，那也是一个引领他发现大千世界的老师。

游遍全世界

"那时的多米尼克和我们大家不同，他已经在很多地方游历过"，伊夫·马尼昂讲述道。还在青少年时，多米就在祖父玛留斯·卡恩的陪伴下用自己的眼睛和耳朵饱览了 60 年代的世界。社会党人玛留斯，尽管来自阿尔萨斯，却是法国的忠实爱国者，而且还是个世界公民，他热爱旅游和探索。

1963 年至 1967 年期间的每年夏天，玛留斯和多米尼克都会花三个或四个星期一起旅游。他俩的第一次旅游是在多米尼克的祖母伊万娜去世的几个月后，在此之前玛留斯每年总是和他的妻子外出旅游几次。

多米尼克和玛留斯的目的地：美洲。那是一段很不平凡的经历。多米尼克·斯特劳斯-卡恩如今还详细地记得："为了去蒙特利尔，我们必须先抵达荷兰阿姆斯特丹并在那里登上荷兰航空公司的飞机，这架飞机半路会在冰岛中转然后把我们带到加拿大哈利法克斯。在那个年代，横穿大西洋可不是件小事！从蒙特利尔出发，我们在去纽约时途经尼亚加拉大瀑布。整个旅行期间，我始终和祖父在一起，车上相伴的还有一只格雷伊猎犬。我被美洲那辽阔的土地深深吸引了，城市之间竟然相隔成百上千公里的高速公路。对于我，这和欧洲有着天壤之别。任何东西的面积都是那么庞大！吸引我的还有纽约那些高达二十五层的摩天大楼。那时我还不具批判精神。而七年后我去秘鲁路上再经纽约时我已开始用批判的眼光去看待这一切。在 1963 年时，我不过 14 岁，但却像丁丁一样游历了纽约。"

次年，爷孙俩又展开了一次政治之旅。他们启程去了津巴布韦、赞比西河和南非。在南非，玛留斯和多米尼克见识了可恶的种族隔离。多米尼克·斯特劳斯-卡恩如今还记忆犹新："为了和一位住在约翰内斯堡有名的黑人居住郊区索韦托镇的一位法国神父见面，我俩走到了镇子内部。那有点冒险，因为很少有白人走到镇子里去。我当时也不过是个14岁的男孩。但是我看明白了那个从字面上意为'以群体形式分开居住'的种族隔离的本质。

"餐馆、电影院、火车站等场所分别设有给黑人和白人的厕所。这听起来好像不足为奇，但是当一个15岁的孩子看到这一切时，难免会震惊和愤慨，并自此以后永远反对种族主义。我们当时遇到的白人告诉我们：'我们根本就不会去抵制黑人。但是我们和他们是不一样的，是不可能混合在一起的。'这太可怕了！完全有悖于种族融合的理念。我的祖父，虽然在政治上是温和的社会党人，却有着火暴的脾气。当他发怒时，就会满脸涨得通红。我还记得他与一位白人的谈话。我祖父跟他说，'我希望在有生之年能够看到白人们被扔到海里去。'成人之后，我又去过两三次索韦托。值得庆幸的是，那时的场景现在已经不复存在了。"

还有一个夏天，多米尼克和他的祖父从巴黎出发，驾车横穿斯堪的纳维亚半岛。这次他们带上了爱丽丝，即玛留斯的女儿"里赛特姑妈"，她在她丈夫的陪伴下也同行旅游。他们到达挪威的最北边的小镇希尔克内斯，这里是俄罗斯和芬兰接壤的地方，离北极圈不远。在那里，他们连车带人上了一艘商船，然后沿着挪威海岸，顺着海峡来到南部港口城市卑尔根。

和祖父一道，多米尼克还曾经参观了苏格兰和德国，并利用复活节在那里作短暂的停留。玛留斯也把"小家伙们"捎上：多米尼克的弟弟马克，他的妹妹瓦莱丽和爱丽丝的妹妹弗洛朗斯。这些旅行都使他们大开眼界，并培养了他们的政治意识。玛留斯把孩子们带去参观达豪集中营、奥斯威辛集中营以及希特勒在巴伐利亚的贝希特斯加登建造的鹰巢。

在柏林，他们穿过查理检查站①，去了柏林墙的另一边。他们还顺

---

① 位于市中心腓特烈大街的查理检查站（Checkpoint Charlie）是冷战的象征。今天在它旁边的一栋楼里，就是记录那段特殊历史的柏林墙博物馆。——译者注

便去了"菩提树下大街"咖啡馆，边享用巧克力饮料，边听他们的祖父滔滔不绝地吹嘘德国的灿烂文化。在慕尼黑，他们欣赏美术馆的作品，然后在皇家啤酒屋度过一个夜晚，那也是"小家伙们"第一次喝啤酒。

多米尼克于 1967 年结婚后，就把祖父托付给其他的孙辈，自己不再和祖父出去旅游了。他从此以后羽翼丰满开始单飞。在那些"小家伙们"里有一位叫史蒂芬，他是玛留斯 1971 年再婚而娶的宝莱特·鲁内尔的儿子。他后来也属于这个大家庭的一员并成为多米尼克·斯特劳斯-卡恩的关系密切的合作者。

史蒂芬·凯达

与瓦莱丽和弗洛朗斯一样，这位 1957 年出生的家庭新成员在后来三次成为多米尼克·斯特劳斯-卡恩办公室的负责人和顾问。起初在对外工商部任职，之后在萨尔塞勒市政府工作，最后在经济财政部。史蒂芬是宝莱特·鲁内尔的儿子，后者 1928 年出生在拉芒什的拉艾伊-都-部伊，21 岁时进入玛留斯的法律事务所工作。在 50 年代，宝莱特·鲁内尔结识了一位来自圭亚那的公务员——卡拉·凯达，此人于 1963 年抛下妻子和小史蒂芬跑回了他的祖国。巧的是同一年，她的老板玛留斯在 59 岁时失去了他那长他 15 岁的妻子成了年轻的鳏夫。不久之后，他就成为比他小了……24 岁的宝莱特的伴侣。

史蒂芬·凯达就这样又有了一个家庭。他至今还记得："一开始，这对我来说很不容易，我是一个没有父亲的孩子。不过吉尔伯特和捷克琳娜接纳了我们。尤其是玛留斯！周末他把我和其他孙辈们带到位于索姆省欧蒙市的别墅里。我比马克年少 3 岁，和瓦莱丽和里赛特的女儿弗洛朗斯同龄。最初，我像他人一样称他为'留爷爷'，由于小弗洛朗斯那时不会发'玛留斯'的音，他们就都这样昵称他。在将近 10 岁时，我开始把他看作我的继父……"

1971 年 1 月，当史蒂芬 14 岁时，他的亲身父亲卡拉·凯达和另外三个反对派成员被绞死在几内亚科纳克里的一座桥下，因为他们曾经帮助一个朋友逃离波伊罗的一家酷刑监狱，而这座监狱只关押反对总统塞古·杜尔统治的政治犯。

几个月后，在巴黎十七区区政府的接待室里，宝莱特和玛留斯·卡恩的婚姻关系正式化了。登记仪式不外乎按照当时 70 年代的民俗进行。不过和他们同时举行婚礼的还有一对嬉皮士夫妇。几十个人，穿着宽大的裤子或长袍，头发上扎满了鲜花，蜂拥而入。

与之相比，玛留斯和宝莱特的婚礼显得低调谨慎，仅邀请了很亲密的朋友和亲戚。被孩子和孙子辈们环绕的玛留斯喜气洋洋，而宝莱特则稍显拘谨，但是也打从心底感到开心。

婚礼仪式结束之后，玛留斯和宝莱特邀请了家庭成员和朋友们到巴黎最好餐厅之一的拉萨尔用餐。那是因为玛留斯热爱美食。在当战争囚犯的那段时期，他曾遭受饥饿之苦。直到他生命的最后几天，在他的噩梦里，他还会梦见在吕贝克的奥弗拉戈里饥肠辘辘。

蛮横和可爱

由于正在德国进行语言培训之旅，年轻的史蒂芬没能参加玛留斯和宝莱特的婚礼。多米尼克却以他祖父的证婚人的身份出席婚礼。就这样玛留斯成了使史蒂芬和多米尼克终身相连的一根密线。

而在 1971 年的时候，多米尼克和史蒂芬的关系还没有如此紧密。当时，22 岁的多米尼克刚从巴黎高商毕业。14 岁的史蒂芬则刚拿到初中毕业证书。当时为了帮助他备考，多米尼克给他辅导数学。

"一开始，我什么都不会，"史蒂芬·凯达后来回忆道，"在他的帮助下，我在数学考试中得到了 15 分。他总是能够把课上得精彩且有效。可同时，我对他的感情有点复杂，因为他给人的感觉有点高人一等。譬如有一次：在我 14 岁的时候，我脸上长了一点儿胡子，他就嘲笑我说：'你这长的是什么耗子胡须啊？'多米尼克总是让对方无言以对。这个性格上的缺陷却成为他在政治上的王牌。在与别人有矛盾的时候，若有人想跟他对着干，他总用他的那套办法把他们击败！多米尼克可以非常的蛮横，不容反驳！

"不过，如果说他对那些自以为是的家伙才会态度强硬的话，当和那些淳朴的人们在一起则态度和蔼且关系融洽。我还记得他和我外公卜拉希德·路奈尔见面时的情形。我外公是个泥水匠，曾经参军做过法国第二装甲师的工程兵，还从希特勒那位于贝希特斯加登的鹰巢里把戈林夫人的那只小狗带回来。他和多米尼克谈得很是投机，在那天快结束的时候，他评价他说道，'这个男孩人不错。'我同样记得多米尼克和我姑奶奶聊天时神情愉悦。我那 14 岁就开始工作的姑奶奶后来在 104 岁的高龄去世。随着年龄的增长，多米尼克越来越以人品为标准来评价他人。"

2002 年多米尼克·斯特劳斯-卡恩出版了他思考社会主义的著作——《火与灰》，他也给史蒂芬·凯达寄了一本。书的献词给了他俩共同的老师：玛留斯·卡恩。正是通过玛留斯，多米尼克·斯特劳斯-卡恩得以了解民主社会主义最深层的根本所在。

玛留斯的政治

玛留斯不像他的很多同时代人，他一生中从未被任何一个狂热的信仰所诱惑。社会党但非马克思主义者，他直到死都忠实于人道主义者雷奥·布鲁姆。

玛留斯对西班牙的弗朗哥、海地的那些马库特大叔①，还有希腊的

---

① 1957 年，弗朗索瓦·杜瓦利埃在大选中高票当选总统，他为了加强对民众的精神控制，不断宣扬黑人至上主义，煽动种族仇恨。1964 年在热雷米市，海地特务组织"通顿·马库特"屠杀了数百名起义者，很多起义者全家上自老人下至幼童全被枪杀。为了以儆效尤，杜瓦利埃下令将起义者的尸体空运到太子港，陈放在正对飞机场出口处的显著位置上示众，不许收尸，任其腐烂。据估计，在杜瓦利埃统治时期，被杀害的海地人多达 3 万~6 万人。杜瓦利埃家族的统治被称为加勒比地区"最腐败、最血腥的现代王朝"。

那些上校们深恶痛绝。史蒂芬·凯达说道："从他那里，我们知道了民主具有绝对的重要性，而且它是其他所有政治、经济问题的根源所在。"

70年代初期，玛留斯的很多观点并没有获得全家的一致支持。多米尼克是共产党学生会成员，马克是高中生行动委员会的积极分子，而玛留斯的妻子宝莱特也倾向共产党。在斯特劳斯和斯特劳斯-卡恩家族里，一切事情都在餐桌边解决，一般情况下每周四，也就是国家教育部规定的一周的休息日，大家聚在宝莱特和玛留斯那位于瓦格瑞姆大道的公寓房边吃饭边聊天。三代人经常投入到无休无止的辩论中。

"我们在那破房子里只谈政治"，史蒂芬·凯达微笑着说道。多米尼克经常向他的祖父挑战。长大成人并当了父亲后，多米尼克不容别人轻易插话，有时爷孙之间争执声会越来越响。"他们之间会有不同的想法，但是他们从不会生对方的气，"史蒂芬·凯达说道，"与共产党与社会党之间的分歧相比，他们对不公正现象有着同样的不满。辩论很热闹，不过彼此之间一直深情地爱着对方。"

玛留斯以他广博的文化知识深深影响着他的孙辈们，除了法语和德语，他还懂意第绪语。他的那些莫名其妙的笑话让家里人很摸不着头脑。"为什么美索不达米亚的母鸡不会下蛋？因为它们整天看到底格里斯河和幼发拉底河！"不过，他也向他的后辈们传输了不少他宝贵的生活经验。"他老提他在德国当俘虏的事情，"史蒂芬·凯达后来回忆道，"五年，这在人的一生中可是一段很长的时间啊！那段经历更加巩固了他对民主的信仰和自己的道德理念。"

信　任

2011年1月份的某一天，我在巴黎玛德莱娜广场的一家咖啡馆里与史蒂芬·凯达见面。他那已83岁的高龄母亲宝莱特·卡恩，挽着儿子的胳膊，走路都有点艰难。包括周六在内，她一直在咖啡店隔壁的一个店铺里卖戏票，这家店是她的姐姐布朗西创建的。

宝莱特满怀爱意地回忆起玛留斯："那是一个慷慨的好人，一个值得我尊敬和爱的好男人。"她很感激玛留斯以父亲的身份对待史蒂芬·凯达，在他的晚年甚至称史蒂芬为"我的太阳"。

史蒂芬·凯达也回忆道："玛留斯对人类之间可能存在的差别具有非凡的忍耐力。当还是青少年的我时不时与父母有冲突的时候，他就对我说，'我相信你心里明白底线，是不会太过分的。'这句话是他对待整个人类的道德观的基础。因此，在我以冒险家的身份走遍全世界时，我总担心会辜负他的信任和期望。当我有时在几千公里外迷失，饥肠辘辘想放弃的时候，玛留斯就会对我母亲说，'不用担心，他会回来的。'就这样，我每次都能回来，因为他的道德观指引着我。"

人生终点

70 年代初，玛留斯遭受心血管病折磨并戴上了心脏起搏器。后来他又得了前列腺癌。每当人们以为他已康复的时候，他的病又复发。他的状况每况愈下。在与疾病作斗争的同时，他还过着正常生活并和宝莱特一起平均一年 3 次外出旅游，他们的旅游目的地或多或少有点远：莫斯科、波兰、马耳他和锡兰（今斯里兰卡）。

由于对故乡阿尔萨斯感情深厚，他和妻子一起会去那里拜访爱尔纳姑妈和莉莉姐姐，也去威森堡那年老的古斯塔夫舅舅和苏珊娜舅妈家吃奶油圆蛋糕。

1975 年在一次阿尔萨斯的旅行中，在一家餐馆里，玛留斯被一个顾客粗暴地称为"肮脏的犹太人"。玛留斯当时只感觉血液直冲脑门儿。他不顾自己 70 岁的高龄和一身的疾病，硬是从桌边站了起来与那个比他年轻得多且健壮的年轻人扭打在一起。"当遇到那些反犹太主义者时，我身上的犹太意识就会苏醒，"已经很长时间没有遵守他那祖先的犹太教的玛留斯总喜欢这样说。

疾病？他才不管呢！他对医生的建议不作理会，照样抽烟斗和雪茄。在他去世前一个月，他还在他那位于瓦格瑞姆大道上的办公室工作。由于担心身体尤其是智力上的衰退，他强烈拒绝任何药物。

1977 年的一天，玛留斯在他的寓所里辞世。这个打击是沉重的，这位老人，这位把几个家庭混合起来、由于血缘而形成共同价值理念的大家庭的家长的过世给家人留下了阴影。多米尼克夜里为他守灵。史蒂芬·凯达回忆说："在我们所有人中间，多米最伤心。他感到深深的痛苦。我从没有见过他那样。他平时总能很好自我控制，但是那一次他却无法掩饰自己失去祖父的伤痛。"

玛留斯的影子

1977 年，在读南特尔历史专业的大学生史蒂芬有时候会遇到多米尼克，后者当时在南特尔管理储蓄和财产研究中心的团队，他已取代安德鲁·巴博成为实验室的负责人，在后者的帮助下，他出版了他的第一本著作——《法国人的财富》①。这本书解释了社会不平等的严重性。该书的出版，受到《世界报》的好评，被认为是一本重要书籍，提高了多米尼克·斯特劳斯-卡恩的知名度，才年届 28 岁的多米尼克却已在当时成为法国科研实验室最年轻的负责人之一。

毕业以后，史蒂芬·凯达参加了教育顾问选拔考试，并于 1986 年通过了国立行政学院的考试。期间他加入了位于巴黎十八区的社会党支部，在那里他得以结识利奥奈尔·若斯潘、贝尔特朗·德拉诺伊和丹尼尔·威阳。1991 年，史蒂芬·凯达 34 岁的时候，成为工商部部长斯特劳斯-卡恩的办公厅主任，后者在大笑中把小他 8 岁的凯达称为"叔叔"。

"当我跟多米尼克见面的时候，"史蒂芬·凯达说道，"我们经常会问对方'玛留斯会对就此说些什么呢'？"玛留斯·卡恩没能够活着看

---

① 多米尼克·斯特劳斯-卡恩《法国人的财富》，巴黎，法国大学出版社，1977 年。

到他亲爱的孙子多米尼克的成功，也没能看到法国电视四台的"法国木偶新闻栏目"把多米尼克挖苦成嘴叼象征资本主义的雪茄的模样。"木偶新闻栏目"并不真正了解多米尼克。其实他几乎从不抽雪茄！不过他和玛留斯一样，抽烟斗。

　　事实真相是对于一个男人而言，无论他有权势或是地位卑微，他幼年时对自己的伪装总是会比成年后的形象少很多。若想了解光彩夺目的多米尼克·斯特劳斯-卡恩的内心深处，那还得听听通过玛留斯和多米尼克走得很近的史蒂芬·凯达的说法："玛留斯具有广博的文化知识，他不轻易判断一个人而更喜欢塑造他人，这些正是他信任他人这种主要品质的体现。在我的个人生活和工作中，我从多米尼克身上重新找到了这种生活态度。虽然多米尼克这个公众人物比玛留斯要谨慎些，他还是继承了这种忍耐的精神，同样，他也不问对方家庭、种族和文化出身而是给予信任。"

第十章　社会党人

那是 1977 年，多米尼克·斯特劳斯-卡恩显得忐忑不安。他正在焦急等待大学经济教师资格会考的成绩。站在他身旁的一位年轻的教师，让-埃尔维·劳朗兹，在两年前同样的考试中获得第一名，此人后来成了马提翁总理府艾迪特·克瑞松内阁成员。他听到多米尼克大松一口气。斯特劳斯-卡恩终于在会考中获得第七名的成绩，一个很优秀的名次。28 岁的多米尼克将可以申请成为大学教师。现在他得挑一所他要执教的学校。他为此事和妻子在电话里讨论。

"他在拉巴特和南锡之间犹豫。"艾莲娜·杜马斯后来回忆说，"因为这两个城市代表着两种截然不同的生活。在拉巴特，他可以回到他的童年故乡，我们也可以像年轻时在摩纳哥一样过日子，阳光、海滩、船……我们俩一直都很渴望再次过上同样的生活。两人在拉尔沙克找个安静的角落一起过'清净的生活'。要是这事我能做主的话，我觉得我俩应该已经去勒·拉杂克放山羊了。

"可是多米尼克总是显得比我有抱负。在我们结婚之初，我只想当小学教师。而他却督促我做法学博士论文。在写了知识产权的一部分后我于 1972 年辍笔。受缚于琐碎工作的同时，我还给公公做了一些鉴定书，或为我那在保险事务所的婆婆救急。忙于照顾孩子们，我后来没能继续学习。在 1981 年以前，多米尼克一直在两种选择间犹豫不决：成为世界上最优秀的经济学家还是财政部长？我劝他当世界上最优秀的经济学家。"

在拉巴特和南锡之间，多米尼克选择了洛林首府南锡。要是他当时选择在摩洛哥开始他的职业生涯，他说不定可以获得诺贝尔经济学奖。可是不在法国待着怎么可能进军财政部呢？1977年，政治已经开始盯上这位年轻的大学教师……一年前他就已经加入了社会党的行列。

"我也不记得是哪一天我决定了加入社会党。这有个逐步的过程。我一直希望自己有所作为来改变社会。那么最能发挥作用的地方无疑是社会党。通过一些党内积极分子——如财务部的干部达尼埃尔·勒贝格的引荐我得以加入该党。碰到他时，我还在南特尔研究实验室工作。与街头巷尾的传言正相反，我入党介绍人并非为当时的法国国家统计局项目负责人克里斯蒂·索特。当我1978年认识他的时候，我已经入党两年了。"

所以是在1976年，多米尼克·斯特劳斯-卡恩第一次推开了他居住地社会党支部的大门，该支部集中了巴黎一区、二区和三区的社会党党员，位于蒙托格伊街和利奥波特-贝朗街交界处的一家店铺里面。在那里，多米尼克·斯特劳斯-卡恩遇到了和他同龄的一位年轻人：帕斯卡·贝里诺。此人后来成了为法国新闻广播电台听众所熟悉的政治学家，他经常在选举之夜的节目里发表评论，他当时在巴黎政治学院学习，同时也在巴黎的参议员、弗朗索瓦·密特朗的密友之一乔治·达阳的竞选班子里负责日常工作。

在帕斯卡·贝里诺的记忆中，作为党内积极分子的多米尼克·斯特劳斯-卡恩和后来在90年代穿着三件套西装魅力十足的部长完全不同。帕斯卡·贝里诺说道："我眼前浮现的是一个对自己的外表很随意的年轻人，留着胡子，抽着烟斗，深度近视眼，穿着没形的、粗呢子做的、带卷领的衣服，为人友好热情，落落大方。他妻子也是支部成员。他们一起来参加会议，并排坐着，显得很亲密。而他，尤其带有70年代学教中心活跃分子的经典表情。"

通过左派加入社会党

何谓学教中心？多米尼克·斯特劳斯-卡恩在不否定马克思观点的

情况下能加入社会党，依靠的就是这个非常左派的组织。它的全称是社会党教育、研究和学习中心，1966年由一些毕业于国立行政学院或巴黎政治学院的年轻激进分子创立。他们中有让-皮埃尔·佘乌纳、阿兰·戈麦、迪迪埃·默契那或皮埃尔·吉多尼，他们想把还处于居·莫内领导的"老字号"转变成"革命党"。

1971年，在埃皮奈全国代表大会上，他们为帮助弗朗索瓦·密特朗在55岁时加入社会党的当天便从一个小小的共和国制宪会的负责人成功地夺取了社会党的领导权发挥了决定性的作用。在一次历史性的演讲中，新任第一书记发言道："金钱带来腐败，金钱可以交易，金钱打碎一切，金钱可以杀人，金钱可以腐蚀以至于摧毁人类的良心。"

学教中心在撰写"改变生活"纲领的同时，做出一副左派联盟基石的样子来控制新政党的思想，并使弗朗索瓦·密特朗内心蠢蠢欲动想征服政权。这个年轻狼和老狐狸组成的联盟，没能成功地像埃皮奈会议上许诺的那样"和资本主义决裂"，却使得那些自阿尔及利亚战争以来被边缘化的、分散的非共产主义的左派成员们在一个大党派里重新聚集起来。

在玛留斯·卡恩去世前的一年里，多米尼克、他的父亲和祖父属于同一党派。但是老祖宗玛留斯并不喜欢他的孙子把"社会民主"奉献给喜欢当众侮辱他人的流派。某次家庭聚餐，当谈起那个学教中心时，玛留斯·卡恩又一次发了火，"你那个中心是什么东西？"玛留斯·卡恩不无嘲讽地问道。一向很少失去理智的多米尼克这次却被气得差点儿把杯子都捏碎了。也许在他的内心深处，他认为他的祖父并非完全错误？

学教中心里的某些活动分子以列宁为背景依靠，这个中心可不是个简单的流派，它是一个在巴黎十三区拥有自己的本部的"党中之党"。该中心1971年在社会党占8%的席位，到了1975年的波城会议中上升到25%。该中心在新的社会党在企业和年轻学生中的发展壮大起了重要作用。

　　在烟雾缭绕的房子里，学教中心的活动分子们在没完没了的会议上满怀热情地进行着革命的辩论。年轻的玛汀娜·奥布里曾在 1970 年斗胆参加过一两次，最后被吓退了。她后来回忆道："他们花费时间相互驳辩。如果你不是学教中心的人，根本不可能插上一句话！"①

　　受邀参加辩论的多米尼克·斯特劳斯-卡恩，自童年起就已经习惯在餐桌上"逮住细节不放"，对学教中心经济委员会的理论辩论和马克思主义氛围反倒觉得相对自在些。"自从他加入后，"帕斯卡·贝里诺后来讲述道，"他就不单单只是个活动分子。在我的记忆里，他从来不是张贴告示的那种小角色。即使他在党内没有任何职位，他也被看作学教中心里重量级的知识分子。那时他对自身还没显得像如今那样自信，但是他让人感觉到对手头在研究的案卷成竹在胸。"

　　1976 年，多米尼克不过 27 岁。在南特尔，和安德鲁·巴博一起做研究的同时，他还教授一些经济课程。他的学生们至今还记得这位"酷老师"，身着鸡爪状花纹毛衣，一脸胡子并戴着宽大的眼镜。其中有一位名为弗雷德里克·塞贝德的学生，在一学期的经济历史课程期间，充分利用并结合了关于利润率下降趋势的斯特劳斯-卡恩精彩讲座和戴尼·凯斯勒的实习辅导课："我记得在多米尼克·斯特劳斯-卡恩那里我参加了为获得地理学士学位的口试。最后他问我，'你还差多少分？'然后他就帮我补足了分数……"另一名南特尔的学生与多米尼克·斯特劳斯-卡恩也得以相识。他当时是法国全国学生联合会的负责人，倾向于托派朗贝尔。他后来在社会党内部成了忠实的斯特劳斯-卡恩跟随者之一。他的名字是让-克里斯多夫·康巴代利："当我们想要学分，我们就去斯特劳斯那里。多米尼克当时是个助教，但为人友善，才识闻名。在课堂之外，他很谨慎甚至有点腼腆。"

---

① 引自《玛汀娜·奥布里，一个政治谜团的调查》，保罗·布莱尔和娜达沙·达图著，巴黎，卡尔曼-列维，1997 年。

左派里的两个派系

左派在市政选举中凯旋胜出之后不久，1977 年 6 月南特会议召开。在会议上，米歇尔·罗卡尔以"创立者"身份作的演讲，被学教中心和一部分的密特朗支持者认定很有挑衅性。

在这次演讲中，米歇尔提及左派两种文化的存在：第一种是激进民主主义者和专制独裁者，人人都知道这指的是法国共产党和学教中心；第二种，自主管理者和权力分散论者，他们认为自己体现了法国民主工联和《新观察家》报的主张。

米歇尔·罗卡尔和他那人数不多却善于理论思考的亲信们利用社会党刚成立的时机，于 1974 年脱离统一社会党加入社会党，这些人对学教中心的意识形态提出挑战。

多米尼克·斯特劳斯-卡恩对罗卡尔主义不以为然："当一些'小喽啰们'今天说我代表着'第二种左派'时，我觉得好笑。虽然后来观念有点变化，但是那时的我完全属于'第一种左派'。我当时是激进民主主义者而且是国家干预政策的积极拥护者，而那些罗卡尔派们却极力强调个人作用的社会。我发自内心支持左派联盟，而他们却鼓吹法国共产党应有更多自主权。"

当学教中心的许多活跃分子精力充沛地投入内部斗争，年轻的多米尼克·斯特劳斯-卡恩却总能心平气和地参加辩论，不妨听听帕斯卡·贝里诺的话："他当时不狂热，离狂热远了去了。当时学教中心里很多人要求派系内必须有强烈的爱国精神，对于他们来说，派系本身超越了社会党。与他们相反，多米尼克却和学教中心保持着一定的距离，一只脚在里面一只脚在外面。他从来也不热衷于只搞运动。和今天一样，那时他感兴趣的是思想而非组织。"

艾莲娜·杜马斯证实了这一点："我当时也很喜欢政治争论但我不支持流派之间的斗争，人们竟然在你争我斗上可以花上两个小时，我觉得很无聊。"

"莉莉安娜，收拾行李！"随着这声有名的吆喝，法国共产党总书记乔治·马歇不得不于1977年8月底急匆匆和他妻子中止在科西嘉岛的度假，立即返回巴黎挽救被"右派的支流"侵害的劳动者利益，领导该流派的是社会党的领袖，此人没有头衔也没有名，大家只称他的姓"密特朗"。

共产党的那些领导们在利用共同纲领重新修订的机会而顺势提出在纲领上附加一些条款——增加预期的企业国有化数目和加强工会在企业内部的权力，他们其实已经决定摧毁只对社会党有利的左派联盟。共产党在预定于1978年3月12日和19日举行的立法选举前猛烈攻击隐忍的、立志"两派合一"的社会党。结果：3月19日，由于大量选票转移，在第一轮拥有大多数投票的左派在席位上大败。

在1973年的立法选举和1974年的总统选举后，弗朗索瓦·密特朗这下子又导致了左派第三次失利，他是否已经"过时"了呢？自3月19日以来，米歇尔·罗卡尔在提出上述疑问后，暗中质疑第一书记的领导，后者的左派联盟战略也受到大家的不信任。

历史之风好像偏向了"第二左派"。在所有民意调查中遥居首位的米歇尔·罗卡尔48岁，而密特朗62岁。"第二左派"的代言机构《新观察家》报要求密特朗交班。

在埃皮奈全国大会上组建起来的社会党内部进行权力更替是刻不容缓了，因反对罗卡尔的斗争使得余维纳派和密特朗派越走越近。而当这两者之间没什么差别时，如同他当年从共产主义学生联盟转到学教中心一样，多米尼克·斯特劳斯-卡恩觉得自己理所当然应该逐渐靠拢密特朗集团。其实密特朗集团所捍卫的观点也很左，不过他们给予这个已经在马克思主义那条道路外面徘徊探索过的年轻经济学家充分的空间去自由解读。

朋友杰克

在 30 岁的时候，装备有诸多文凭并已具备些许名气，多米尼克·斯特劳斯-卡恩想运用他的能力为社会党服务。有一个人引领他靠近党：那人就是杰克·朗。比多米尼克·斯特劳斯-卡恩年长 10 岁，这位未来杰出的文化部长比年轻的多米尼克捷足先登了好几步。

杰克·朗毕业于巴黎政治学院，获有大学法律教师证书，他在他的家乡城市南锡同时从事着大学教师和戏剧表演两种职业。1974 年 7 月，他被夏约国家剧院领导层除名，这使得他在左派圈子里名声大噪。1963 年他举办南锡大学戏剧节时，人们蜂拥而至。他也得以两次接待弗朗索瓦·密特朗。

出身于洛林一个工人世家，杰克·朗从 50 年代初期加入左派，高中参加统一社会党前就创立了孟德斯主义社团。但是一直到 1977 年他才加入社会党。同年，雅克·希拉克在选举中被推选为巴黎市长，在由乔治·达阳在巴黎三区（也就是多米尼克·斯特劳斯-卡恩活跃的那个区）领头的竞选名单中，杰克·朗被选为市政顾问。两位男人碰头是在南锡大学。

"我那时是公共法和国际法教师，"杰克·朗后来说道，"我看见一位年轻的大学教师突然来到教师休息室，不但为人不错而且属于左派，这在那个古老又保守的法律学院实属罕见。他到达之后不久，我们得任命一位新的学院院长。我被当选，我相信当时多米尼克的选票起了决定性的作用。"

杰克和多米尼克活跃在同一个系，在同一所大学执教。他俩经常会于周二早上在巴黎或周三晚上在南锡一起搭乘火车。那时还没有高速列车，持续 4 小时的漫长旅程倒给了他俩时间来闲聊戏剧、音乐，当然还有政治。

杰克·朗说道："我非常欣赏多米尼克对于任何话题所体现的开放

性思维以及当我们谈及政治时他表示出来的纯真，在他身上看不到任何政客的痕迹。"

将近 40 岁时，杰克·朗终于按捺不住，开始运用他的个人本领，即戏剧演员的才能，在政治舞台上大放光彩。1978 年夏天，在乔治·达阳的引荐下，杰克·朗获得了和弗朗索瓦·密特朗长时间面谈的机会。当时，密特朗为了回应米歇尔·罗卡尔对他"过时"的指责，正希望在他身旁安排一些新的面孔。

杰克·朗领导了定于 1979 年 6 月 7 日在当时欧盟的 9 个成员国进行的首次欧洲议会普选的竞选活动。密特朗亲自率领社会党竞选团在全法国参选。通过在法国多个城市举办一系列不同主题的讲座，杰克·朗显示了他的组织能力。他请多米尼克·斯特劳斯-卡恩负责筹备一场关于法国不平等现象的讨论会，在滨海塞纳省年轻议员洛朗·法比尤斯的支持下，该会议后来在鲁昂举行，并由弗朗索瓦·密特朗主持。多米尼克·斯特劳斯-卡恩正好在皮埃尔·尤利前发言，后者当时 68 岁，是社会党最杰出的能言善辩的头脑之一，既是哲学家也是经济学家，还参与编写代表欧洲共同体根源的罗马条约。

社会党领袖们共济一堂，被多米尼克这个年轻发言者的口才尤其是演讲的内容所吸引，他描绘了 1949—1975 年期间，在法国一些诸如收入、财产、储蓄、消费、住房领域存在的不平等现象。他在演讲中再次提到当年在南特尔储蓄财产研究中心时历经三年做成的详细调查的要点，年轻的经济学家简要解释说在 25 年内"富有家庭的平均财富大约是贫穷家庭的财富的两倍"，而同时"一半的家庭持有的财富还不到总共财富的 5%"。

已经习惯在讨论会或科学杂志表达观点的多米尼克这下发现在大学的研究工作可以帮他打开具有政治影响的道路。通过学教中心进入社会党，他从此以后将搭乘专业知识这部电梯扶摇而上。

专　　家

每隔一个星期四，由 100 个至 150 个成员组成的专家组便聚集在位于苏法利诺街的社会党总部。这个团体也组织一些主题委员会，其中有些专家撰写报告和文章并呈交给以第一书记弗朗索瓦·密特朗为主的党领导读阅，密特朗对此很是看重。

与专家组平行的还有两个思想实验室：研修总处和 1974 年为了引发对社会主义的思考而创立的社会党研究和学习学院。这种结构上的多样化体现了密特朗的风格。因为在引起双方对立的时候，密特朗就可以以唯一裁判的身份介入而渔翁得利，这样大家就都会感激他。

在 1974 年的总统选举后，这个专家组吸收了一些非常年轻的高级公务员，这些认定左派的胜利是在所难免的年轻人已经开始出招。他们中间的许多人在吉斯卡尔各个部门担任重要岗位，隐姓埋名参加了专家组的会议并在会议纪要上签署笔名。

左派曾在 1924 年和 1936 年的法国以及 1973 年的智利有过短暂执政的经历，但这些经历最终都被著名的金钱政治壁垒①挫败，为了消除这个纠缠左派政权的诅咒，弗朗索瓦·密特朗想要过给社会党配备最优秀的知识分子团队。

70 年代末期，稍长多米尼克几岁的年轻经济学家保罗·艾尔姆林和让-埃尔维·劳瑞斯邀请多米尼克参加专家组最初的一些会议。沉默寡言的多米尼克在那里接触了知识分子团队里最精英的人物，就是这些人在知识上的兼收并蓄赋予了新社会党以力量：德国占领时期地下社会党前领袖丹尼尔·梅耶、曾为戴高乐政府部长的爱德加·比桑尼、年轻的经济学家雅克·阿达里、伟大的守护神——那个逐渐衰老、疾病缠身

---

① Le mur d'argent，金钱政治壁垒。1925 年左派卡特尔破产时，爱德华·赫里欧用此用语影射财界、商界时期经济政策失败的态度。——译者注

的皮埃尔·孟德斯·法朗士、80年代和90年代那些未来的部长和总理们：米歇尔·罗卡尔、洛朗·法比尤斯、妮可·盖斯迪奥、利奥奈尔·若斯潘、让-皮埃尔·佘维纳、克里斯蒂安·皮埃雷、夏尔·艾尔奴、杰克·德劳、学教中心的组织者迪迪埃·默契那、年轻议员乔治·弗雷舍和安德鲁·拉巴瑞尔以及作家贝尔纳尔·宾果。

"自1936年以来第一次，"1975年法朗茨-奥利维·吉斯贝尔在《新观察家》报上写道，"社会党四下里招募了一小撮'有识之士'。文学圈里现在有了一个作家分部。而在财政部那个吉斯卡尔殿堂里则有一个包含四十来个高级公务员的企业分部。在忸怩作态了一段时间后，这些被人们称之为知识精英的人向社会党投怀送抱。"

70年代末，所有可能在接下来几十年里影响左派执政的重大问题都在专家组内部讨论，当时内部有两种针锋相对的观点，由学教中心和某些密特朗集团的人代表的"党派专家"，他们把经济置于政治意愿之下；另一个是"专家治国"，他们认为经济是一门具有自己规律的科学。在共同纲领修改之时，弗朗索瓦·密特朗根据专家们的意见，拒绝以前拟订的左派获胜就把国有化企业增加到750家的计划。不过迫于共产党的压力，他同时也接受把最低工资定在每月2400法郎。

欧洲选举两个月之前，在1979年4月初梅斯举办的一次会议上，密特朗和罗卡尔之间发生了正面冲突。争论的焦点之一：学教中心和某些密特朗集团想在总统选举一百天之后开始"和资本主义决裂"。"市场和计划之间，存在着空白"，米歇尔·罗卡尔在大会上如此宣称。年轻的密特朗集团卫队队长洛朗·法比尤斯反驳说道："市场和计划之间，存在着社会主义。"

多米尼克·斯特劳斯-卡恩没有在梅斯会议上发言。被胡子盖住的面孔、永远叼在嘴上的烟斗，嘴角露着微笑，他冷眼观看事态发展。还没轮到他在主力阵容发威。但是，从走廊里人们紧握他的双手以及相互的交谈中，他还是感觉到自己已经小有名气……

第十一章　DSK

1981 年 5 月 10 日 20 时整。电视直播里，两位节目主持人让-皮埃尔·艾尔卡巴什和阿兰·杜阿梅勒揭开了共和国新总统的面纱。弗朗索瓦·密特朗的脸随即在屏幕上出现。很快在法国所有的城市，几百万人拥上街头。在巴黎，从黄昏开始，一直稳操胜券的社会党人在巴士底广场上搭起台子准备庆祝胜利。成千上万的巴黎人冒着暴风雨赶到广场庆祝，而迷信的人们则担心这场突如其来的暴风雨象征着法国左派会命途多舛。

"我们胜利啦！将胜利进行到底！"游行的人们叫喊着。同时，他们也意识到这新的一幕将带来的挑战。巴士底广场那边的舞台上，在两名歌手之间，那些觊觎着权力的人们争先恐后地走着过场。瞧，那不是米歇尔·罗卡尔吗？弗朗索瓦·密特朗这个倒霉的对手也激动地向胜者致敬，而在向这个被他称为"过时者"臣服的几个月前，民意调查还断言说是他终将获胜。瞧，那边还有皮埃尔·居根！庆祝晚会已经开始了半天，这位共产党的领导人急匆匆像个受了伤的"信天翁"扑闪着翅膀赶来替胜利者助威。而他那在第一轮选举里只获得了 15% 的选票的党正遭受着历史性的挫败。

在人群狂热的欢呼声中，皮埃尔·居根泰然自若地出现在巴士底广场并向米歇尔·罗卡尔表示"阶级兄弟情谊"。与此同时，那些没那么宽容的示威者们则要求审判让-皮埃尔·艾尔卡巴什，在他们看来，让-皮埃尔·艾尔卡巴什是吉斯卡尔-德斯坦在电视台的象征。

那么那天晚上，多米尼克·斯特劳斯-卡恩又在干什么呢？他早早就回到自己那位于里奇潘斯街的寓所，在家里的艾莲娜当时正怀着他们的第三个孩子——罗林，她小心翼翼地远离着人群。一家人共享左派的喜悦。在他重新返回巴士底广场之前，他妹妹瓦莱丽和丈夫致电给一些智利的同志们，他们很开心地从密特朗的成功中看到对阿连德之败的报复①。

多米尼克没在巴士底广场待多久，那里互不相识的人们像在新年伊始那样相互拥抱②。那些名人们纷纷登上舞台一个挨一个地先后亮相，就好像是"1981 年春夏"时装秀之"掌权的左派"系列。不过，多米尼克不在其列，他还处在幕后。但是他知道，几周前还被共产党和民意测试断言肯定失败、如今却意外成功的密特朗，会给自己提供选择。他不能错过历史的步伐。

再见，斯坦福

而艾莲娜则更想和丈夫和孩子们一道搭乘飞机去实现属于他们一家人的旅程计划，这个计划早在选举前就已经制订好了：在加利福尼亚住6 个月。多米尼克曾想同时既在斯坦福这个著名的学府上些课，又能一家人开着房车横穿美国西部转一大圈。

但是投票箱的结局却改变了这一切。这可不是离开法国的时候。他必须弄清楚该登上变革之列的哪节车厢。由皮埃尔·莫华领导的新政府自 5 月 21 日（即密特朗正式就任的那天）起运作。在这之前的十天里，被左派认定为有抱负的国立行政学校毕业生们、狂热的各种治国专家们

---

① 智利民选总统阿连德（Salvador Allende）28 岁便当上国会议员，他自信能以社会主义和平改变国家。1973 年 9 月 11 日，美国幕后策动的军人政变推翻阿连德，阿连德便在这天自杀身亡，智利自此掉进皮诺切特（Augusto Pinochet）独裁统治的 18 年黑暗岁月。

② Saint-Sylvestre，圣西尔韦斯特节，12 月 31 日，这天是传统意义上的新年的前一天。在法国，人们会选用香槟来迎接新年的到来，在倒计时钟声打响最后一秒的时候，大家互相拥抱亲吻，举杯祝贺新年快乐。

以及焦急的官员们则忙碌于一通通的电话，一次次的会面和秘密会晤。据估计，各部的办公厅大约可以提供 400 个岗位。但那些三四十岁出自名校的人可要多得多了，在整个 70 年代，这些人在那些烟雾缭绕的会议厅里举行的各种专家会上唾沫四溅地发言，等待着他们可以实践理论的那一天。

"我从来也没想过会不用我，"玛汀娜·奥布里后来确认道，"我一直都等着这个时刻。如果我没能进内阁的话，我肯定受不了。"玛汀娜·奥布里毕业于法国政治学院和巴黎行政学院，31 岁的时候已在米歇尔·杜拉夫、克里斯蒂安·拜拉克或罗伯特·布林等右派政府的劳动部长们的办公厅里担任职务。从此她将开始为这些部长们的社会党继任者让-奥如工作，就是他起草了那个以他的名字命名的、赋予受薪阶层新权利的著名法规。

而多米尼克·斯特劳斯-卡恩则收到了玛汀娜·奥布里的父亲雅克·德洛尔的邀请。这位刚刚进驻里沃利大街的经济财政部新任部长，很赏识这位曾几次参与他的"交流和策划"俱乐部会议的年轻经济学家。他建议多米尼克来他的办公厅从事他的专业——储蓄方面的研究。多米尼克谢绝了这个岗位，在他看来，这个岗位和预算部部长级代表洛朗·法比尤斯以及科技部部长让-皮埃尔·佘维纳提供的岗位没什么区别。因此，当所有那些治国专家涌入各部的办公厅时，多米尼克·斯特劳斯-卡恩果断地选择在路边观望。

如何解释他的这种态度呢？要么是一个对自己的优势很有自信的人在故作姿态，要么就是知道下一步的国际象棋手的高超技巧。还不如干脆说只是一个自儿时开始就已经习惯于"要做就只做自己喜欢的事"的男人的自由选择？

不过，多米尼克热爱脑力劳动。如果他的个人兴趣正好和长远的赌注一致，为什么不干？他因此选择投身于位于苏法利诺街的社会党总部，自众多"智囊"大批出走、投入政府权力部门怀抱起，这个地方就变成了冷清的"睡美人"城堡。工作地点：亭子间，那里有专家组的、经济委员会的、教育书记处以及社会党教育科研所等办公室。

在这个曾生产出致力于"改变生活"的观点和思想的社会党机房里，有一个人几年里一直手执操纵杆：让·布隆多。1981 年 5 月的一天，多米尼克见到了他："我和布隆多在他办公室讨论的情景如在眼前。我对他说：'我不想去部办工作。'他回答我说：'我会让你进入经济委员会，将来你来掌舵。如果每个人都跑到部里去图清闲，党将不党。'我们两人有着共同的信念，我们想让党生存下去。"布隆多是个党务专家，他的梦想就是建立左派各党的大联盟。是个了不起的人物！

布隆多同志

他出生于 1919 年，作为老牌的共产党抵抗运动成员于 1941 年加入武装斗争运动，后又成为佩皮尼昂地区秘密军的首领。他亲自参加了 1944 年 8 月巴黎起义的准备工作。直到 1958 年，他一直是夏朗德省共产党议员，1951 至 1961 年期间的法国共产党中央委员会经济支部的负责人。

作为《经济和政治》期刊的主编，他是法国共产主义最忠实的思想家之一。自从支持了苏维埃联盟共产党总书记赫鲁晓夫于 1956 年开始小心翼翼实施的非斯大林化，让·布隆多被逐渐边缘化。他和其他的那些前共产党抵抗运动领袖一起，公开谴责 1968 年华沙条约部队开进捷克斯洛伐克，然后又被任命为二战时曾志愿赴德国工作的乔治·马歇的副秘书长，他在这两件事情上越过了黄色分界线。

让·布隆多 1970 年被法国共产党开除党籍，三年后他又加入社会党。弗朗索瓦·密特朗立刻就认识到这个"战利品"的重要性：他有可能给密特朗提供来自法国共产党中央委员会内部的各种信息，让·布隆多和党内的许多人还保持着接触。

弗朗索瓦·密特朗确保他在这样一个急需管理干部、正在蓬勃发展的党派里能够很快飞黄腾达。1975 年，让·布隆多进入领导层。1976

年，他成为专家组总代表，1978 年至 1981 专家组改名为分析和提案组。布隆多的前任是 5 年前加入密特朗派的工人国际法国支部的重要人物——阿尔伯特·迦志埃。同时，布隆多也领导党的另一个"智囊团"ISER，即社会党教育研究所。

多米尼克和布隆多在 1981 年总统选举的竞选运动中结成友谊。在他繁忙的教学活动之余，年轻的经济学家也尽可能多地光顾苏法利诺街。

"我还记得在竞选运动中碰到过多米尼克·斯特劳斯-卡恩，他还是胡子拉碴，平易近人，总是那么轻松自如。"让-玛丽·勒管说道，他后来成为斯特劳斯-卡恩的得力助手之一。

1981 年，在总统选举运动的总管保罗·基雷斯的领导下，28 岁的年轻医生让-玛丽·勒管负责组织候选人密特朗和其他领导去外省竞选。"多米尼克对于政权和流派等显得还很外行。他对我所做的组织工作并不感兴趣。尽管他没有在职权上占据任何位置，但只要工作之余一有时间，他就志愿过来参与活动。"

那么多米尼克·斯特劳斯-卡恩对 1981 年的总统选举有什么作用呢？他撰写了一些摘录供候选人密特朗作为辩论的依据，尤其在第二轮选举的电视辩论中密特朗用得较多。和那些竞选大会的组织工作相比较而言，多米尼克的这个差事显得没那么精彩热烈，但是这工作更符合他的才能。

吞吃罐头的人

1981 年秋，由于生力军被抽空，位于苏法利诺街的社会党总部活像一座鬼屋。留在那里的人们得到了晋升。1981 年 10 月 23 日至 25 日，在瓦雷斯举办的社会党全国会议一片喜气洋洋，让·布隆多被任命为负责政策研究的总书记。加上之前兼任的专家组主席和政策研究所长，这下子他成了 12 个委员会和好几家刊物的领导。

多米尼克·斯特劳斯-卡恩也搭乘这部电梯扶摇而上，他正式接替雅克·阿塔利和阿兰·布贝利尔成为党经济委员会书记。在此期间，他被任命为南特尔大学经济学教授。由于不必再奔波于南锡和巴黎之间，他可以有更多的时间从事政治活动。

从那以后，人们经常在苏法利诺街看见他。他的办公室在政策研究所那个小小的团队隔壁。协助让·布隆多工作的是两位很有个性的女性——所长和所长助理：珂兰特·奥德丽和蕾妮·佛格西。前者尽管已是 75 岁高龄却智商超群、精力充沛，并以多才多艺的作家而闻名于党外。1962 年，她以《浴缸后面》一书摘得美第奇奖，除此之外，她还是雷内·克雷蒙的电影《铁道战》的编剧，让-保罗·萨特和西蒙·德·波伏娃的《现代》杂志的合作者。30 年代她和两位作家一起在鲁昂贞德高中开始执教。

像让-布隆多一样，珂兰特·奥德丽以前的政治生涯动荡多劫。作为马索·皮维特 1938 年创办的 PSOP（工人农民社会党）的成员，1971 年加入埃比奈新社会党之前她投身于 60 年代的女权运动。

珂兰特·奥德丽和她在政策研究所的助理蕾妮·佛格西之间维持着一种情感和精神上刻骨铭心的关系。年轻的佛格西 1955 年出生于阿加西，是个彻头彻尾的超级左派人士。在高中的时候，她就在 Ora（无政府主义革命组织）上课。一个彻头彻尾的左派却反对马克思主义，这在当时是很罕见的，她就是这样一个人。1976 年，21 岁的她加入社会党享有"十四区—娱乐所在"美名的巴黎支部，这位年轻的哲学专业大学生大肆攻击学教中心和它的本地领袖埃德维热·阿维瑟，此人后来在80 年代成为体育和青年部部长。

佛格西和珂兰特·奥德丽之间年龄相差将近半百，但有太多东西使她们相互欣赏：不但有在社会党内部开始初步兴起的女权主义，还有她们都在言论和习俗上无所顾忌。如今是大学教师的蕾妮·佛格西说话还是老样子。"多米尼克？他在 1982—1983 年什么样？很可爱的啊，很帅。我是否和他有过一腿？没有……不过我还真后悔，"蕾妮·佛格西一阵大笑后说道，"他做政策研究方面的专业报告，而我做政策研究所的活儿。我们各做各的纪要，有时候我们会共同组织一场研讨会，譬如说关于欧洲社会—民主的会议。由于他工作勤奋，他成为政策研究书记处的中流砥柱。他很有抱负，所有人都很看好他的未来。"

让·布隆多也很欣赏经济委员会这位年轻的书记。蕾妮·佛格西说道："他很欣赏多米尼克惊人的'吞吃'报告的能力。布隆多是这样评价他的：'他做得很快，太快了。他不打开罐头盒就一口吞吃了它们。'"

直到 1984 年让·布隆多在 65 岁过早辞世为止，多米尼克·斯特劳斯-卡恩和他一直是精神上的好朋友，这种关系建立在他们俩对于理论的共同爱好以及对于马克思思想体系都有着根深蒂固的情感。在布隆多的推荐下，1981 年秋天，斯特劳斯-卡恩在让·布隆多后又认识了一个人：利奥奈尔·若斯潘。

"严厉的新教徒"

1981 年 1 月，克雷代伊会议确认弗朗索瓦·密特朗为总统候选人，同时也任命利奥奈尔·若斯潘为社会党第一书记。比多米尼克年长 12 岁的利奥奈尔同样出身于一个社会党家庭。但和多米尼克相反的是，他和父亲关系很糟糕。他的父亲罗伯特·若斯潘属于下面那种社会党人：他们深受二次世界大战这场悲剧的刺激而变成了无条件的和平主义者，甚至于在很长一段时期内接受了维希政府。但这并没有阻止他帮助抵抗运动。在法国解放时，罗伯特·若斯潘被工人国际法国支部开除。10年后重新加入该党，又误入迷途支持用战争镇压阿尔及利亚独立。这位热心的社会基督徒，在年轻时差点儿成为牧师，战后领导一个青少年罪犯教化所，却可悲地和历史的两次重要机遇失之交臂。

这种家庭状况是利奥奈尔难以承受的，因为在阿尔及利亚战争时，他强烈反对父亲和那过时的工人国际法国支部。在这种左挣右扎的情况下，他在 50 年代从情感上和政治上被塑造成自治社会党和统一社会党党员，然后又于 1965 年加入朗贝尔派托洛茨基主义培训组织——国际共产组织（OCI）。

1971 年 34 岁时，利奥奈尔·若斯潘进入社会党，他把弗朗索瓦·密特朗当成了自己的政治之父，密特朗带领他快速扶摇而上。先是在培训组任书记，后又是国际部的书记，在 44 岁时他达到了人生的最高峰。

多米尼克被利奥奈尔的非凡经历所吸引。毕业于巴黎政治学院和法国行政学院，第一书记放弃了外交官生涯而在苏尔大学技术学院（巴黎十一大）教了 10 年经济。除了经济学和都接受过马克思主义教育，多米尼克和利奥奈尔还对文化和思想辩论有着共同的爱好。在党外，他们通过雅克·瓦里艾逐渐相互了解。瓦里艾是革命共产主义团的前领袖，他和多米尼克一样也在南特尔教经济，同时他也是利奥奈尔高中时在周日一起踢足球的朋友。

在整整 25 年里，多米尼克和利奥奈尔之间的友谊从未中断。斯特劳斯-卡恩一直以利奥奈尔忠实的跟班自居，后者后来也是多米尼克和安娜·辛克莱 1991 年那场婚礼的证婚人。"利奥奈尔和我，在很长一段时间里我们之间惺惺相惜，关系非常紧密，"多米尼克·斯特劳斯-卡恩说道，"我对他一直怀有深深的敬意和情感。"

和前总理的这种密切关系如今却已疏远："我们彼此一直心里明白我们俩不是一路人。利奥奈尔总是用自己的道德标准去审视别人。当我在财政部邀请一些企业老板吃饭时，他也责备我。我们两个对此从来没有达成一致。我们也经常坦率地说起这一点。

"通过某种方式，他让我去做一些他不会做但却对政府有用的事情。他对我的个人生活一样持有严厉的评价。他觉得我轻浮、不够正统。这是个老生常谈，但利奥奈尔是个'严厉的新教徒'。若想欣赏他，必须先好好了解他。当他放松下来，我们就可以无拘无束。不过现在回头一看，我却意识到在我们的关系中，尽管两人有着友谊并在诸多领域相互信任，但我的某一部分个性始终不会在他面前展示出来，有些话题我们是不可能交流的。"

一个复杂的朋友

在斯特劳斯-卡恩从来不曾和利奥奈尔提起的话题中，其中有一个便是有关利奥奈尔参加托洛茨基派的过去，这件事一直困惑着那些前总理身边的人们，他们自以为在共事二十或三十年后已经很了解他。

"他在加入社会党之前曾经是托洛茨基主义者，我对此没有任何话说，而且当时又不是只有他一人这样，"多米尼克肯定地说，"但是让人困惑的是，在担任社会党领导的同时，他还脚踏两只船。当我好几次听别人谈起这个流言时，我没把它当作一回事。这对我来说太不可思议了，难以让人相信。"

90 年代末，多米尼克的社会党议员朋友让-玛丽·勒管告诉了他自己所知道的利奥奈尔·若斯潘参加托派的过去。"和大家自认为对我的了解相反，"勒管说道，"我从来不曾是国际共产主义组织的成员。但是大学时曾和托派朗贝尔成员们一起是法国全国学生联合会活动分子，我和朗贝尔派的很多人非常熟悉。而且，在我加入社会党前，我由于家庭关系就已经熟悉利奥奈尔，因此，我知道他花了很长时间才和国际共产主义组织断开联系。当我把这事吐露给多米尼克时，他大吃一惊。他实在无法理解。他对于极左派一无所知。"

多米尼克·斯特劳斯-卡恩证实道："当勒管跟我解释说利奥奈尔曾是打入社会党的渗透分子，我大为惊愕。"2001 年利奥奈尔的两本传记出版，里面初次向公众透露：1971 年利奥奈尔·若斯潘为了国际共产主义而打入社会党后……一直到 80 年代中期，他还和原先的组织保持着联系①。

一个执政的大党的第一书记竟然同时还隶属于另一个组织？当事人

---

① 塞尔热·拉菲《若斯潘，家族的秘密》，巴黎，法雅德出版社，2001 年；克洛德·阿斯克罗维奇《利奥奈尔》，巴黎，格拉赛出版社，2001 年。

却对此一直予以否认。利奥奈尔·若斯潘对向他提问的记者宣称说："从1973年我接受社会党赋予我的领导职责以来，我便始终以一个社会党人自居。我确实和那些托派的领导还有联系，但都是私人往来，那些交往恰恰表明了我对过去的忠诚、为人的持重，那涉及我的心灵秘密花园，这个花园里含有政治，但无关党纪。"①

多米尼克·斯特劳斯-卡恩对这个"心灵秘密花园"颇感疑惑："如果利奥奈尔真的没有什么好隐瞒，为何他从来不曾主动提及他和托派的关系呢？如果密特朗掩盖他在维希政府的经历，我们是可以理解的。但是利奥奈尔呢？托洛茨基主义可不是维希。"当被人问及利奥奈尔·若斯潘时，让-玛丽·勒管和多米尼克·斯特劳斯-卡恩几乎口径一致："他的事情总是很复杂。"

实用主义

克洛德·阿莱格尔对此持有相似想法。阿莱格尔1937年出生于埃罗省，母亲为小学教师，父亲为自然科学教师。他对利奥奈尔了如指掌。1957年，20岁的时候，他俩在安托尼大学城相识。如今的克洛德·阿莱格尔是享誉全球的顶尖科学家。嗓门儿洪亮的他说话不分场合，不管是国家教育部的"权威人物"还是气候变暖论者，这位堂·吉诃德式的人物都予以大肆攻击。

尽管他和利奥奈尔的友谊由来已久，他还是主张自己和利奥奈尔撇清关系："我和他不一样，我从来不曾是托派分子。我曾经当过统一社会党支部的书记。我和利奥奈尔同一年加入社会党，但并不是事先约好。"通过"利奥奈尔"，他认识了"多米尼克"。1981年秋天，克洛德·阿莱格尔和多米尼克·斯特劳斯-卡恩首次见面，之后他们俩就成了朋友。

---

① 利奥奈尔·若斯潘《利奥奈尔口中的若斯潘》，巴黎，门槛出版社，2010年。

　　"当时是第一书记的若斯潘还不曾拥有自己的派系。不过，多米尼克、我和另外几个人却被认为是他的亲信。多米尼克很有心计、才智出众而且相对于利奥奈尔不那么拘泥于权力。他当时还有更大的野心吗？是的，我想是的。不管怎么说，他并不刻意隐瞒。大概是 1983 年吧，他和我，我们第一次去爱丽舍宫参加布隆多的荣誉勋章的授予仪式时，多米尼克跟我说：'有一天我会成为总统，那时我给你颁发一枚荣誉勋章。'显然，他是在开玩笑……不过半开玩笑而已。"

　　让-布隆多于 1982 年被任命为国家能源银行行长后，把越来越多的工作交给多米尼克·斯特劳斯-卡恩去做，后者得益于若斯潘的庇护，被公认是社会党的首席经济家。克洛德·阿莱格尔记忆中的斯特劳斯-卡恩是一位"亲马克思主义"的经济委员会书记："1981 年后我们一起工作时，他是强烈的国家干预主义者、反自由经济者和保护主义者。他希望'法国生产'，他开玩笑说，'我们将做一些带着法国标签的鞋子。'"

　　然而左派明白了权力的限制。多米尼克紧随历史潮流，有时候还比历史潮流早了三分之一个世纪……譬如在处理退休金资助问题时！在左派获胜前，1980 年 4 月 15 日，他和朋友戴尼·凯斯勒合作，在《世界报》上发表了《退休机制是否影响了家庭储蓄？》。在文章里，两位作者提了这个完全有悖于当时社会情况的问题。1982 年，这个问题在《储蓄和退休：短期投资退休金的未来》一书里得以全面阐释。在该书里，他们支持与分配体制并行的还应有资本化体制的主张，从而预示了后来那些闹得满城风雨，法国左派直到今天还在极力抨击的退休基金。

　　年轻的斯特劳斯-卡恩实用主义的另外一个例子：1981 年，在百分之百国有化和对可以国有化的企业只实行控股这两种观点的交锋之间，他支持第二种观点，虽然第二种观点在政治上不够左派但经济上代价不高。

高 官

1982 年，多米尼克·斯特劳斯-卡恩跨越了职业生涯中具有决定性的一步：由米歇尔·罗卡尔任命，他进入规划总局工作。作为金融部门一把手，他主要负责国家财政预算。通过局长赫伯特·普雷沃的领导和一些经济学家的耳濡目染（如：弗朗索瓦·斯塔斯和阿兰·布布利等），多米尼克开始学习国家机器的运作。他接触到银行家、金融家、工业家和工会人士，他记事本上记下的联系人越来越多，同时，他也面临着如何把大学里的知识和经济现实结合起来。这并非易事。规划总局曾建议逐渐减少工作时间，同时相应降低工资，以期创造就业。让经济财政部部长雅克·德洛尔和大部分专家大为失望的是，1982 年 2 月份，弗朗索瓦·密特朗决定先把周工作时间过渡到 39 小时，但不相应减少工资。这个选择旨在满足工会以及社会党、共产党的活动分子。

作为经济学家，多米尼克·斯特劳斯-卡恩希望得到政府方面更多现实的支持。作为社会党人，他跟随党领导、左派路线的担保人——利奥奈尔……但经济现实很快就会给社会党人狠狠一击。

1983 年 3 月，在市政选举中成绩很不理想的左派似乎再次面临失败的征兆。财政紧缩、通货膨胀，而且失业率攀升。弗朗索瓦·密特朗接待了"深夜访客"之后（如：洛朗·法比尤斯，皮埃尔·贝雷戈瓦或让-皮埃尔·舍维纳，他们建议密特朗退出欧洲蛇形浮动体系①），弗朗索瓦作出了放眼欧洲、立足紧缩的选择。

学教中心的领导对此很是愤怒，他选择离开政府；而那些共产党，尽管满腹牢骚，却留了下来。经济财政部部长雅克·德洛尔，从 1981 年 10 月开始就宣称要"暂停改革"，现在要国家强行对家庭消费和国家支出节流 650 亿法郎。

---

① 参加国之间的货币兑换率只能在狭小的幅度内浮动。——译者注

这个"紧缩的转折点"使社会党的活动分子很担忧。利奥奈尔·若斯潘"东扯西扯"找些题外话来安慰他们。多米尼克·斯特劳斯-卡恩则面无表情地表示支持。

而当左派内部为此激烈辩论的时候，1983年春天，多米尼克和两位经济学家朋友（让·皮萨尼-费力和让-莫里斯）一起在……宣传罗卡尔观点的《干预》① 杂志上发表文章表示积极支持欧洲蛇形浮动体系并反对通货膨胀。秋季时，多米尼克·斯特劳斯-卡恩再次提出同样观点，这次的文章主要是和让-米歇尔·查普林一起合作，并且发表在社会党内刊物上："只有几大经济平衡体共同约束和国界开放，才能实施有助于经济增长率的选择。"②

也在这篇文章里，两位作者明确表明与当时在法国左派里依然盛行的反资本化观点划清界限。两位作者写道："社会主义绝不是用来替目前经济状况开脱的；它的本质是对未来的希望和追求进步的精神，企业家们在社会主义下应该大有作为。"③ 这段紧缩时期使社会党人多米尼克和经济学家斯特劳斯-卡恩握手言和。他的内心深处这两者不久前还在相互冲突。在1984年一次党的例会上，他提出两个很具"第二左派"色彩的想法，几年后，党第一书记米歇尔·罗卡尔，以福利救济和社会共摊税的名义把这两种思想付诸实践。

党的领导人

在1983年10月的布朗布莱斯会议上，斯特劳斯-卡恩出乎意料地青云直上，爬上党内权力顶峰。同一天，他当选进入领导层委员会、执

① 多米尼克·斯特劳斯-卡恩、让·皮萨尼-费力、让·莫里斯《秘密国库的新型转变》，《干预》，1983年5-6-7月。
② 多米尼克·斯特劳斯-卡恩、让-米歇尔·查普林《哪个是社会党面对危机的出路？》，《社会党新杂志》，1983年9—10月。
③ 同上。

行办公室和国家书记处。在国家书记处，他担任政策部让-布隆多的助理。克洛德·阿莱格尔回忆道："当时执行办公室已经没有什么位置了。为了维系几个派系之间的平衡，很难再接受新成员。在多米尼克进入新的领导层这件事上，我在利奥奈尔那里下了很多工夫。"

在一次全国会议上，多米尼克·斯特劳斯-卡恩新官上任三把火，在著名的决策委员会内部进行的一场通宵论战中，面对让-皮埃尔·佘维纳和让-鲍勃恩的拥护者，他捍卫了紧缩这个主流路线。

1984年6月：从1981年5月10日在欢天喜地的氛围中开始的试验，正受到崩溃的威胁。在欧洲选举中，左派跌入低谷。利奥奈尔·若斯潘拟定的社会党竞选名单上的人只获得21%的选票，共产党的选票则跌到了50年以来历史的最低点——11%。而议会右派超过45%，国民阵线和法国共产党平分秋色，在法国，极右派的这个竞选结果是闻所未闻的。

几天之后，所有的右派人士举行了一场史无前例的游行，他们挤在凡尔赛的石板路上，一百万游行者聚集在一起反对萨瓦里法令，反对国家教育部部长萨瓦里把公立教育和私立教育统一起来。

弗朗索瓦·密特朗无路可退。不过这位老法师拥有的法器可不止一件。他把社会党的现有计划扔到一边，转而提出了左派掌权的新定义：现代化。说到做到，他抛弃了主张39小时工作，60岁时退休，第五周带薪假的总理皮埃尔·莫华。然后，密特朗给法国任命了一位法国史上最年轻的总理——洛朗·法比尤斯。

上任时只有37岁零8个月的法比尤斯，重披梅斯会议的战袍——1979年在梅斯时，继承了孟德斯·法朗士的衣钵，法比尤斯支持和资本主义决裂，并且谦虚地把社会主义定义为"机会均等"。

共产党虽然离开了政府，但却继续在国会支持着政府。而社会党在摆脱了共产党之后，则选择了更与时俱进的形象。1985年出现了紧急反种族主义组织，在协和广场举办的盛大音乐会获得了成功，这次成功让人们看到左派不但是社会的，而且更注重道德。在1986年立法选举临近之时，民意调查预示的左派的崩盘变为极有可能。

几年之内，左派遭受了巨大的变化。多米尼克·斯特劳斯-卡恩也是如此。从此以后，人们用他名字的起首字母称呼他：DSK。

1984 年让-布隆多去世后，多米尼克·斯特劳斯-卡恩接替他成为全国政策研究部书记。克洛德·阿莱格尔看着他的朋友多米尼克"紧咬"政治游戏不放："我，我是受够了。在 1985 年的图卢兹会议上，我就想离开领导层去过我的真正生活——科学。多米尼克抓住我的袖子不放，让我主持专家组。直到 1988 年我被任命为教育部长若斯潘的顾问时，党部百分之八十的稿子是我和多米尼克撰写的。"

克洛德·阿莱格尔微笑着接着说道："若斯潘纳用了这些稿子，不过他用自己的语言稍作了些修改，去掉了我们的一些……不合他风格的惯用语。"

1984 年底，斯特劳斯-卡恩又获晋升：他取代亨利·吉尧姆成为规划总局副局长。他改变了交往对象，开始和商界精英——尤其是克洛德·贝贝阿尔、米歇尔·皮贝鲁、路易·施韦策和伊维特·夏莎妮等人建立联系。任巴黎保险联盟主席的伊维特·夏莎妮甚至向多米尼克提供这家大保险公司财务总监的位子。斯特劳斯-卡恩虽然礼貌地拒绝了，不过心里却也很受用。他自童年时就"爱被人爱"，因此现在很开心地享受着成功的喜悦。

在家里，家人们都快认不出变成 DSK 的"多米"了。他刮去一脸的胡子，彻底抛弃了那副玳瑁宽大眼镜，换上了隐形眼镜，而且从此以后穿上了由服装师制作的时尚西服。外表上的变化却为的是一位他于 1983 年在多维尔遇见的女人：布里吉特·吉利曼特。和多米尼克一样，三十来岁的布里吉特美丽而优雅，这位军人的女儿管理着一家著名的公关公司。

和艾莲娜的亲密关系维持了 20 年后，多米尼克离开了她。这对他、她以及他们年轻时的朋友们来说是个打击和痛苦，之前他们从来不曾想过两人会分开。许多人站在了艾莲娜这边。他们说，布里吉特一直持着高傲的态度刻意和他们保持着距离。

多米尼克则对他们避而不见，他和他们已经不是同一个世界的人了。一开始，有些人还以为这是多米尼克这位过于早熟的三十来岁男人表现出来的迟到的青春期而已。但是事实证明了一切。多米尼克和艾莲娜离婚了。他娶了布里吉特，和布里吉特结婚前，1985 年，他们已有一个女儿——卡米尔。

永别了多米，从此只有 DSK 了。1985 年，在一篇《斯特劳斯-卡恩眼中的世界》文章中，《世界报》首次把他当作中心人物加以讨论。

第十二章　征服巅峰

"远离自己的大本营，站在雪中：我正在想象拿破仑当时在俄国广漠乡间的情境。"多米尼克·斯特劳斯-卡恩的这句话因 1985 年 12 月 11 日《绑鸭报》的引用而出了名。时年 36 岁的多米尼克·斯特劳斯-卡恩，法国社会党经济委员会书记，衣着讲究的"技术型人才"，是"例行公事"还是"下定决心，挺身而上"？对于十冬腊月站在布朗峰脚下的众议员候选人多米尼克·斯特劳斯-卡恩而言，要找到一个适合描述他当时处境的词并非易事。

一切早在 1985 年春天就定了下来。由于已经预料到在次年的国民议会选举中会遭到失败，弗朗索瓦·密特朗找到了一条反击之道来减弱灾难带来的损失。多么高明的办法！改变竞选方式，重新采取法兰西第四共和国时代通行的投票模式：分省比例制度，各党照得票数确定席位。为了使左右共治有声有色，总统希望确保法国政界最杰出人物都能进入国民议会。

多米尼克·斯特劳斯-卡恩知道有人正等着他翻船：过快的升职以及他花花公子的做派，在党内早已招惹了不少的嫉妒，甚至有人嘲笑他在地方毫无根基可言。

多米尼克·斯特劳斯-卡恩已经准备好了迎接挑战。他不仅要证明自己不仅仅是一个"技术型人才"，而且要为在 1949 年的选举中失败的父亲争光，还要告慰祖父玛留斯的在天之灵。玛留斯尽管有在大选中胜出的才华，但却在 1932 年的国民议会选举中失利。

斯特劳斯-卡恩现在需要做的只是等待合适的时机。在 1981 年"粉色海啸"① 中胜出的社会党以及联合参选的 280 余位候选人都想挤过独木桥，登上各省的名单，以保证自己的连任。时任第一书记的利奥奈尔·若斯潘运筹帷幄，他让部分地区党委牺牲了当地本可以连任的当选人来保全来自巴黎的明星们能够当选。

空　投

席位很珍贵，新人几乎没有什么选择。有段时间曾打算让多米尼克·斯特劳斯-卡恩去马延省参选，后来又建议他去上萨瓦省。对于上萨瓦，经济学家斯特劳斯-卡恩除了曾在冬季度假时来过此地旅游之外，别的则一无所知。

这个地区人口稀少，根据调查，社会党在此地几乎可以肯定会拿到一个席位，但很难想象能同时拿到两个席位。而社会党在萨瓦地区的强人叫做罗贝尔·波莱尔，此人自 1977 年起任安纳马斯市市长。凭借在地方上多年来的从政经验，在这个因恢复以前的选举法而有可能挺进国民议会的关头，面对这个从社会党中央空投下来的巴黎人，这位前任的地区第一书记并不想屈让。

为了绕过波莱尔，若斯潘给新任的联盟第一书记加布里埃尔·格朗雅克打电话，后者尽管不满，但还是给出了积极的答复。他回忆道："起初，我对多米尼克·斯特劳斯-卡恩的空降并不买账，我觉得我自己也可以谋得一个议员的位置。但是我和利奥奈尔很熟络，他曾好几次来圣·日尔维滑雪。他以我们友谊的名义要求我屈从。他在向我建议领导在国民议会选举的同一天举行的地区选举社会党参选团后就向我推出了作为候选人的多米尼克·斯特劳斯-卡恩，认为他是可以同时带动社会党在全国和地方两面选举的王牌。"

---

① 1981 年法国国民议会选举，社会党赢得 329 席中的 285 席，大获全胜。由于社会党的标志颜色是粉色，故这次大胜被称为"粉色海啸"。——译者注

而右派则拥有一位有分量的领导皮埃尔·马策艾德参加竞选，马策艾德是戴高乐派的国务秘书，著名的登山运动员，征服过安纳布尔那峰。面对这种情况，左派要安排一个"合适"的人选。讲到这里时，加布里埃尔·格朗雅克表现得很敏感："利奥奈尔对我说，斯特劳斯-卡恩有朝一日会成为部长。他建议出于长远考虑，让斯特劳斯-卡恩来，这样可以改善上萨瓦地区没有大人物的状况。"

若斯潘打过电话不久，加布里埃尔·格朗雅克来到巴黎，在一次领导人会议之余见到了多米尼克·斯特劳斯-卡恩。"他是若斯潘手下负责经济的人，给人一种可靠的感觉，他的分析吸引了我。那时候，他比现在要激进，也不像个投机家。"

除了加布里埃尔·格朗雅克之外，没有人对多米尼克·斯特劳斯-卡恩表现出一丝一毫的欢迎。1985 年三四月间，多米尼克·斯特劳斯-卡恩到安纳西进行第一回合的试探性会谈，无人到车站迎接。

当时，他参加了一场地委驻地的小型会议。加布里埃尔·格朗雅克叙述道："我通知了几个可以信任的同志。作出了一份工作计划，以便斯特劳斯-卡恩能够考察到各个部门。"

这个可以信任的核心包括雅克·兰格拉德，省长办公室主任，他已经小心翼翼地开始为社会党候选人做准备；三位社会党地方负责人，他们的名字是：雅克·达莱、雅克·德尔左尔和雅克·因科尔那泽。

这三个人在成为多米尼克·斯特劳斯-卡恩的支持者之后，被称为"雅克帮"，他们将帮助多米尼克·斯特劳斯-卡恩在预选中掌握主动，以获得提名。但这并非稳操胜券。上萨瓦地区 800 名社会党成员，大部分都拥护安纳马斯市市长，坚决反对"空投"下来的巴黎人。

着　陆

虽然缺乏竞选经验，但这位初学者上手很快。优雅的西装加上小羊皮外套，神情放松、自然，步态轻盈，虽然鬓角已经花白，但是他在什么地方都处之泰然，他可以在咖啡馆和人玩桌上足球游戏，可以用几段插科打诨来把周围人逗笑。比如，他会说："教师，多么美好的职业！"这句话使以教师为骨干的社会党人听着很受用。

当时正负责计划总署的斯特劳斯-卡恩每周一次乘坐高铁"下到"安纳西去，在那儿的旅馆里过夜，第二天返回。在酒会、晚餐、晚会期间，他会完成一系列工作：与一个部门的负责人会谈，同另一个部门的负责人共进晚餐，之后去出席第三个部门的会议。

"我们安排了一次环游，使他能在几周时间内与省里全部 33 个支部的人见一次面。"加布里埃尔·格朗雅克钦佩地说。

仅仅在内部巡回路演了几周后，由多米尼克·斯特劳斯-卡恩领导的参选团队在秋季举行的候选人资格竞选中便获得了不俗的成绩。虽然获得了 49.28% 的支持率，但是仍以几票的劣势败给罗贝尔·波莱尔。在此情况下，社会党党章允许竞选失败者在 1985 年 11 月 5 日国民议会举行的全国提名竞选委员会上提出申诉。竞选委员会做了有利于卡恩的裁决。地方民主遭到践踏，当地社会党组织分裂了。

罗贝尔·波莱尔怒气冲天，自己重新提出一份新的竞选名单。保皇派们都站到了多米尼克·斯特劳斯-卡恩和加布里埃尔·格朗雅克的身后，后者按照与若斯潘达成的协议，领导社会党参加地方选举。

真正的选举开始了，可因分裂而衰弱的地方党委缺乏人力物力。尽管它给候选人在安纳西火车站旁设立了两小间办公室，候选人却需要自己出钱租一辆汽车往返于省内而且要从巴黎请来一位助手，他的名字叫菲利普，这个 26 岁的年轻男子姓杜瓦尔。他在一起离奇的刑事案件之后，重新启用了瓦拉什这个姓，瓦拉什是他拉脱维亚裔外祖父母的姓氏，他们是犹太人，在集中营遇害。

几年前，他在一次意外中遭遇不幸，并因此名噪一时。1979 年 3 月 23 日法国总工会组织冶金工人罢工，而从巴黎歌剧院广场的一家影院出来的他正好碰上了罢工引起的激烈冲突。他在冲突中被捕。

"我是完全无辜的，"他重申道，"但是警察还是拘捕了我，以银行纵火为罪名，判处我三年监禁。而那家银行却从未着过火。我那天看的什么电影？《地狱之旅》。"

被判服刑一年，经上诉后，菲利普·瓦拉什还是在弗洛里·梅洛吉的监狱里待了6个月。由于坚信他是无辜的，很多青年教师，包括德尼·凯瑟里和多米尼克·斯特劳斯-卡恩组织活动为其辩护。

出狱之后，菲利普·瓦拉什会时不时地见到多米尼克·斯特劳斯-卡恩。他说："1985年秋的一天，我在拉斯·卡萨斯街多米尼克办公室旁的一家小饭馆吃饭，隔壁桌坐的就是多米尼克。我跟他说我在社会经济方面工作。他热情地说'我有好得多的差事给你，我已被指定是上萨瓦省社会党团的领头候选人。我需要有一个人来帮我。来帮我吧，多谢啦。而且你可以每个星期滑好几次雪。'"不过现实并没有那么有趣。

山区选战

被封了个唬人的"竞选办主任"头衔的菲利普·瓦拉什马上动身奔赴安纳西。

"多米尼克只告诉了我一半的真相，他一边回忆在阿尔卑斯山的工作一边笑着说：1985年10月到1986年3月，我一直在上萨瓦，很难。我觉得当地人并不欢迎我。六个月中，我只有一次受邀到一个军人家中吃饭。晚饭经常简化到在安纳西火车站一个人独自吃三明治。为了安顿我们住下，党部为我们在一个叫阿莱克斯的小村子找到了一个马马虎虎的木屋别墅，有两个房间和一个很小的厨房。这个偏僻的小村子在芒通-圣-贝尔纳附近，距离安纳西大概二十分钟路程。早晨做的第一件事，通常就是拿着塑料的小刮刀，甚至是冰镐来把车周围的冰雪除掉。由于工作关系，多米尼克只有在周末才来。他来的时候，我们会一起出访，然后在凌晨一点半筋疲力尽地回到小木屋。"

瓦拉什声称他陪着候选人走遍了全省的每一座城市和村庄。多米尼克·斯特劳斯-卡恩自己也付出了很多，他提出要施行"不一样的政治"，与传统的在学校院子里的大棚下召集会议的方式相比，他更喜欢以小组的形式与人会面。他将这种形式称为"饭盒会议"。这样的会议形式可以最大程度地接近选民。

在公众场合，有时喜欢开玩笑的人会给他设陷阱，问他："母牛的犄角是长在耳朵的前面还是后面？"候选人可以通过展现自己在这个方面的无知来逗笑听众。

"在村子里，他很容易和人们打成一片，"加布里埃尔·格朗雅克带着一点羡慕的语气说，"他出访的时候，总是带着小本子和他那只万宝龙的黑笔，他把军人和市长们的问题一一记下来，然后尽量给他们答复。当回答不出来时，他会点上一支香烟，来争取一点时间。"

大家都认为，这个候选人很机灵。在会谈中，他总是在有可能表达不同意见前先表现出自己的赞许。在社会党活动分子中间时，他能够将话题始终保持左倾，以赢得青睐。在企业主和商人中间，他会大谈管理与赢利。

在他的人格魅力下，即便是右派，保证不受其影响也是很难的事情。加布里埃尔·格朗雅克至今仍能记起"他的"候选人和让-克劳德·雷锐的第一次会面。让-克劳德·雷锐是他童年时的伙伴，也是克吕泽市法国保卫共和联盟派的市长。"让-克劳德·雷锐曾经对我说：'如果你们社会党人都像多米尼克·斯特劳斯-卡恩的话，那我就倒戈加入社会党！'他几乎是在政治上一百八十度大转弯！"

多米尼克·斯特劳斯-卡恩的圆滑使人觉得感到舒服受用。如果说他不喜欢争论，他对自己遵行的原则却知道设置一个极限。有一次在居民家里开会，当有人说"移民太多"时，他直言不讳地把他赶了出去。众人全都惊呆了，他接着说："如果诸位想践踏基本原则的话，就先请在我身上踩过去！"

那些支持多米尼克·斯特劳斯-卡恩的社会党活动分子非常庆幸媒体能把他们的省放在首位。作为一家著名公关公司的总经理和斯特劳斯-卡恩的新伴侣，布里吉特·吉利曼特把她在全国报刊的关系网提供给斯特劳斯-卡恩利用。她将上萨瓦省社会党参加地方选举、立法选举的主要参选人邀请到巴黎拍照制作昂贵的巨幅竞选招贴相，费用由她的公司承担。

布里吉特·吉利曼特在1985年12月生下了斯特劳斯-卡恩的第四个孩子小卡密尔后便也来助选。这个气质优雅，有着巴黎达官贵人居住的十六区派头的妇女站在一群到处张贴竞选海报的社会党人中间有点儿卓尔不群。并不是所有人都喜欢这个前来助战的"布尔乔亚"。

当地的报纸《弗锡尼报》直接了当地支持罗贝尔·波莱尔，说他是一个男人，敢于表达对"空降"候选人的愤恨。斯特劳斯-卡恩并没有乱了阵脚，当有人指出，他的名字是法文和德文结合的时候，他回答说"本地区55%的居民都不是本地生人"，而且他做了一个……后来没能实现的许诺：将来要在安纳斯地区定居。

尚未成功

面对地方报纸的敌对情绪，多米尼克·斯特劳斯-卡恩在全国范围内树立的形象帮了他的忙。《解放报》很合适地称其为社会党参选计划的设计者，正在试图调和由于左派完全掌权而造成的社会需要与管理实际之间的矛盾。

《快报》在1985年底时，投入两页的篇幅来报道多米尼克·斯特劳斯-卡恩，并配上了一幅还算不错的漫画。文章称多米尼克·斯特劳斯-卡恩"在经济方面很温和，在社会方面极左"。

在接下来的一页上，忠实的加布里埃尔·格朗雅克以一个山里人的身份说道："作为一个萨瓦地区的农民，起初，我对他满腹怀疑。第一次滑雪之后，我发觉，多米尼克·斯特劳斯-卡恩天生是一个滑雪的好手：快得像让-维阿尔耐一样，在无人能料到的地方急速下滑，能像阿兰·彭兹①那样转弯——他滑得很有型——曲折下滑时每个弯口都处理得很好。这是一种策略。要注意硬碰硬式的错误，除非在花样滑雪中。"②

为了弥补分裂的损失以及改善当地左派的弱势，斯特劳斯-卡恩要靠社会党党中央的推动。为了给第一书记年轻而又前程远大的朋友提供帮助，利奥奈尔·若斯潘动员了社会党当时所有的大腕人物。

2月3日：保罗·吉莱斯，10日：阿兰·鹏巴尔，11日：米歇尔·得勒巴尔，17日亨利·那莱，而且远未结束。时任负责公共事务的国务秘书的让-乐加莱克，来到萨瓦地区，在一个乡村的俱乐部里与多米尼克·斯特劳斯-卡恩以及350名支持者共同品尝萨瓦风味；工业振兴与对外贸易部长艾迪特·克莱松参观样板工厂；利奥奈尔·若斯潘也毫不犹豫亲自助阵：2月28日，第一书记将来熟悉的圣·日尔维滑雪。

若斯潘在尚贝里机场受到支持者的欢迎，然后驱车直奔勃朗峰下的滑雪场。他的滑雪装备在第二辆车里，但是由于没有防滑轮胎，汽车没有赶到。若斯潘在记者和摄影师面前要穿着西装从雪道上滑下：全身湿透的第一书记只得等着衣服变干，他不好意思地披着一件风雨衣，布满汗毛的腿露在外面，在一群社会党员的簇拥下坐在一张椅子上。

小插曲在晚上就被忘记了，利奥奈尔·若斯潘在安纳西的会议上发了言，会场上本地出生的女歌手尼高莱塔试着用几首浪漫歌曲使阴冷的会场氛围变得热烈起来。

预计在3月16日举行的地方以及立法选举日益临近，调查结果令人担忧：斯特劳斯-卡恩的阵营并不一定会领先他的左派对手。两大阵营的焦点集中在3月4日的会议上：前任总理皮埃尔·莫华赶来在卢日城堡的大厅为多米尼克·斯特劳斯-卡恩和加布里埃尔·格朗雅克站台，而两步之遥就是罗贝尔·波莱尔所在的安纳马斯市市政厅。

---

① 让-维阿尔耐是1960年奥运会冠军；阿兰·彭兹摘得1969年和1970年障碍滑雪赛世界杯冠军。

② 《快报》，1985年12月。

罗贝尔·波莱尔和 200 余名拥护者堵在大厅的入口处，高举印有他头像的旗帜，高喊他的名字。有些人在喊："斯特劳斯-卡恩，跳湖吧！"皮埃尔·莫华为了让煽动者离去，花了三分钟与领头的人达成妥协。尽管没有肢体冲突，但是次日的《弗锡尼报》还是刊出了《空降候选人和他在本地的走狗》这样的社论。对于多米尼克·斯特劳斯-卡恩来讲，真的是尚未成功！

胜　利

投票当日，社会党的这位经济学家像一个老练的政治家一样，来投票站走访，向选民们致意。陪同走访的是他在巴黎高商预备班的同窗好友、拉美旅行的旅伴、特地从巴黎赶来支持他的伊夫·马尼昂。

初学者已经掌控了他的工作，首次试水便取得大师级的成果。在上萨瓦地区的选举中，左派的成绩超乎所有人的想象，多米尼克·斯特劳斯-卡恩以 17% 的支持率胜出，罗贝尔·波莱尔也凭借着 13% 的选票成为国民议会议员。两位宿敌一起进入了国民议会。

3 月 16 日当晚，在社会党安纳西党部，多米尼克·斯特劳斯-卡恩庆祝胜利，他的身边簇拥着当地的支持者，他们回过头来很庆幸巴黎社会党中央作出的选择。在全国范围内，社会党以 32% 的支持率获得了历史上最辉煌的成绩之一。

但由弗朗索瓦·密特朗设置的分省比例制这个圈套只发挥了一半作用。尽管只占微弱优势，但右派毕竟回来了。爱丽舍宫第一次部长会议上，弗朗索瓦·密特朗板着脸会见了总理雅克·希拉克，以及政府的其他成员：巴拉杜尔、朱佩、雷奥塔尔、马德兰、龙盖，他们正准备将左派政府的所有作为全部推倒重来。

第十三章　三个火枪手

　　沉迷于权力 5 年之后，社会党人不得不再次学会当反对党。那些从国家各部各委的宫殿里被赶出去的部长们又回到了苏法利诺街社会党总部。给老同志让位！多米尼克·斯特劳斯-卡恩不得不把经济委员会书记的位子让给刚从财政部长卸任的皮埃尔·贝雷戈瓦。

　　这两个男人无论是风格还是来头，都大不一样。不过大学老师多米尼克却对"贝雷"相当尊敬，"贝雷"比他年长 24 岁，自学成才，15 岁当了工人，16 岁成了抵抗主义运动者，劳工联盟的公会干部，在统一社会党时和孟德斯·法朗士关系密切。

　　1984 年 6 月，皮埃尔·贝雷戈瓦被任命入主财政部时，他给当时正在布达佩斯参加会议的多米尼克打了一通电话，并把后者好好地奉承了一番。

　　"贝雷戈瓦想尽快见到我。我回到巴黎，我去他那位于卢浮宫的大办公室见他，在那里，他对我说：'多米尼克，瞧，财政预算还行，我掌握得了，这和社会保障一回事，我的问题在于货币，这个让我很费劲，告诉我得读些什么……'"①

　　1986 年，"贝雷"和多米尼克·斯特劳斯-卡恩两人已处于同一断层的对立面，因为当时的密特朗集团已分裂为两个敌对的集团：若斯潘派和法比尤斯派。这个将恶化社会党内部氛围的冲突的根源是什么？

　　1985 年，一个简单的问题摆在眼前：谁来领导立法选举，是党首

---

　　① 摘自《DSK 的那些隐秘生活》，樊尚·吉雷和维罗尼克·勒·比永著。

还是政府首脑？社会党部还是总理府？若斯潘还是法比尤斯？每个人都为自己的派别大肆吹嘘。隐藏在这场庄严的争吵背后的，却是弗朗索瓦·密特朗推定的两位继承人之间的争斗。任命洛朗·法比尤斯入主马提翁是否伤害了利奥奈尔·若斯潘呢？表面上看不出来。但是若斯潘和共和国总统从前那么紧密的关系却轻微地，不知不觉地，无可挽回地……发生了变化。

经历了几周的冲突后，双方达成了妥协：党和政府共同领导选战。因选战而被搁置一边的对立，在右派获胜后就完全过时了。然而社会党上上下下，以前都是密特朗派的成员之间的关系却日益恶化。若斯潘派指责法比尤斯派企图用一个盲目跟从者组成的党取代一个由正常的活动分子组成的党。虽然没有说出来，他们却已经开始扮演了密特朗主义隐喻的批评者。

按他一贯的性格，多米尼克·斯特劳斯-卡恩没有激烈地反对法比尤斯派。这个人讨厌那些兄弟姐妹之间相互残杀的心理剧。他还是挺欣赏年轻总理致力于现代化的行动。可是多米尼克已把自己的政治生涯和利奥奈尔连接在一起，因此，如果他想成为最佳者，那也只能是在他的导师后面。

不再担任经济委员会的职务后，多米尼克·斯特劳斯-卡恩将找到另外一种表明他政治存在的方式。他几乎每天发布一封资讯文书，并狡猾地称之为《附录》（*Post Scriptum*），因为它的首字母正好和社会党（Parti Socialiste）的一样。这封文书几乎每晚都会被寄到各编辑部或各位议员那里。

《附录》提供了一些既令人惊奇却又言之有据的论点以帮助解析某一个政府采取的措施或发布的宣言。这份文书有助于提升斯特劳斯-卡恩在社会党内部的声望。

"斯特劳斯-卡恩当时在社会党里已经有一些名气了，"上维埃纳省议员阿兰·罗德讲道，"但1986年起，他的重要性与日俱增。只见他头缩在肩膀里，一头黑发，自信满满，意气风发地阐述着结构严谨的论据。我很喜欢他发表的评论。他让社会党的议员们印象深刻。"

为了撰写《附录》，斯特劳斯-卡恩身边聚集了一帮同时代的人，一帮将在接下来的四分之一世纪里陪伴他的"哥们儿"。那里面有些"技术型人才"，譬如毕业于巴黎综合工科学校的保罗·艾姆兰，1991年成了他工业部办公厅的负责人；经济学家让-埃尔维·洛杭吉，后来同样成为工业部办公厅的顾问；米歇尔·科林，1997年在贝尔西加入斯特劳斯-卡恩的办公厅；还有让-帕斯卡尔·波福瑞，毕业于巴黎高商和国立行政学院，财政部的高级公务员。

这些"技术型人才"和爱丽舍宫的顾问，以后将是总理皮埃尔·贝雷戈瓦的办公厅主任的埃尔维·哈奴一起，齐心协力工作。

在为《附录》写评论的撰稿者中，有一位是多米尼克亲信中的亲信——斯蒂芬·凯达。他是祖父玛留斯第二任妻子——宝莱特·卡恩的儿子，自从多米尼克为了帮助他备考初中结业证而给他上数学课以来，两人已经共同走过了漫长的道路。1986年，29岁的他，已经毕业于巴黎政治学院，刚刚进入国立行政学院。他在巴黎十八区的支部（即贝尔特朗·德拉诺埃、德拉诺埃·艾斯蒂艾、达尼埃尔·瓦杨和利奥奈尔·若斯潘的那个支部）加入社会党，他也参与专家组。

火枪手阿托斯

在那时逐渐形成并将长期存在的拥护群里，还有多米尼克·斯特劳斯-卡恩的三个火枪手：莫斯科维奇是阿托斯、康巴德利斯是阿拉米斯，勒管是波尔多斯。这三位都是搞政治的。他们的雄心壮志不是隐身在部办公厅里，而是有朝一日会笼罩在国会和各种大会的光环之中。

火枪手的称号正好与他们相吻合。他们三个都是热爱生活的乐天派，欣赏美食和漂亮姑娘，喜欢在男人间开些荤玩笑。和多米尼克一起，他们算是找到了自己的达达尼昂。

先从阿托斯开始说起吧。"我是利奥奈尔的儿子、多米尼克的弟弟"，皮埃尔·莫斯科维奇给自己如此定位。"莫斯科"从若斯潘那里解放出来，加入到多米尼克的阵营，他们俩的关系多次有起有落。但是两人的感情经受住了时间的考验。

他们俩有太多相似处。1957 年出生于犹太知识分子家庭——双亲都是著名的精神分析学家——也是投入的左派，皮埃尔·莫斯科维奇很年轻时就掉进了政治这个大染缸里。70 年代初期，在巴黎孔多塞高中时，他就加入了红色俱乐部，这个俱乐部集结了那些同情共产主义联盟的人们，从属于中学生的领袖、后来的电视记者——米歇尔·费尔德的庇护之下。

像多米尼克·斯特劳斯-卡恩一样，莫斯科远非又笨又懒的学生。他拥有巴黎行政学院的文凭、经济学博士预科文凭和哲学博士预科文凭。他还于 1982 年进入多米尼克·斯特劳斯-卡恩教经济学的国立行政学院，并且参与了很多活动。师生之间年龄只差 8 岁。

"他那时是个年轻教师，课上有五六个学生，很难不对他产生好感。我们一下子就很谈得来。"

结果不言而明！年轻的莫斯科维奇选择了……凯恩斯的著作——斯特劳斯-卡恩的绝对参考书目，作为经济学博士预科文凭的选题。

1984 年，皮埃尔·莫斯科维奇以第六名的成绩从国立行政学院毕业后，就给自己的老师打电话，咨询对自己未来的建议。去金融审计局？"那是法国最好的商务学校，"斯特劳斯-卡恩答复道，"您在那里待上 4 年，然后您去私企。"去国库如何？"稍微差点儿，不过您也可以在那里待 4 年，挣不少钱。"政治又如何呢？莫斯科维奇表达了他对左派的好感。"如果你对社会党感兴趣的话，"斯特劳斯-卡恩话锋一转突然用"你"称呼道，"明天来我办公室见我吧！"

皮埃尔·莫斯科维奇后来在巴黎六区那个满是国立行政学院毕业生的支部加入社会党。不过在入党前，他就被吸收进入克洛德·阿莱格尔主持的社会党专家组。两年之后，他成为书记。

"我当时是审计署的成员。这使我比别人有更多的时间从事政治。"

与某些人所传言他 1984 年前一直是革命共产主义联盟的活动分子正相反，皮埃尔·莫斯科维奇那时和极左派保持着很远的距离[1]：

"思想上我在法比尤斯和罗卡尔之间摇摆不定，多米尼克让我感兴趣的是他谦虚的一面，而绝不是他和若斯潘之间那在我看来已有点过时了的关系。我第一次遇见利奥奈尔是在多米尼克家，后者邀请我们去他那位于米罗迈尼尔街的寓所庆祝他的生日。就个人来说，我很快就和利奥奈尔很投机。他那时是第一书记。在晚会结束的时候，他对我说，'我正在为我的内阁找像您这样的人。如果您感兴趣的话，请来我的办公室一趟。'我有点儿挑衅地回答他道，'谢谢您的美意，但是我倾向罗卡尔。'"

阿拉米斯

康巴德利斯是第二个火枪手阿拉米斯。和莫斯科一样，"康贝"在年轻时是个托洛茨基分子。不过他的时间更长些。这段经历可以概括为一个词：劳工党员。

1951 年出生，这个希腊移民的儿子在 20 岁时就加入了 AJS，即社会党青年联盟，国际共产主义组织的一个分支，某位名叫利奥奈尔·若斯潘的人也属于该组织。和未来的社会党第一书记相反的是，康贝，给自己还取了个别名叫"考斯达斯"[2]，一直公开积极投入学生运动。

虽说他在南特尔学习人文科学——在那里他接触到了年轻教员斯特劳斯-卡恩，后来又在巴黎七大学习，让-克里斯多夫·康巴德利斯把主要的精力都投入到由朗贝尔派领导的法国全国学生联合会的工会运动中。当时的全国学联聚合了大量的社会党派和极左人士。

---

[1] 维基百科中错误地写道："他于 1984 年退出革命共产主义联盟，加入社会党。"

[2] "考斯达斯"这个笔名应该是让-克里斯多夫·康巴德利斯为了纪念希腊马克思主义哲学家考斯达斯·埃克斯罗斯而取的。

1980 和 1984 年间，他担任法国全国学生联合会——独立和民主会的主席，这位三十来岁的大学生并不像个标准的左派。年轻的他风度翩翩，或者说温文尔雅，留着一头短发，西装革履，1981 年 5 月 10 日晚在巴士底广场，他代表法国全国学生联合会——独立和民主会作了发言。

由于在他的学生工会里认识了一些社会党人员，考斯达斯成了一位改革主义者。国际共产主义组织会议是个小铺子，想要反对店长皮埃尔·朗贝尔——这位终身不被罢免而且一贯我行我素的领袖可是件危险的事情。康巴德利斯熟悉他长期以来一直赞同的内部规则，却偷偷地和国际共产主义组织的其他代表人物一起组成了一个"派别"，其中有历史学家本杰明·斯托拉、导演贝尔特朗·穆拉和数学家米歇尔·布鲁艾。

至今回忆起来，康巴德利斯还清楚地记得这场英勇的斗争："为了在组织内部发动一场辩论，我以托洛茨基于 1903 年写的一篇文章为依据，驳斥了列宁关于民主集中主义的观点。朗贝尔把我当作'清道夫'。"

双方的分歧不仅仅在理论层面上。康巴德利斯和他的"派别"在实际行动上支持掌权的左派在 1983 年转向紧缩政策。1986 年，他从国际共产主义组织摔门而走，并和几百位同志们一起建立了一个名为"社会党大会师"的团体。这个小团体和爱丽舍宫关系紧密。康巴德利斯说道："我碰见了密特朗，他建议我们加入社会党，这样我们可以对党的方针制定等发挥影响。"

国际共产主义组织的另外一位前成员——让-卢克·梅朗松 1975 年就加入了社会党，他当年也曾向康巴德利斯提出和朱利埃·德莱（革命共产联盟的叛逆）一起组织一个社会党左翼，但是这事后来不了了之。

和让-卢克·梅朗松相反的是，利奥奈尔·若斯潘对康巴德利斯这位新来者一直不愿表示丝毫的合作愿望。他是否在为自己不久前还和朗贝尔派保持联系而感到不安呢？

当和法比尤斯派产生矛盾的时候，康巴德利斯就站到了若斯潘派的阵营中。但他和斯特劳斯-卡恩才建立了真正的友谊。1986 年 12 月，让-克里斯多夫·康巴德利斯受邀作为观察者参加领导层委员会的第一次会议时遇见了斯特劳斯-卡恩。

"坐我旁边的那位讲话滔滔不绝，很有魅力。他就是斯特劳斯-卡恩。我们一起回忆了在南特尔的时光，那时他是老师我是学生。和他在一起，两人之间立即就有了惺惺相惜的感觉。

"他很直截了当地问我：'在你那帮子人里，有没有伙计可以到我的专家组来？'我后来给他推荐了几个过去。当领导层委员会谈到一个经济问题时，若斯潘招呼多米尼克去主席台发言。这个爱夸海口的家伙对我附着耳朵说：'只要人们想用我的一身本事，我总是有求必应。'我答道：'我也是。'就是在这种交谈氛围里我们相互熟悉了。"

现在来说说斯特劳斯-卡恩的第三个火枪手：波尔多斯，他的另外一个名字更为有名——让-玛丽·勒管。

波尔多斯

他是当时资格最老、等级最高的一位。1987 年 34 岁时，他已经在学生运动和社会党里摸爬滚打了 15 年左右。那一年，他摘获了强大的社会党巴黎分部令人羡慕的第一书记职位。

在密特朗集团内耗时，法比尤斯派给他量身定作了个党棍的称号。他和法国学生互助会的关系使他的形象像个恶魔。1999 年他还因虚构职务而接受调查，但最终得以免于起诉。但这个人实际比他的漫画形象要好得多。这位专业是公共健康领域的医生，他的能力为国会上上下下的同僚们所认可。

和康巴德利斯相反的是，"波尔多斯"年轻时从来没有憧憬过担任要角。他先是死心塌地为艾迪特·克里松工作，70 年代时，克里松掌控社会党青年运动组织，勒管则是第一书记。他在很长一段时期里一直忠实于若斯潘。如此，他才得以逐渐接近斯特劳斯-卡恩。大家都知道两个人在 1981 年的总统选举时有来有往，不过直到 1987 年在以色列时两人才得以有了更充分的了解。

那次斯特劳斯-卡恩作为社会党政调委书记带领各分部书记组成的代表团访问以色列劳动党。38 岁时，斯特劳斯-卡恩满怀好奇心首次踏上这个国家的土地。他的家族从未曾感受过这种维系许多犹太人和以色列国家之间的那种强烈的情感。他的祖父玛留斯是个非常爱国的法国人，即使他老人家不对以色列的存在持敌对态度，他还是会把自己当做"非犹太复国主义者"。他的父亲吉尔伯特，和同年代所有的社会党人一样，对这个世上唯一的 30 年来由社会党国际的成员党领导和建立的国家很是仰慕。但是不管是曾经周游世界的玛留斯，还是吉尔伯特，他俩都没有想去参观以色列的好奇心。

1993 年，斯特劳斯-卡恩的母亲捷克琳娜和儿子、媳妇（安娜·辛克莱）一起在以色列做了一次旅行。这位老人在她生命的尽头，就这样又再次踏上了她曾作为年轻记者探索过的土地，当时正逢二战结束不久、希伯来国家联盟建立之前。

1987 年在以色列访问期间，多米尼克·斯特劳斯-卡恩和劳动党领袖尤兹·巴拉姆进行了激烈的交流，当时劳动党正在全国范围内和右派联手统治着以色列国家。对以色列对待那些初次发动了投石抗议①的巴勒斯坦年轻人的态度，斯特劳斯-卡恩提出了批评。

"我们真的是相互斥责，"斯特劳斯-卡恩回忆道，"即使后来我们相互谅解了，当时氛围还是有点过激。"他后来又提起过这事，这是否是想告诉法国代表团的成员们：他是犹太人的事实丝毫不会影响他对以色列的批判精神？在一个知道如何协调真情实感和方式方法的人身上，这有可能。无论如何，他和尤兹·巴拉姆在联盟书记们惊异的目光中进

---

① Intifada，巴勒斯坦青年为反对以色列自 1987 年的占领而通过扔石头表现的自发的群众起义。

行的争吵，倒是有助于人们传播他是个胆有识的领导人的美名。

左派一支笔

1987 年，社会党遇到了一个和后来……2011 年初同样的境地。在等待着弗朗索瓦·密特朗那迟迟不来直到 1988 年 3 月 2 日才正式宣告再次竞选总统的同时，社会党发动了一场没有候选人的总统竞选运动。

临近预定于 1988 年 4 月 24 日和 5 月 8 日的选举日时，斯特劳斯-卡恩发挥的作用越显重要。他领导与总统竞选指挥部平行的纲领委员会，负责撰写接下来 10 年内的社会党参考纲领。这个纲领彻底摒弃了之前的"社会党计划"，该计划 1970 年由让-皮埃尔·佘维纳撰写，已经在政权实践中显得过时。

未来的国际货币基金主席当时表达的主题显示了他思想的一种延续性。在 1987 年 11 月 22 日的领导层委员会上，这位社会党首席经济学家做了一个讲座，对未来持悲观态度，如果左派第二年能够重新执政，"他想传递一种信息：即使在股市危机发生之前，能再分配的也比社会党所希望的要少。左派必须'重新定位，减少野心'"①。即使他追求注重实际，多米尼克·斯特劳斯-卡恩还是排斥经济自由主义。1987 年 6 月 28 日，在巴黎举办的一场研讨会上，他对米歇尔·罗卡尔"拦腰铲断"公然宣称道："不能让经济自由主义只是输了一场战役，更重要的是不能让经济自由主义卑鄙地侵入我们的思想并攫取整个战争的胜利。"②

和罗卡尔主义者不同的是，斯特劳斯-卡恩始终相信国家的作用。这个观点也在他推出的纲领的经济部分得到了体现，1987 年 9 月 2 日、3 日，在塞纳·马恩省的沙弗里举办的那场汇集了六十来位党领导的大

① 《世界报》，1987 年 11 月 24 日。
② 《世界报》，1987 年 6 月 30 日。

会上，多米尼克陈述了这个观点——

"关于经济，本纲领坚决拥护国家在经济生活中扮演重要角色，具备真正发挥作用的工业政策，即：帮助投资、有适合中小企业发展的政策、科技上有大的规划项目、复苏并重建国家规划，以及形式可变的国有工业部门，这一点可以通过国有企业的'喘口气'达成，譬如'国家投资'率必须能够在0%到100%。"①

一日凯恩斯主义者，终身凯恩斯主义者，这就是这位社会—民主的达达尼昂的座右铭，自从20年前在卡尔诺高中读巴黎高商预科时发现了约翰·梅纳德·凯恩斯这位英国经济学家后，斯特劳斯-卡恩一直忠实于他的理论。

在仅仅持续了6个星期的选举运动中，弗朗索瓦·密特朗并没有采纳社会党制定的纲领。他只是在1988年4月份，即第一轮选举的几天前，写了一封"致所有法国人的信"，信里尽量避免了涉及过多明确的承诺。

斯特劳斯-卡恩也发挥了作用，他和其他人一起，撰写了这份文件，就如同上一个七年任期前，曾针对竞选对手提出了"与资本主义决裂"的口号，他和广告大亨雅克·赛格拉以及雅克·比朗一起选定了本届总统竞选的口号——"统一的法国"和"密特朗时代"。从此以后，斯特劳斯-卡恩和政治领导层的那些顶端人物称兄道弟。那上萨瓦省那些人物呢？他只好和他们分手了。

别了，阿尔卑斯山

1986年3月选举成功后，斯特劳斯-卡恩在他的选区里倾注了很多精力。无论坐火车还是飞机，他每周都要去一趟安纳西，以确保他在那里的议员日常事务。雅克·朗格拉德从省政府请假来给他当议员助理，

① 《世界报》，1987年9月5日。

在他的辅助下，多米尼克·斯特劳斯-卡恩尽量回复选民关于住房或工作的要求。

当地社会党人心甘情愿地帮他竞选成功，尽管他很少参与党生活，甚至不是分部领导的成员，他还是帮助分部装备了电脑。在指导"苹果机"采购时，他那关于计算机信息领域的知识让省区的负责人们大为惊讶，要知道那时他们中间的大部分才刚刚开始了解这个领域。由于忙于巴黎的活动，斯特劳斯-卡恩在上萨瓦省做的事不多，不过他却干得很好。

1987年开始，这位议员在省里越来越少露面。他明白在次年的再次选举中，弗朗索瓦·密特朗极有可能解散国会。雅克·希拉克的政府已经建立了多数选票机制，而且希拉克的内务部长——夏尔·帕斯卡已实施了一个对左派不利的划分选区的新规定，斯特劳斯-卡恩很担心自己没有机会获得上萨瓦省的席位，因为那里的右派一直以来都占大多数。而且，一大堆国事缠身，这位4个孩子的父亲——最小那个还不到2岁，也更偏向靠近首都。终于，机会使这位候选人脱颖而出。

1987年末，在一个领导委员会上，瓦尔德兹省的维利耶-勒-贝尔市市长——路易·佩林跟斯特劳斯-卡恩解释说：由于"帕斯卡的划分选区"，他的省里新产生了两个选区可供卸任的议员选择。

路易·佩林尤其提到第八选区，它除了涵盖维利耶-勒-贝尔市，还有加尔日勒戈内斯东西两区以及萨尔塞勒东北区等行政区。佩林继续解释说，这个新选区是左派"可以争取的"。斯特劳斯-卡恩及时捕获了这个信息。他立即告诉支持他的利奥奈尔。但对于上萨瓦的活动分子将会怨恨他的事情却只字未提。

23年后的今天，加布里埃尔·格朗雅克说起斯特劳斯-卡恩来还满腹苦水："自打他来萨瓦省，我就不曾问过他是否打算长期驻扎在这里，这应该是很自然的事。在计票模式改变后，我们一直希望他能来安纳西选区'工作'以准备他的参选。他那时在安纳西有一个住所，可是他从来不曾住过。他在萨尔塞勒的候选资格？我们还是通过瓦尔德兹省的同志们才得知此事。他就像小偷一样离开了我们。我们感觉上当受骗了。当我几年后在兰卡诺镇若斯潘派的一次会议上见到他时，我们只是简单寒暄了几句，他显得有点尴尬。"

其实，放弃对他的选举忠心耿耿的安纳西"同志们"，多米尼克·斯特劳斯-卡恩也深感不安。但是在政治上，人们不能总是做"好人"。他非常清楚，自己刚刚在国会里产生影响力，若因选举上的失败导致他从国会颓然退出，那将毁了他的政治生涯。后来发生的事情证明他是对的：在支持斯特劳斯-卡恩的安纳西选区，社会党候选人在 1988 年的国民议会选举中败下阵来。

……你好，瓦尔德兹省

在瓦尔德兹省更容易获得选民的青睐。不过党的常设机构也发现存在一些顽固的对立面。在勃朗峰山脚下，在玩文字游戏和桌上足球之间组织几场出色的演讲就足以吸引住那些正在寻找一位领袖的活动分子们。而在瓦尔德兹省那一排排的楼下，斯特劳斯-卡恩则不得不面临本党大多数成员的敌意，该地分部当时由一位很有影响力的领袖组织领导，他就是阿兰·理查德——圣图安罗莫尔市市长和议员，后来的国防部长和罗卡尔派的元老。

自从阿兰·理查德 1974 年与米歇尔·罗卡尔一起由统一社会党转而投入社会党后，他就一直和密特朗派拔刀相向。瓦尔德兹省的这个社会党分部是阿兰·理查德花了很大力气才赢得的，他可不愿当礼物拱手相送。

为了巩固他的派系对瓦尔德兹省的优势，1987 年底，阿兰·理查德从巴黎调来一个聪明能干又有抱负的年轻活动分子：马努埃尔·瓦尔斯。1962 年出生于巴塞罗那，加泰罗尼亚画家的儿子，20 岁时加入法国国籍，这位具有扎实文学涵养的知识分子本应可以从事一千种政治以外的事情。年轻的马努埃尔·瓦尔斯和同时代的大多数社会党人却相反，从来不曾是马克思主义者，也不对弗朗索瓦·密特朗抱有丝毫的好感。

1980年17岁加入社会党时，他逆流而上，坚决拥护刚刚一败涂地、不得不在弗朗索瓦·密特朗身后消失的米歇尔·罗卡尔。当马努埃尔·瓦尔斯于1987年到瓦尔德兹省时，他只有25岁，却已经是巴黎大区的地区顾问。

在阿让伊特支部登记后，这位年轻的罗卡尔派将使斯特劳斯-卡恩的日子开始难过，因为多米尼克也同时来到萨尔塞勒的活动分子面前。

"我个人对多米尼克没有任何敌意。他给我的感觉是个现代主义者，一个有才能的家伙，是那个时期正冒尖的新兴人物的代表。但是党已被分成好几派。多米尼克是密特朗派的人，而我是罗卡尔派的。因此，即使我尊敬他，我们俩还是对手。"

罗卡尔派并非是多米尼克·斯特劳斯-卡恩的唯一对手。在萨尔塞勒选区，新来乍到的斯特劳斯-卡恩发现半路还杀出个和马努埃尔·瓦尔斯同龄的年轻人。那人同样也毕业于托勒别克大学，两位年轻人就是在那里于80年代初相识相交。他名叫弗朗索瓦·普保尼。他的科西嘉岛的姓氏容易让人误解。虽然他于1962年凑巧出生在汝拉省，他却一直生活在萨尔塞勒，由一位在社工部担任管理干部的母亲和一位小学老师的父亲抚养长大，他父亲在1965年和1977年期间曾经是该地社会党的副市长。

1976年14岁的时候，弗朗索瓦·普保尼加入社会党青年运动联盟，5年之后，他加入社会党。作为学教中心的活动分子，他一点儿也不喜欢为了1988年国民议会选举而"空投"的那位"技术型人才"。

"我们支部当时已经计划推选学教中心的一位人物——让-伊夫·奥黛克斯艾，所以当宣布有新人到来时，支部内部难免有些抱怨。我首次见他时说的话也不很友善。类似于'你在这里干什么？我们已经有一个候选人了。'"

在萨尔塞勒，没几个活动分子真正支持斯特劳斯-卡恩。但还是有两对夫妻被他所吸引，立即开始为他服务：卜蓓丽夫妇和哈达夫妇。多米尼克在萨尔塞勒的社会党人中势单力薄，而且萨尔塞勒的社会党人也只不过代表选区的一部分而已。

斯特劳斯-卡恩得到了候选资格应该感谢路易·佩林——维利耶-勒-贝尔市市长，该市支部大部分人都把票投给了他。至于学教中心的候选人米歇尔·柯飞诺，党领导将把他送到瓦尔德兹省的第九选区，他后来在那里当选。

回归本源

无巧不成书。萨尔塞勒、加尔日勒戈内斯、阿尔努维尔……这些他将作为根据地的地方使斯特劳斯-卡恩回溯了家族的过去。

就是从这里开始，也就是在那整个地区都只叫塞纳·瓦茨省的时代，他的祖父玛留斯和父亲吉尔伯特都曾在这里参加普选，但没有成功。尤其玛留斯在很长一段时间里还是工人国际法国分会在该省分部的领导人之一。直到1968年这里一直是包括埃松、伊夫林、上塞纳的一部分以及瓦尔德兹省的一个大省。

预先也没多做考虑，这位"外来空投兵"就这样回到了老地方。尽管没有沙滩，太阳也没有那么灿烂，萨尔塞勒还是使斯特劳斯-卡恩回想起阿加迪尔——他度过童年的那个城市。萨尔塞勒是个多元化的城市，在老城的周围，一片片居民区拔地而起，60年代的时候，大量的阿尔及利亚难民在这些居民区安顿下来。接下来世界各地的移民纷纷驻扎于此。

萨尔塞勒的居民里有25%到30%是犹太人，这个比例居法国城市之首，除此之外，还有大约相等数量的阿拉伯人。我们还可以在那里看见巴基斯坦人、安的列斯人、泰米尔人、土耳其人和其他的种群。

当多米尼克·斯特劳斯-卡恩在萨尔塞勒菜市场上散步时，他感觉很亲切。吵闹声、周边环境、橱窗……闭上眼睛，他会以为自己再次身处阿加迪尔，身边满是犹太人和阿拉伯人——那两个源自同样的北非文化的种群。

斯特劳斯-卡恩是否就是萨尔塞勒犹太社团的"那个"候选人呢？并不是这么简单。这个社团，和法国社会一样，经历过不同的思潮。正统的犹太人并不看好这位不遵守教规的、离过婚的、和两位"异族"女人结过婚的人。他那花花公子的模样、那密特朗式的大帽子和在生活中体现出来的自由主义也没有获得他们一致的认可。

不过他那"西班牙系犹太人"的身份倒是吸引了许多来自北非的犹太人的好感。再则，当时犹太、阿拉伯等社团之间的关系还不是很紧张，因此这个"西班牙系犹太人"的身份在阿拉伯选民的眼中也不算是坏事。在上萨瓦省做了一番实验后，斯特劳斯-卡恩在瓦尔德兹省找到了真正能停靠的港湾。现在需要的是通过选民这一关。

被密特朗抛弃

1988 年 5 月 8 日星期日那天，弗朗索瓦·密特朗以超过 54% 的票数战胜雅克·希拉克再次成功当选。

晚上 8 点开始，成千上万的左派支持者聚在共和国广场上。广场中央，政客们和歌手们络绎不绝地出现在临时搭建的台子上。就像 1981 年 5 月 10 日那样，人们唱歌、跳舞并叫喊着："我们胜利了！"很多人想再次体会当年的感觉。

不过，即使历史老人偶尔会结巴，他也从不会重复一样的话。在接下来的日子里，和 7 年前一样，个人前途的问题再次摆在多米尼克·斯特劳斯-卡恩面前。不过他已今非昔比。快 40 岁的他已作为经济学家在党和国会里大显身手，如今他可以理所当然地考虑进入政府、向高处攀登。

重新当选两天后，弗朗索瓦·密特朗任命他的老对手米歇尔·罗卡尔为总理，因为不管大风大浪，后者始终是法国最得人心的政治家。

这个所谓的"开放政府"里没有共产党，却有一些中间派的部长，这其中的部分方案就是多米尼克·斯特劳斯-卡恩在几年前参与制订的。他觉得自己理所当然地在角色分配里有一席之地，譬如说财政预算部长，就像洛朗·法比尤斯于1981年在35岁时被赋予这个职位一样。但是，作为一个国际象棋高手，他很快就明白自己有着不能逾越的不利条件：他既不属于密特朗派系也不属于罗卡尔派系。

"我一直密切关注着政府的组成，"宪法学教授、当时的总理顾问——吉·卡尔卡松回忆道，"伊夫·科尔姆、让-克洛德·佩蒂·德曼日和我，我们当时负责和爱丽舍宫的秘书长——让-路易·比昂科联系。在大部分的时间里，只要罗卡尔提出一个名字，密特朗就给予否决。5月11日星期三上午，筋疲力尽的罗卡尔交给我们一张名单，说道，'你们想办法和爱丽舍那边对付吧。'我还记得为了满足爱丽舍宫的要求——给乔治·萨尔安排一个位子，我们当时还创造了一个'水道国务秘书'的职务。"

在这种情境中，多米尼克·斯特劳斯-卡恩自然没有任何机会。他从未对那个被人们称为"上帝"的人效过忠。"我对他一直很尊敬。但我从来不曾是他无条件的崇拜者之一。"他说道。

和他同代的其他领导者不同，斯特劳斯-卡恩不曾和密特朗维系一种类似于父与子的关系。尤其是作为工人国际法国分部活动分子的儿子和孙子，他明白法国社会主义并非是1971年在埃皮奈诞生的。斯特劳斯-卡恩只能把他的政治生涯押在两方面：他的个人品质，和利奥奈尔·若斯潘的关系。

不幸的是，"利奥奈尔"之星在共和国总统那里已开始失去往日的光辉。于是，按照他自己的意愿，第一书记离开了自己的岗位进入政府并获得了一个令人称羡的位子：政府二号人物，头衔是教育、体育和科研的国务部长。不过他的自我却再次受到伤害。出身于外交团队的若斯潘本来很想获得外交部长的职位。密特朗却把这个职位给了自己的老朋友罗兰·杜马。

"利奥奈尔希望多米尼克和我，我们俩都能够成为部长，"克洛德·阿莱格尔宣称，"但是密特朗不愿给他这份大礼让他的两个亲信进入政府。"

罗卡尔政府的组成正好在密特朗集团内部相互残杀之际。1988 年 5 月 13 日到 14 日的那个夜晚，"上帝"刚刚挑选洛朗·法比尤斯接替利奥奈尔·若斯潘担任社会党领导，但法比尤斯却遭到包括密特朗体系和拥护前总理莫华派系在内的 A-B 多数派的否决。他们更倾向于莫华而不是法比尤斯。这是自埃皮奈大会以来，社会党太阳王第一次对自己的派系失去控制，这也意味着他衰退的开始。

在这场密特朗继承人的斗争中，多米尼克·斯特劳斯-卡恩始终退居二线。在让-克里斯多夫·康巴德利斯组织的派系会议中，他无精打采地参与政策分析，"在马提翁总理府已经有罗卡尔，我们不能再让一个像法比尤斯那样具有右派形象的人位居党的领导位置"。

从此以后社会党将由在激情的岁月里当了几年总理的皮埃尔·莫华领导，在这个党派内，将不再有密特朗体系，而只有若斯潘派和法比尤斯派。

如同 1981 年斯特劳斯-卡恩在内阁和党之间选择了党一样，这次他选择了一个现实的目标，一个他够得着的目标，比起内阁位置来不那么让人觊觎的目标：国会财政委员会的主席。这是个不错的志向。新任第一书记——皮埃尔·莫华也保证支持多米尼克·斯特劳斯-卡恩。不过还得事先运作，而且要花大力气：必须再次当选议员。

就像预料的那样，弗朗索瓦·密特朗解散了国会，国民议会选举于 6 月 5 日和 12 日进行。从全国范围来看，社会党刚好失去了席位上的绝对多数。而在瓦尔德兹那个左派明显占优势的第八选区，多米尼克·斯特劳斯-卡恩在 6 月 15 日的选举中，以 36% 的选票位列首位，轻松地在接下来的礼拜日赢得选举。几天之后，他当选为负有盛名的财政委员会的主席。

第十四章 反"老贝"

1988 年 6 月：斯特劳斯-卡恩进驻国民议会财政委员会主席的办公室。在这个位置上，他将在未来三年里与财政部长皮埃尔·贝雷戈瓦作对。后者正从里沃里大街的财政部旧址搬入贝尔西新建的未来风格的"城堡"。

斯特劳斯-卡恩平生第一次拥有了政治威慑力，他算是个"反财政部长"吗？大家都会这么说。财政委员会在国会里的重要性远远超过其他机构。577 位议员中有 72 位是它的成员，它有一堆副主席、秘书，还有 12 位专务委员。它几乎对所有重要的经济问题都要干涉。

越过这些由国会指定给他的行政人员，斯特劳斯-卡恩还试图组建他自己的队伍，就在当选的第二天，他便开始亲自在社会党专务委员中招兵买马，这些人虽然都是研究生毕业，却拿着可惜的薪金。

"你要多少月薪？"他走进贝尔唐·温德曼·夸杭的办公室直截了当地问道。"翻一倍"，后者有点吃惊地答道。他是国会社会党团财经领域里经验丰富的专务委员。"我会想办法解决。"斯特劳斯-卡恩肯定地说。

"他对我像别的议员一样只是泛泛而知。"温德曼·夸杭叙述道，"可他和人人都以'你'相称，我当时每月挣 8000 法郎，我要求挣16000，在一起工作几个月后，他给我提到……20000 法郎！"

斯特劳斯-卡恩在国会引进了企业管理的规则，从而在他身边吸引了一批绝对忠诚的合作伙伴，这些人可以不分白天黑夜地工作。爱芙琳·杜瓦尔十七年间一直是他的私人秘书，谈到为这位她称之为"老板"的人工作时，幸福之情溢于言表。

"非常现代，热衷于各种新科技，'老板'重组了内务，人人都装了苹果机。'老板'管理团队是真有一套。我从没见他发过火，如果他目光炯炯、语气温和地要你加班加点，谁又能说不呢……我们都一直工作到晚上 8 点！我离开他已经四年，但每逢他生日，我都会给他发封短信。"

就像当年在巴黎高商一样，斯特劳斯-卡恩让国会的同事也敬佩不已。

"我们一起乘车去一家酒店参加一个企业家研讨会，"阿兰·本罗是行政上从属于财政委员会分管的税务分部经理，他这样叙述道，"他一上车就开始阅读一些非常技术性的资料，这些材料我已经看了三天，可他只用了一刻钟就都消化了！……我从未见过他拿着纸和笔会超过一分钟。我总在想他真的需要我吗？"

斯特劳斯-卡恩并不只想让他的同事们眼花缭乱，他有时也会让大家放松放松。有一次在银行家们的午餐会后，斯特劳斯-卡恩对温尔德·夸杭说："咱们郁闷了半天，对吧？走去瞧瞧新款的摩托车！"温尔德·夸杭回忆道，"我们俩一块骑上我那辆民主德国生产随时放炮的老摩托直奔大军路的本田专卖店，那真是超现实的一幕。我们试了好几辆摩托。我最后订了一辆，而他犹豫了半天还是没买。"

这人"可爱"，也可能太"可爱"了。他既让人着迷，但有时也因此而结怨。

阿兰·本罗就此说道："我先是被斯特劳斯-卡恩迷倒，然后又清醒过来。有一次和一位同事一道，我们陪他去参加我记得是在沙特尔举行的社会党活动日。晚上他把我们忘了和司机开车走了。这真让人恼火，那天我才明白，斯特劳斯-卡恩实际上只爱他自己。所有他让我们干的活只有一个目标：'让他发光'。"

菲利普·瓦拉什曾和斯特劳斯-卡恩共过几回事，他的评判更有分寸："老实说当多米尼克负责某事时，他很少注意别人。当他做财长时，经常两耳贴着两部手机在秘书堆中穿行。不过他已经改正了，我很了解他。这是个好人。"

听证会与智囊团

就像 29 年后在国际货币基金组织一样，斯特劳斯-卡恩给财政委员会也留下了他的印迹，国会议员，里姆日市的市长阿兰·罗代从 1981 年起就是财委会的成员，他见证了斯特劳斯-卡恩带来的变化：

"斯特劳斯-卡恩提高了财委会内部讨论的水平。他早于他人觉察到全球化这台推土机的威胁，他能轻松自如地掌握数据，如饥似渴地研究宏观经济学。'公共开支'这一部分他不太感兴趣。那些有关各部委开支的争论，他让各省的议员们去处理，他关注的重点是'收入'这一部分，如税额基数，税收制度，它对经济生活的影响。出色的谈判家、外交高手，我眼中他始终尊重反对他的人，和右翼相处时彬彬有礼。在私人关系上，他没有许多时间顾及基层的议员们。他作出的贡献？对外全方位开放和引进专家听证制度。"

许多完全不同的人物都被请到财委会来阐述自己的观点，从现任欧洲央行行长，当时的财政专员特里榭到法国驻华盛顿的外交官，银行家、经济学家、商人统统可以来，法兰西第五共和国的国会议员们并没有真正的权力，斯特劳斯-卡恩给了他们表达权。

他的朋友让-玛丽·勒管分析说："多米尼克在任何时候都是个大学教授。他阅读大量的文献，喜欢传播各种观点。"

财委会内部从来也不缺争论的主题：信贷对投资的作用，消费提振经济增长，还有税收体制等等，弗朗索瓦·欧朗德是新来的，他提出了一份有关遗产税收的工作报告。和斯特劳斯-卡恩一样，他也毕业于巴黎高商和巴黎政治学院法律系，他还读过国立行政学院。作为 1988 进入国会的年轻议员，他毫不掩饰他的兴奋之情：

"多米尼克深入现代化了这个机构。他把许多任务委托给年轻的议员们，从而使国会有了自己分析和提出建议的能力。"

社会党议员大多数都是公务员身份。斯特劳斯-卡恩引进了从巴黎高商学来的属于盎格鲁—撒克逊文化的"生意"语言。咱们"交易"（交换）工作，"选准"目标，讨论会被叫成"hearing"（听证会）。

美国意裔诺贝尔经济学奖得主法兰科·蒙地格里阿尼，年过七旬，儒雅可敬，在他的演讲会之后，斯特劳斯-卡恩召集同事们说："我们的客人在演讲中犯了个错误。"他掏出一张纸，列出一个方程式。"整个团队无人能立刻理解，于是他又演示了一遍！"温德曼·夸杭回忆道。

那个时候的斯特劳斯-卡恩经常在才智上压倒其他人。保罗·艾姆兰和斯特劳斯-卡恩很熟。他在80年代初与斯特劳斯-卡恩同为社会党专家组成员。这位毕业于巴黎综合理工学校与国立行政学院的国家高级公务员当时兼任阿维农市社会党派的施政顾问。他对此分析道："这些人要的是同行的承认，而不是凡夫俗子的仰慕，多米尼克最注重的就是才智。"

艾姆兰也属于斯特劳斯-卡恩多年来在他身边聚起来的"智囊团"，这些都毕业于名校，年纪三十岁到四十岁的社会党新一代"头脑"是现代左派的童子军，他们已经开始意识到全球化的限制。作为高层或高级国家公务员，他们都在各部委或大企业里工作。他们代表着左派的未来。或是大家一起或是单独交谈，斯特劳斯-卡恩经常在一顿美餐后，要他们献计献策，他们是每一位有政治抱负的人必不可少的派系基础。

左派的标杆

财政委员会主席之职给斯特劳斯-卡恩提供了一个讲台，借此在三年里他将打造自己的左派形象。面对财政部长皮埃尔·贝雷戈瓦，斯特劳斯-卡恩自任那些代表着急于改进的左派分子和选民的社会党议员的代言人。

社会党上台后在1981年到1983年间的陈规老套深深刺激了贝雷戈

瓦，他现在采取的是与左派共同纲领背道而驰的做法。经济学家艾利·科安这样总结他的所作所为："他就是法国的玛格丽特·撒切尔。"

这个评判听起来刺耳，但并非没道理。贝雷戈瓦曾在1984—1986年及1988—1992年间两次担任财政部长，他深深地从放任自由的角度修正了法国经济的运行规则：取消工资随着物价而上涨，给企业减税，对大银行实行部分私有化。

遵循密特朗第二个七年任期确定的重点，加上马斯特里赫条约实施在即，"贝雷"必须将法国经济纳入欧共体的标准之中。斯特劳斯-卡恩并不反对紧缩预算，但他倡议"分享成果"。

法国的经济增长在1988年达到了创纪录的4%，斯特劳斯-卡恩发表了大量的文章，尤其是在经济类的报刊上，他对以"强势法郎"为象征的政府所遵循的预算传统观念发起了一场真正的游击战。他建议利用经济的好转期来提高工资待遇，振兴公共投资，改革税收以利低收入人群，这些建议表明了更符合左派价值观的政治方向，斯特劳斯-卡恩也因此着实扩大了敌人的阵营。

他的朋友，当时是若斯潘政府教育部的特别顾问，克洛德·阿莱格尔就此说道："自从他作为行家里手从社会党内脱颖而出，多米尼克一直都招致嫉妒和敌视，然而他并不咄咄逼人，在某些人眼里他过于自信。从80年代末期他开始担任要角这个事实使对他的怒恨日渐增多。"

想法与自我

斯特劳斯-卡恩的对手们总嘲笑他鼓吹的社会理想与他那副花花公子模样间的反差。他们认为他野心勃勃，厚颜无耻。从属于皮埃尔·贝雷戈瓦的负责预算的部长级代表，密特朗的亲信米歇尔·撒拉斯就不拿他当回事儿。

"这家伙非常聪明，非常滑头，是个超级鼓动家。但对这个时代而言，他有一弱点：他是如此急于在重大问题上显示他财委会的作用，连带着也显示他自己的作用，所以他不能总是很好地掌握和深入研究每一个问题。他是个很懒的人，当总理让他到我这来讨论某个技术问题，他总会有漏洞……"

米歇尔·撒拉斯还补充说有一回议会夜间，他不得不把斯特劳斯-卡恩从他的财委会办公室里叫醒。财政部顾问安德烈·郭荣和办公厅主任艾尔维·阿努对斯特劳斯-卡恩也是怨声载道。

"贝雷戈瓦身边的人有时对我们真恐怖。"斯特劳斯-卡恩的顾问温德曼·夸杭回忆道，"他们看不起我们，在报刊上乱传消息。"事实上，两边都曾乱传消息，斯特劳斯-卡恩的一位顾问有一回授意发表的文章引起皮埃尔·贝雷戈瓦勃然大怒，使人至今记忆犹新。

斯特劳斯-卡恩与"贝雷"相互仇视？远没有他们身边的某些人那么严重。

"我从未听到斯特劳斯-卡恩说过针对贝雷戈瓦的难听话。"温德曼·夸杭保证道。然而他证明财委会主席的确桀骜不驯。有时当贝雷打来电话，逐字逐句地把刚对记者们说的话重复一遍，斯特劳斯-卡恩会把话筒放下几秒钟后又拿起来说："对，皮埃尔，同意，皮埃尔，你说得对。"

法律教授，总理办公厅议会关系负责人吉·卡尔卡松是这两个人之间复杂关系的最佳见证人："多米尼克对贝雷戈瓦的教条主义很恼火，而后者也受不了他的引人注目。"

这是斯特劳斯-卡恩的错吗？贝雷戈瓦从一名普通工人，自学成才直到财政部长，对他那些出身名校的同僚们总有社会阶层的抵触情绪。温德曼·夸杭回忆道："当斯特劳斯-卡恩来参加会议，会场的重心自然就转向了他，每个人都转过来听他的，这明显让贝雷戈瓦很难受。"那个时期的斯特劳斯-卡恩在政治上还没有看到在不同意见的激烈交锋下显现出来的各自自我间的冲突。

"他没有觉察到他性格中让他的对手们焦虑不安的一面。"他以前的顾问菲利普·瓦拉什如是说。

洛朗，利奥奈尔以及其他人……

斯特劳斯-卡恩与贝雷戈瓦之间的冲突由于 1990 年 3 月莱纳社会党大会期间若斯潘派与法比尤斯派之间的大战而愈演愈烈。"莱纳大会"这个词带给社会党人的是痛苦的回忆。对台上的领导者吹口哨，发嘘声，甚至谩骂，拼命跺脚盖过了正在进行的演说，撕裂了这个执政党的仇恨在电视摄像机前一览无余。

这是一场没有意识形态内容却异常激烈的争斗。洛朗·法比尤斯的提案得票率 28.84%，仅以微小的弱势被若斯潘等人的提案以得票率 28.95% 击败。罗卡尔派以得票率 24.2% 位居第三。

在一片乌烟瘴气中，皮埃尔·莫华连任这个失血过多的党总书记。这是对密特朗总统新的冒犯，他正暗中活动着要把 1988 年已遭否决的洛朗·法比尤斯安插上来。

总统在 1990 年秋季借震撼全国的中学生抗议潮而实施报复。在总理罗卡尔的支持下，教育部长若斯潘拒绝接受抗议者们的全部要求。但在 1990 年 11 月 12 日这一天，密特朗接见学生代表团，让他们全都心满意足！就在爱丽舍宫的台阶上，学潮头头纳赛尔·拉姆达纳严词抨击总理和教育部长！利用他的对话者，密特朗公开否定了罗卡尔与若斯潘，在正在形成的重组中，罗卡尔派与若斯潘派靠拢了。

总理办公厅议会关系负责人吉·卡尔卡松在那个时期与年轻的斯特劳斯-卡恩结下了长久的友谊："我们明显地气味相投，在非罗卡尔派中，多米尼克是我们最优先的对话者。有关全民社会公摊的争论正好表明在本质上我们是殊途同归。多米尼克在几年前就支持全民社会公摊这个主意，这也是罗卡尔作为总理的大动作之一。而对任何新税原则上都采取敌视态度的贝雷戈瓦就不愿意把它纳入为 1991 年预算而制订的金融政策计划，直到总理发了更正函，全民社会公摊才被列入议会的议事日程。贝雷戈瓦便把挑子撂给了罗卡尔。对贝雷而言，他的老板是总统而非总理，幸好在总理府和财委会之间建立了互助的纽带。"

1990 年 9 月 20 日《新观察家》周刊在"上升"这个栏目里有如下的评论：斯特劳斯-卡恩作为国民议会财政委员会的主席，被由十位经济刊物的主编或专栏作家所组成的评委会按照"政治类别"，评为政治人物中最能干的经济专家，超过皮埃尔·贝雷戈瓦与雷蒙·巴尔。

斯特劳斯-卡恩在上升，上升……1990 年 12 月 17 日，在《世界报》头版上一篇时评中，他以中生代领军人物的姿态出现，毛遂自荐要整合社会党的所有现代派。

政治学家帕斯卡尔·佩里诺对此分析道："在那些几年后将是若斯潘'梦之队'骨干的新面孔里，两个四十来岁的中年人尤其引人注目，一个是斯特劳斯-卡恩，另一个是玛汀娜·奥布里，他们出身密特朗派，但他们既不处在罗卡尔派的决裂阵营中，也不在法比尤斯的忠诚阵营里，他们象征着超越密特朗主义并试图在法国创建一种真正的社会民主的左派力量，既有能力，又有责任心。"

1990 年 12 月 20 日出版的《快报》发表社论把斯特劳斯-卡恩比作社会党可能的"革新首领"。

第十五章　年轻的部长

1991 年 5 月，为了庆祝在爱丽舍宫的十周年，密特朗给自己送了件礼物：把罗卡尔总理搞下去。他已经想了一年了，他已因伊拉克独裁者萨达姆入侵科威特引起的国际动荡而不得不推迟决定。

当罗卡尔 1991 年 6 月 15 日离开马提翁总理府时，他的声望正如日中天。他实现了全民社会公摊制度，低收入补贴制，与贝雷戈瓦一道重建了经济的大部收支平衡。密特朗说辞就辞了他的总理，用罗卡尔自己的话来说，"就像辞了个伙计"。

密特朗想的是在立法选举的两年前搞点动静出来，他在法国历史上破天荒第一次任命了一位女总理：艾迪特·克里松。这位密特朗忠实的门徒从 1981 年起当过几个部的部长，有了一番历练。1990 年 10 月她辞去欧洲事务部部长之职，加入施奈德工业集团主管企业在东欧的扩展。她毕业于巴黎高商女子班，那时各商校还未实行男女同班，克里松与斯特劳斯-卡恩的学历相似，她与他通过中间人法尔努保持联系，法尔努是抵抗运动老战士，有传奇色彩的工业家，与各界都有广泛联系，他刚与财委会主席为工业结构重组的问题而见了面。

艾迪特·克里松说："多米尼克·斯特劳斯-卡恩是社会党中极少数有真正的经济意识，对企业有兴趣的人之一。80 年代中期我在国民议会的地下室里听过他的演讲。除了对技术层面的精通，他还表现出积极的领悟力，很早就已经懂得我们正面对着一场经济战争。我们对贝雷戈瓦顽固的货币政策持有同样的保留意见，我们认为应当发展自主创新的工业政策。"

艾迪特·克里松看好斯特劳斯-卡恩出任同时主管经济、领土规划、工业的一个超级大部的部长，就像日本政府的通商部，使政府为经济发展服务。

问题是：密特朗不想要斯特劳斯-卡恩进入政府。"这是个闹事的家伙。"他这样对克里松说，而后者则反驳道，"您先见他一面怎么样？"于是斯特劳斯-卡恩应邀来到爱丽舍宫，用他自己的话来说，"平生第一回留下深刻印象"。

1991 年 4 月斯特劳斯-卡恩面见总统，如今他会自问道："我那时是幼稚还是盲目？当密特朗邀我去爱丽舍宫，我决没想到几周后会在政府任职，尽管克里松此前不久对我暗示她可能会被任命为总理。密特朗仍把我当成财委会的主席，我们谈到了重振，年轻人就业。他对有关的社会问题显得有点听天由命。我们谈了二十来分钟，到门口时他背了一段圣经，跟我们的谈话有关，他这么做是为了考查我的文化水平？我想不是。这段引言他是脱口而出的，我也记起来了，如果我的记忆准确的话，它出自《圣经·申命记》。我从他的办公室出来，感觉我给他留下了好印象。"

旁　门

在组成政府期间，艾迪特·克里松发现她必须兼顾社会党内部各派，维护那些"大象们"的自我。从莱纳大会以来社会党内派系林立，皮埃尔·贝雷戈瓦早就想当总理，克里松的上台自然使他恼恨异常。他决不会满足于当个只管金融的财长，而他的竞争对手斯特劳斯-卡恩却承担了经济和工业的重担。

当克里松见他时，贝雷戈瓦显得不容商量，他背后有法比尤斯撑腰。克里松认为法比尤斯当时对步入暮年的总统有很大的影响力。她回忆道："在组成政府的时候，密特朗读了一张上面写着未来各部部长名字的单子，忽然他建议我接纳一位阿拉伯姑娘名字叫……科菲·雅姆亚。

"他说的这个雅姆亚实际上是个男的，也根本不是阿拉伯人，而是多哥人，他以后成了负责移民融入的国务秘书，我明白了这张单子是从法比尤斯那里冒出来的。"

斯特劳斯-卡恩于是从旁门进了政府，当了从属于贝雷戈瓦的主管工业和外贸的部长级代表，后者留任按日本通商部模式扩大了机能的财政金融部部长。

开始时，斯特劳斯-卡恩在工业部的老地方格勒纳尔路办公，在他被任命大约两周后，他要接待美国能源部部长约翰·波因德克斯特商讨核能的问题。斯特劳斯-卡恩的顾问之一，经济学家让-艾而维·洛仑吉参加了会见。那天上午用他自己的话来说斯特劳斯-卡恩把他"搞傻了"。

大约 8 点 40 分时由十几位随员跟着的能源与原材料总署署长克洛德·芒迪给部长送来了他准备的厚厚一摞资料。会见预定在 9 点开始。多米尼克拿了资料躲进旁边的会议室。当他回来时，他对芒迪说，我都看了，对我路。您跟我一起参加吧。——那么翻译呢？芒迪问道——会议的内容属于高度机密，翻译不应参加，斯特劳斯-卡恩回答道。

结果斯特劳斯-卡恩只在芒迪和洛仑吉的陪同下与他的美国同事见了面。在众人惊讶的目光下，斯特劳斯-卡恩用完美的英语讨论了核扩散以及其他有关法国的重大问题。年轻的部长就此在机构中树立起自己的威信。

岌岌可危

为了躲过撒拉斯团队和贝雷戈瓦团队时时伺机布下的陷阱，斯特劳斯-卡恩邀他祖父玛留斯的养子史蒂芬·凯达担任内务主管。这个选择并非由于他们的家庭关系，而是因为凯达与主管斯特劳斯-卡恩的财政部很熟，年轻的国立行政学院毕业生前一年刚被任命为涅佛尔地区的专员，那里也是"贝雷"的家乡。

"我和他保持着良好的关系。"他说，"表面上看起来冷冰冰的，贝雷戈瓦其实也会变得热情洋溢。当他回到家乡，他会脱掉银行家穿的全套西服，显得平易近人。他要我每星期六上午都到他市政府的办公室和他见面，在那里当着我的面商讨地区事务，当我到了工业部后，两个月里我一直在巴黎和涅佛尔之间来回跑。"史蒂芬·凯达的出现对磨平双方的棱角不无补益。他补充道："贝雷戈瓦觉得多米尼克很出色，但太轻率，不够严肃。他指责他没有群众基础，这可是不公平的，因为多米尼克已经开始在萨尔塞勒市长久地扎了根。但他仍受他形象的拖累。"

为了在这种充满敌意的环境中生存下去，能干的斯特劳斯-卡恩又任命他的朋友，高级公务员保罗·艾姆兰为他的办公室主任，后者恰好与贝雷戈瓦的办公室主任艾尔维·阿努恩相处融洽，艾姆兰，凯达还有其他人都是斯特劳斯-卡恩技术、智慧、社会三位一体"思想库"的成员。

斯特劳斯-卡恩、艾姆兰、凯达首先碰到了一个表面看来是地理，实际上是战略的问题：新成立的分管工业和外贸的这个部在何处落脚？

"贝雷戈瓦坚持要斯特劳斯-卡恩来贝尔西财政大楼，不用说是为了更好地控制他，我们三人就此进行了讨论，我记得，保罗支持去贝尔西，这样可以接近权力的中心，有利于参与决策。外贸部分已经在贝尔西，要和创建一个日本式的通商部的构想吻合，就必须将金融、工业和外贸联为一个实体，多米尼克不想引起他的上级部长'贝雷'的不信任，因此选择把主要的办公地点设在贝尔西，同时也保留葛纳尔路工业部的老'木质办公室'。"

新来者于是就落脚在贝尔西这座巨大城堡的四楼，由五楼一直是预算部长的米歇尔·撒拉斯居高监视，贝雷戈瓦则雄踞在六楼。

艾迪特·克里松只做了 11 个月的政府首脑，众多政客和部分记者的性别歧视，某些部长们的不忠，再加上她自己的失策使她的任期成了一部灾难大片。"一个星期六上午在他老家的办公室里"，凯达透露道，"克里松就任 15 天后，贝雷戈瓦就得意地说道，女性效应结束了！"

洛朗·法比尤斯于 1992 年 1 月接替皮埃尔·莫华担任社会党总书记。他就职时正撞上了法官范·灰百克因几家公司为承包公共工程而非法资助社会党一案下令搜查位于苏法利诺街的社会党总部。在社会党这条岌岌可危即将在 1993 年 3 月立法选举中撞破的巨轮上，斯特劳斯-卡恩学会了当部长。

旅行家

艾迪特·克里松曾表示："斯特劳斯-卡恩是我的部长中最忠诚的之一，还有玛汀娜·奥布里。"保罗·艾姆兰则赞同道："多米尼克对克里松极度'崇拜'。但我却觉得她不严肃，周围全是些不怎么样的人。从一开始，我就要对付她的特别顾问阿贝尔·法尔努。这人有远见，但不脚踏实地。他想动用核能储备去资助电子部门，并且把这个主意塞进了克里松的就职演说。多米尼克一直都支持克里松。但同时也逐步使自己与贝雷戈瓦的关系正常化。每星期四早上他都和他的主管部长，以及预算部长撒拉斯、内贸部长杜拜一起共进早餐。在克里松政府存在的 9 个半月里，斯特劳斯-卡恩对大事无足轻重，他只是在领导的严密监视下处理了几桩工业问题，诸如波尔多地区的中小企业个案、卡尔莫矿区个案等。"

艾迪特·克里松说："我知道面对着一个一心要他脑袋的机构，斯特劳斯-卡恩困难重重。我尽我所能地帮他，可我每天都要作出 30 桩裁决。"

1992 年 4 月贝雷戈瓦替换克里松任总理之后，由于左派在立法选举中的溃败，斯特劳斯-卡恩成了独立的工业和外贸部部长，不再从属于他的新同事、财政金融部部长米歇尔·撒班。这一回，他使两大重要的计划取得了进度。电子工业的重组和工业环境标准的制定，但他在国外比在国内更有光彩。

1991 年 9 月还在前一届政府里，斯特劳斯-卡恩与当时的工作与就业部部长玛汀娜·奥布里一起去亚洲，任务是与被法国总理克里松比为"蚂蚁"的日本人重归于好。斯特劳斯-卡恩当时半是幽默，半是外交地对一位日本部长宣称："这个比喻实际上是法国人对日本人钦佩的表示。"

贝雷戈瓦当政期间，斯特劳斯-卡恩在和他爷爷玛留斯南非之旅近三十年后旧地重游。他也是十几年来到访南非的第一位法国部长。在一大群记者与企业家的陪同下，他来重建两国间的商业往来。

南非的种族隔离尚未取消，不过曼德拉刚刚获释，黑人领袖与斯特劳斯-卡恩一起热烈讨论了两小时。凯达以及工业部和法国大使馆的顾问也在座。但当时的背景是白人与黑人正为政权争得不可开交，国大党的总书记生硬地对法国部长喊道："只有我们下令，你们才能投资！"

皮埃尔·贝雷戈瓦同时还交给斯特劳斯-卡恩另一项棘手的任务，去给中国解释法国向台湾出售 60 架幻影 2000-5 飞机的决定。

这趟差事成了斯特劳斯-卡恩的传奇，在去北京的途中，斯特劳斯-卡恩的飞机在西伯利亚加油。而当时俄国正处在后共产主义的一片混乱之中，国家已不存在了。一帮拿着武器令人生畏的家伙扣了飞机，要求为了加油而付赎金。

狡猾的菲利普·瓦拉什，斯特劳斯-卡恩在上萨瓦省工作时的助手，如今的办公室副主任成功地收买了这伙强盗，飞机抵达北京，又碰上中国当局为了抗议法国向台湾出售飞机让法国代表团在飞机上待了半天才下来。

其他的差旅就更常规化了。在以色列，在印度尼西亚，在乌克兰，斯特劳斯-卡恩部长参观企业，会见老板或是工会成员，每次出访他都有一支宛如元首出行的陪同团队，成员主要都是法国的企业家。

艾姆兰回忆道："直到那时，斯特劳斯-卡恩最熟悉的是金融。他在当工业部长期间，工业和工业家们成了他的至爱。"

斯特劳斯-卡恩与诸如欧莱雅、标致集团等的领导人们建立了良好的私人关系，斯特劳斯-卡恩是个喜欢老板的社会主义者，老板也欣赏他。与工业家们的接触影响了他的理论思考。他开始把金融资本主义和产业资本主义区分开来，逐步发展出自己的"产业社会主义"观，它将建立在强大工业之上的创造财富视为整个规划的核心。

他的初次政府工作经历使他在宽松的气氛中扩展了自己的影响，经济学家艾里·科安回忆道："斯特劳斯-卡恩吸纳我和阿兰·明参与筹办一次有关大型国有企业集团的研讨会。研讨会那天，斯特劳斯-卡恩和与会者及记者们共进午餐，无拘无束，什么都谈，甚至包括政治上的流言飞语，完后他还帮着收拾桌椅板凳。在他两次政府任职期间，我经常在我主持的经济报刊论坛上批评他，有时他的某位顾问会打电话跟我说，'这回，你有点过分了。'"但我们从未翻过脸，斯特劳斯-卡恩是极少数能接受批评意见的掌权人物之一。

父 亲

当了部长后，斯特劳斯-卡恩仍喜欢游戏和挑战。他同时给三个人颁发荣誉军团勋章，手中什么讲稿也没有，就像开玩笑似的，从这一位的生平讲到那一位，从第三位回到第一位，他的颂词是如此优雅就像一阵旋风让全体在场者眼花缭乱。

"他的样子就像当年如日中天的密特朗。"保罗·艾姆兰回忆道。"啊，密特朗，我曾被他迷倒，那时候是。"斯特劳斯-卡恩回答说。而他自己以另一种风格显得比密特朗更能吸引人。

"我曾和密特朗一起出访。我记得我们曾参观了维尔纽斯市从旧时的犹太经堂改建的基督教堂。我们在里面发现了大卫的星标。我们一起参观评论了半天。他是个有文化的人，非常细腻，总是和人保持着距离。"斯特劳斯-卡恩在与密特朗的关系中不掺杂过多的感情色彩。

与他那一代的其他社会领导人正相反，斯特劳斯-卡恩从未寻找一个精神上的父亲。他自己的生父就让他心满意足。已经七十多岁的吉尔伯特——他把自己的姓正式改为斯特劳斯-卡恩——与捷克琳娜一起在巴黎地区位于巴涅的一幢小楼里过着幸福的日子，他战胜了忧郁症，对他儿子的成就心满意足，直到人生终点，他一直是个普通的社会党党员。

"斯特劳斯-卡恩的父亲？那可是个社会党党员的标本。"前城镇与公共事务部办公厅成员让-米歇尔·罗森费尔德回忆道，"一个无可挑剔的人，为党无私奉献，从未有过回报。只在1992年他去世前得过唯一的奖励，由公共事务部部长给他颁发了荣誉军团勋章。我作为部办公厅成员安排组织了仪式，那是激动人心的一刻。父子的亲密无间，一片深情，有目共睹。"

此后不久，1992年12月8日，吉尔伯特去世。他倒在里斯明斯路他常去的理发馆里，那也是他儿子常去的地方。

12月11日，他74岁生日那天吉尔伯特下葬了。工业部长斯特劳斯-卡恩得知他父亲的死讯后，没对工作安排做丝毫改动。他依照事先的安排，给一位大工业家颁发了荣誉军团勋章。斯特劳斯-卡恩虽然刚刚失去了他最好的朋友和知己，却没有表露出任何情绪的波动，戏还得演下去。

《世界报》和香瓜

利奥奈尔·若斯潘被皮埃尔·贝雷戈瓦的新政府排挤出去，与弗朗索瓦·密特朗的决裂深深刺痛了他，一时之间他的派系群龙无首，于是有两条新思路出现：第一条围绕着亨利·艾玛涅利组合要求坚持传统左派。另一条则以斯特劳斯-卡恩为首，要求改革。工业部部长不惧狂风恶浪始终忠于若斯潘，但他也让人听到了自己的声音。

1992年10月1日的《世界报》刊登了他和他的三个火枪手康巴德利斯、勒管、莫斯科维奇共同署名的一篇题为"新左派"的文章。他们给自己起了个绰号叫"雏狼帮"，在斯特劳斯-卡恩女秘书的提议下，这个绰号赫然印在部长的通讯录上。

这篇文章初看只是对左派危机和民族主义重新抬头的老调重弹，然而有意义的却在文章不直说的地方：弗朗索瓦·密特朗的名字和对左派执政的成绩作了最低的评价。面临着立法选举的社会党正如同就要赴死的囚徒，深困于此的四个火枪手希望就此翻过密特朗这一页。

"我们的举措并不满足于只希望回到社会党埃皮奈大会时的'黄金时代'，"他们这样写道，"它包括一个全新的集体远景规划。一个欧洲新左派的出现，在追求公平，注重社会问题的同时，加强国家干预和环境保护。"

斯特劳斯-卡恩从那时开始也在广播电视中表达自己的观点，他的言词有时会和他在《世界报》上的文章一样过于冷涩。他妹妹是实用书出版商和大众普及的专家，她如今还会开玩笑地说："有一天，我的一位出版界的女同行早上在广播里听了他的谈话，而后用讽刺的口吻对我说，'你哥啊，人人都能感到他的确极其聪明，可他为什么要在广播里说甜瓜很好，他就不能简单地说：'这瓜怎么样？'我把这话告诉了多米尼克，他觉得很滑稽，但却认真接受了意见。从那时起他就注意使自己的演讲通俗化。时至今日，每当家里的谈话变得过分抽象，我们中的某一位肯定会冲他说，'这瓜怎么样？'"

除了他的妹妹，斯特劳斯-卡恩还可以指望一位广电传媒界的专家给他提供精准的建议。她于1989年走进他的生活就再也没有离开。开始时，由于两人都是已婚，他们的关系非常隐秘。

前文化部长杰克·朗笑着说道："密特朗很喜欢传小道消息。在一次晚餐时，他对我说，'雅克，您知道安娜的事吗？'就这样我了解了斯特劳斯-卡恩和安娜·辛克莱的浪漫恋情。"

年轻的部长深深地坠入了情网，他每天给安娜·辛克莱打好几次电话，他们总是有说不完的话。不久他就会和全法国的梦中情人共结连理。

第十六章 安　　娜

安娜·辛克莱的外祖父去世时，她才 11 岁。每年假期时，她都和他在一起待几个星期。她在巴黎生活，而他从二战结束后就在纽约定居。她记得和这个"外表很瘦弱"的男子一起"参观过画廊和许多博物馆"。他的名字是保罗·罗森伯格。他的名字直到今天仍为艺术品爱好者熟知。

他是巴黎一家古董商的儿子，1911 年时在首都开了他自己的第一家画廊，然后又于 1930 年代在伦敦开了另一家。他是怎么成为他那个时代最大的画商之一的？这是罗森伯格家族的天赋。保罗的弟弟和儿子也从事这一职业，他父亲亚历山大则是古董商。

保罗·罗森伯格"有眼光"，他知道正确估值一幅作品，用合适的价钱买入，发掘有前途的能人。很早他就对现代绘画产生了兴趣，早于 1913 年他就和玛丽·洛朗桑签了合约，1924 年又和布拉克签约，接下来是莱热，巴蒂斯。他与毕加索在 1918 年"第一眼"就心照不宣地达成了协议，赋予他在画家的作品中有优先权选择他感兴趣的作品。

这一年西班牙大画家定居巴黎，就住在拉伯艾地街保罗·罗森伯格家旁边的楼里，他给罗森伯格太太和女儿画了一幅像，是他们情感的见证。画中画商的妻子玛格丽特膝盖上扶坐着 1 岁大的小女儿米瑟琳，就是未来的安娜·辛克莱的母亲。

在他职业生涯的初期，保罗·罗森伯格主要出售印象派画家的作品，这样他可以资助现代画家们，这些人包括毕加索在 1925 年前都是不赢利的画家。

到了 30 年代中期，他位于拉伯艾地街的画廊陈列了近 200 幅最杰出画家们的作品：高更、凡·高、雷诺阿、德加、土鲁兹·劳特雷克、塞尚……

当二战于 1939 年爆发时，保罗·罗森伯格，安娜·辛克莱的外祖父，对纳粹如果得胜后他自己将面临的命运不抱任何幻想。他不仅是犹太人，而且还公开谴责过德国掀起的反"堕落艺术"的运动。

1940 年 6 月 12 日，当贝当在广播里心情紧张地宣布，"必须停止战争"时，军事副国务秘书戴高乐正飞往伦敦。而保罗·罗森伯格则带着妻子、女儿们乘船离开了波尔多去美国落脚，他们年仅 17 岁的儿子两天后也过海去了英国，他将加入自由法国的行列，在从北非到中东的各条战线上作战，直到 1944 年才和勒克莱尔将军的第二装甲军团一起回到法国。

1941 年 9 月，纳粹偷走了保罗·罗森伯格临行前藏在拉伯艾地街、波尔多和利布尔三个地方的约 400 幅画作。战后，罗森伯格逐步地收回了他收藏的大部，又在纽约开了一家画廊，他在那里活到 1959 年。也是在那里，她女儿米瑟琳在世界大战结束后认识了自己的丈夫。

安娜·辛克莱的父亲叫罗伯尔·史瓦兹。战前他曾为著名的时装设计师吕西安·勒龙工作，作为高管在好几家著名的化妆品公司继续他的职业生涯。他年过四十，是战斗英雄，作为犹太人、左派、爱国者，他也早在 1940 年便逃离了被占的法国加入了抵抗运动。由于联系不上伦敦，他于是乘船去了纽约，那里有法国反纳粹的小分队。在那里，由于担心连累他还在法国的家人，他改了姓。

经过查阅电话号码本，他找了一个在美国常用的姓氏，而且像法语发音，同时还和史瓦兹这个姓一样，都是以字母 S 开头。这样他就保留了他姓名的缩写。罗伯尔·史瓦兹成了罗伯特·辛克莱。

1942 年，他先后到了开罗、贝鲁特、大马士革主持戴高乐派对中东的广播，这个时期他又用了"雅克·布勒东"这个姓氏。他的活动使德国惧怕，第三帝国宣传部门的头子戈培尔就在一次演说中怒斥"犹太人布勒东!"

在和米瑟琳结婚后，罗贝尔·史瓦兹保留了辛克莱这个姓。安娜1948 年 7 月 15 日出生在纽约，就此享有法国和美国的双重国籍。她父母于 1951 年回到巴黎定居，她在那里长大。作为独生女、家中的明珠，在高尚区成长，安娜可以满足于一门美满的婚事。但"资产阶级的梦想"不合她的口味。我不想当个女继承人，她说，我要独立生活。

志向与迷恋

10 岁时，安娜有了志向：当记者。1958 年 5 月 13 日，法国军队在阿尔及利亚的武力行动促成了戴高乐将军重掌政权，小安娜的父亲正在阿尔及尔出差，她带着一股特别的激情通过电台关注着局势，就是在那个时候，她决定要当一名记者，这个新生的志向不久还要加上她对于政治的迷恋。

她爷爷是激进的社会党人，她爸爸是温和的社会党人。打小起安娜就觉得自己是左派："我的确运气好，家境优越，不过总不会因为有钱就没有权利成为左派吧？我不能忍受那些只是为了保护自己的财产而加入人民运动联盟的人。我一直都在为增加收入和遗产税而奋斗，我赞同富人助民税。"

1965 年 12 月，离她的中学文科毕业考试还有 6 个月，安娜在她父母刚买的电视和收音机里一点不漏地全程跟踪了法国历史上第一次全民公投式的总统选举。她的宠儿弗朗索瓦·密特朗与戴高乐对决，第一次尝试以不及格告终。但年轻姑娘却顺利通过了毕业考试，接着又上了一年文科预备班，她便于 1967 年考入巴黎政治学院，同时还在南特尔巴黎大学注册学习法律，在那里她本可以碰到年轻的斯特劳斯-卡恩。

"那个时候，"她回忆道，"就是碰上了，也只是互相怀疑。因为我是无条件，全身心投入的左派分子。"安娜是热血青年，多米尼克则冷静理性。她当然不会冲动到上街去扔石头，她是有节制的左派。

1968年5月27日，统一社会党和法国劳工民主协会在查理地体育馆组织大会，她远远看见了孟德斯·法朗士皱成一团的面孔和瘦弱的身影。"啊，孟德斯！"安娜·辛克莱始终把这位只当了短短一段时间部长会议主席的政治家作为榜样。他在1954年执政了7个半月。

"我对他充满了疯狂的钦佩和深深的爱戴，"她描述道，"孟德斯象征着道德观念，拒绝妥协，一位并不只是追求权力的国务活动家。"

出于原则，孟德斯·法朗士反对全民公投式的总统选举，他因此而未能担当国家的最高职务，不过在1969年时，加斯东·德费尔在争夺爱丽舍宫的竞选中代表社会党出战，承诺如果竞选成功就任命孟德斯·法朗士担任总理。可他只得了5%的选票，这位马赛市的市长创了社会党有史以来最差的得票率，远远低于共产党人雅克·林克洛得到的21.20%的选票。

安娜·辛克莱与另一位政治学学生，未来的政治学家奥利维尔·杜阿梅尔一起参加了德费尔-孟德斯灾难性的选举。"我们举着旗帜，"她回忆道，"站在互助会的大门口，向稀稀拉拉的散会人群募捐，此情此景，如在眼前，真是悲壮的一幕。"

安娜于1972年与斯特劳斯-卡恩同时从巴黎政治学院毕业，可她一直都不认识他。她进了欧洲一号电台，她梦想的电台，但只是个送咖啡的实习生，尽管她已有法律与政治的文凭。编辑部主任让-郭里尼不是个对女性有热情的人，他对她叫道："您是个妇女，您有文凭，您在这儿将一事无成。"然后他又警告她说："我禁止您干扰记者们。"年轻的安娜不屈不挠，终于在1974年总统大选报道时取得了记者证。

投入的观众

欧洲一号电台政治节目的负责人名叫伊凡·勒瓦伊。他从小学教师做到大学文学教授，60年代初在法国国际台开始投身于新闻业。他是1937年出生于匈牙利，由儿童救助组织托管的犹太孤儿，改信了天主教，在新教的熏陶中长大。安娜·辛克莱帮他重新认祖归宗。他们举行了宗教婚礼结为夫妻，并在 1979 年和 1983 年生了两个儿子大卫和艾利。他们都取了希伯来名字，还在巴黎哥白尼路的犹太自由教堂举行了成人礼。

70 年代中期，伊凡·勒瓦伊在欧洲一号电台主持早间报刊综述节目，热情生动，时不时还放张唱片，甚至自己唱上一段。他与他的同时代人让-皮埃尔·艾尔卡巴什、杰拉尔·圣保罗、阿兰·杜阿梅尔，安娜在巴黎政治学院时的老师，都是法国视听传媒界的名人。伊凡·勒瓦伊鼓励他年轻的妻子发展自己的职业生涯。

"当欧洲一号电台的老板让-吕克·拉卡代尔建议安娜做自己的助手时，安娜拒绝了。她仍想当记者，我对她说，要是你拒绝了老板，他就会让你走人。不过没什么了不起，你可以干电视，她不信我的话。但结果你们大家都知道……"

这位吸引人的年轻姑娘在广播里展示了她采访的才能。但她在电视上的起步却是一团糟。在被电视三台从"谈谈此人"的专题节目撤下来后，她又换了一档节目，发挥空间更大得多，但下午的播出时间使收视率低得可怜。这就是左派记者们在 1981 年密特朗当选前的共同命运。

安娜从不掩饰她的政治倾向，比如她会邀请左派漫画家卡比，放一段被电视禁止的影片"忧伤与怜悯"，这部影片涉及了法国被占期间的各种见不得人的事。1982 当时还是国营的电视一台由她主持的每日节目被取消，原因是法兰西晚报掀起了一场针对她和另一位主持人米歇尔·波拉克的宣传攻势，指责他们是左派电视的象征。

在失业一年半后，安娜·辛克莱又被电视一台重新起用，她将迎来她的黄金时期，因《每周七日》这档时事节目而 4 次获得传媒金奖，开始时她和另一位同事让-朗吉轮流主持，从 1987 年起改为由她一人担纲。

这档节目的创意简单之至，每个星期天晚上 7 点一位政治或文化名人来和安娜·辛克莱一起在 50 分钟的时间里共同评论过去一周里的时事。她提的问题很少咄咄逼人，但却是刨根问底，穷追不舍。而且，在她甜美的笑容后面是她对论题的深度了解。蓝蓝的眼睛，传奇式的羊毛衫，尽管她说只在节目中穿过四五次——这已足够迷倒90年代的电视观众，每星期天至少有600万，有些周末甚至达到1100万的观众争先恐后地守候在电视机前观看《每周七日》，有时还会目睹一些重要的历史时刻。比如1994年12月的一个星期日，雅克·德洛尔在维持了45分钟的悬念后，终于宣布他不参加当年的总统选举。

1987年的辛克莱—勒瓦伊夫妇在法国视听传媒界代表着"成功的典范"，他们代表着记者参与社会的理想。"1981年前每次竞选失败，"安娜·辛克莱回忆道，"我们都要去希农堡密特朗的选地看看他。在他取胜后，他邀请我们去他的拉契羊场。我们挨得很近，我对他很是敬佩。"

当时社会党和共产党之争愈演愈烈，伊凡·勒瓦伊却经常邀请他们夫妻的朋友们到欧洲一台来做访谈，其中有作家桑普伦，历史学家罗伯里约，演员加歌手蒙当，三人都是从共产主义者转变为激烈抨击苏联的社会制度。

在1987年一期令人大开眼界的《每周七日》节目当中，安娜·辛克莱毫不掩饰她与蒙当的亲密无间，她与他拍着手同声歌唱。右派的政治人物和左派的一样，下了节目都直呼她的名字安娜，很少指责她的政治倾向。当时任总理的雅克·希拉克是个例外，他在1986年11月30日的节目中直截了当地指责她说："对不起，辛克莱太太，我要给您提个建议：请您向右转，就此一回……""我朝各个方向都转，总理先生。"女记者带着假装天真的微笑回答道。

安娜·辛克莱也曾激怒过密特朗，后者没料到她也会来这么一下。1989年在一期《每周七日》的节目中，辛克莱问到帕拉，密特朗年轻时就认识的朋友，涉入一起非法泄露股票信息案的情况，使密特朗如坐针毡。当时重要的政治人物只有一位从未受到安娜·辛克莱节目的邀请：让-玛丽·勒庞。

上门提问

自从 1983 年国民阵线初次在德勒市地方选举中取得进展后，安娜·辛克莱便投身反对极右派，后者对此一直耿耿于怀。《民族周刊》的评论员，老民兵弗朗索瓦·贝里涅把她比作"暗藏的虚情假意的肉铺老板娘"。

安娜·辛克莱从未屈从于邀请让-玛丽·勒庞上《每周七日》节目的压力。她对此解释道："作为一个民主人士，我接受人人都有言论自由，包括国民阵线。但我认为应该和另一位政治人物以辩论的形式来表达他们的观点，而不是在和一位记者的访谈中，后者只能对那些过激言论听之任之，否则就会超越一个记者的角色。"

安娜·辛克莱是在和勒庞打了两回痛苦的交道后得出了这个结论。她与电视一台的另一位主持人从 1987 年起共同主持一档每月一播的采访节目《上门提问》，就是去某位人物的家里进行近距离的访谈。

"1986 年和 1988 年我们曾去让-玛丽·勒庞在蒙特都与滨海特尼地的私宅录像。那真是令人难堪的事。"她笑着说道。

幸运的是《上门提问》并不是只给她留下了恶劣的回忆……1989 年的一个晚上，安娜·辛克莱和另一位主持人让-玛丽·歌隆巴尼来到当时的保卫共和联盟总书记阿兰·朱佩的家里。节目快结束时，像往常一样，一位背对着摄像机作为第三方的辩论者在最后时刻会转过身来面对摄像机。那天晚上镜头里出现的是国会财政委员会主席年轻的面孔。

安娜·辛克莱被这位四十来岁两鬓过早变得银白的中年人的睿智和魅力所征服。她披露道："我以前从没见过他。当我在节目过后给他打电话作总结时，我们就约定一起吃午饭。"接下来就是他们自己的事了……

斯特劳斯-卡恩于是要面对与布里吉特·吉利曼特痛苦的离婚。年轻的妻子永远也不会原谅他的"背叛"，是她把他引入传媒世界，帮助他竞选，吉利曼特自信"造就"了斯特劳斯-卡恩，因此而认为他是个忘恩负义的小人。

安娜·辛克莱这边要容易得多。伊凡·勒瓦伊在1987年被欧洲一台挤走，每周五天在马赛领导社会党的日报《外省新闻》。"我的朋友艾利·威赛勒，"他微笑地说道，"早就提醒过我：当你有一个像安娜这么漂亮的妻子，就必须待在她身边。"他与安娜的关系逐渐疏远了。"我们的协议离婚很容易，"他补充道，"没灾没难，现代人都长寿，一生中爱上几个女人是很正常的。"时至今日，当年的夫妻如今相互只有赞美。

"伊凡和我经常通电话，我有点儿把他当成我哥。"安娜·辛克莱肯定地说。"在谈到多米尼克和我时，安娜总是说'我的丈夫们'就像我总是说'我的妻子们'。"伊凡·勒瓦伊开玩笑地说道。

1995年在他贝格勒市与广电监委会主席的办公室主任卡特琳娜·杜尔蒙结了婚，安娜·辛克莱与斯特劳斯-卡恩都参加了婚礼。"我对多米尼克情谊深厚，"伊凡·勒瓦伊披露说，"他尽力使大家皆大欢喜。在我看来他是安娜出色的保护者和我两个儿子了不起的继父。他们俩除了周末一直和他们一起生活，这家伙真是神了！我为了在2006年的社会党初选时投他一票，还有生以来第一次加入了社会党。"

在玛丽安娜的雕像下

电视明星和工业部部长1995年11月26日在巴黎十六区区政府私密得几乎像地下活动般共结连理，为了避免泄密，他们申请取消了传统的在市政发布栏中刊登致共和国检察官的公示。没任何一位记者得到通知，没任何照片发表。安娜的一位朋友，主要给巴黎竞赛画报供稿的摄影师米瑟琳·贝尔吉拍的照片都交给了新婚夫妇。

仪式在午餐时分按规定时间举行，一共有二十几位来宾，新婚夫妇的家人，其中包括他们两人的6个孩子，几位朋友，其中有诺贝尔奖获得者艾利·威赛尔。斯特劳斯-卡恩选了他父亲吉尔伯特和老朋友当时正担任教育部长的利奥奈尔·若斯潘为证人。安娜·辛克莱的证人是她的两位亲密的朋友，哲学家伊莎贝尔·巴旦黛和制片人拉契尔·阿苏琳，记者让-弗朗索瓦·卡恩的妻子。

这场婚礼具有极其少见的特性：它是在全法国各地的市政府都在1991年新树立的代表法国的玛丽安娜雕像下举行的，而玛丽安娜的脸容正是照着安娜·辛克莱而塑造的。

娶了法国最著名的女人之一为妻，斯特劳斯-卡恩也身价倍增。安娜把他引入传媒名人圈，那里她的朋友众多。她在政界、文化界也有诸如作家、演员、小品大师之类的好朋友。通过与安娜的联姻，社会党经济委员会的前负责人步入了名人的圈子。巴黎竞赛画报去他们位于布洛涅森林旁的公寓采访，登出的照片展示斯特劳斯-卡恩在他妻子爱慕的眼光注视下，一脸顽皮相，嘴里叼着雪茄，头上戴着睡帽，正在弹钢琴。

在大众的眼里，年轻的部长当时主要是作为安娜·辛克莱的丈夫而闻名，直到1997年斯特劳斯-卡恩担任财政金融部部长时著名的女记者才变成了斯特劳斯-卡恩夫人。

她决定退出《每周七日》节目，为了避免任何会引起利益冲突的怀疑。但就在5年前，她还曾与同是社会党政府部长之一的库什纳的夫人，记者克莉斯汀娜·奥坎特一起采访了密特朗总统，他可是她们两位丈夫名副其实的老板，而安娜·辛克莱并没有觉得不正常，她自认为当时斯特劳斯-卡恩还只占据了一个无足轻重的职位。而到了1997年，斯特劳斯-卡恩已成为若斯潘"梦之队"的顶梁柱之一。

"财政部长的决定对所有其他的决定都会有影响。再者，我把自己置入不能采访政府的一位主要成员的荒诞境地。"

她的决定令人吃惊。"菲利浦·色甘就对我说：安娜，您完全不必要这样做。"她强调说她从未对此遗憾过。"我非常喜欢《每周七日》这个节目，但是我已经和全法国政界都交流过了。从1997年以来，也没有出现几个新人。"

通过从事一些与《每周七日》相比之下不那么引人注目的活动，安娜·辛克莱仍是记者，但这位热爱生活，富于吸引力的女知识分子非常重视自己作为妻子母亲，如今也是祖母的角色，她是一个再婚大家庭的中流砥柱。"我把多米尼克的四个孩子和他的孙子们视同己出。"她确定地说。她和她的婆母捷克琳娜非常亲密，在许多照片上她们两人的外貌简直出奇的相像。"安娜在全家和谐相处中起了非常积极的作用。"斯特劳斯-卡恩的第一任妻子，也是他三个孩子的母亲，艾莲娜·杜马斯如此说道。

安娜·辛克莱在无人要求的情况下，在自己事业的顶峰时期离开了《每周七日》，她自愿选择为了家庭而放弃自己的事业。

拉比的祝福

"多米尼克从来也没想过举行宗教婚礼，"安娜·辛克莱解释道，"他的两位前妻都不是犹太人，他同意这么做就是为了让我高兴。"

此事让斯特劳斯-卡恩家族小吃了一惊，很久以来宗教在他们家就已被请进了古董陈列室。多米尼克的父母只举行过世俗婚礼，他的弟弟妹妹也是一样，而且都是和非犹太人通的婚。安娜·辛克莱尽管不是一个循规蹈矩的教徒却十分依赖于传统。她在家里重新恢复了她婆婆捷克琳娜小时候在突尼斯过的那些主要的犹太节日。斯特劳斯-卡恩对归根寻源表示赞同，他在认识安娜之前就已经开始在每年赎罪日这个犹太人最重要的传统节日禁食。

在第二次结婚前，安娜·辛克莱先必须取消自己与伊凡·勒瓦伊的宗教婚约。"我们俩人一起去了以色列教会，手续就像民事离婚一样平静地完成了。"安娜·辛克莱与斯特劳斯-卡恩的再婚却引起了一场讨价还价，她回忆道："萨尔塞勒市的拉比非常正统，他很愿意原谅多米尼克前两次与非犹太女子通婚。但他对一个科安谱系的后人娶一个离婚女子为妻这桩事显得犹豫不决。原因是斯特劳斯-卡恩这个姓源自"科安"这个谱系，他们是希伯来传教士，他们比普通的犹太人要承担更多的职责。

"为了绕过这个障碍，拉比想宣布我的第一次婚姻无效……我怎么能对我两个孩子的父亲干这种事。"安娜笑着补充道，"于是我只好威胁说要走。"

宗教婚礼紧接着民政婚礼在巴黎十六区他们俩的家里举行，全家都既激动又开心。

那为什么新郎新娘要找萨尔塞勒市正统的拉比？他们完全可以请一位更灵活的同行。这可能是工业部长想要在这块土地上长久扎根下去的意愿的表现。在1988年立法选举玫瑰党（即社会党）浪潮中轻松当选议员的斯特劳斯-卡恩梦想着征服萨尔塞勒市。但那是两回事，在一个失败接着另一个失败后，他才终于盼来了胜利。

第十七章　有二就有三

1989 年 3 月，密特朗竞选连任成功后不到一年，罗卡尔的政府正深得民心，斯特劳斯-卡恩率社会党一干人马满怀信心要攻占萨尔塞勒这座前共产党人的堡垒。直到 1983 年，萨尔塞勒一直是共产党人的大本营。

意气风发的财委会主席确信无疑，他不费吹灰之力便可击败年已 66 岁，一副长者模样的右派市长雷蒙·拉蒙塔尼。

这是"总经理与老爷子之战"。1989 年 3 月 10 日世界报的一篇文章用了这样一个标题，相当精准地描述了两位候选人。戴着墨镜、礼帽、风度翩翩像个花花公子似的斯特劳斯-卡恩打的是一场"美国式"的选战，到处都是他的广告宣传，当时还是他妻子的吉利曼特负责公关。

在这座有近 6 万居民，人口混杂的巴比尔通天塔里，用阿拉伯语开始讲的一句话结束时会变成希伯来语，而斯特劳斯-卡恩讲的则是巴黎高等商学院的言语。

"我想要管理萨尔塞勒。"他宣告道。

随便他怎么说！他是代表现政权的候选人，他可以让他的部长同事们，甚至国民议会主席洛朗·法比尤斯都像走马灯似的到"他的"城市来转上一圈。超人斯特劳斯-卡恩允诺要优先帮助企业进驻本地，拨款 15000 万法郎重建 6000 套住房。一只眼盯着未来的"2000 年"，另一只眼则盯着"工业重组"，但他低估了卸任市长的根基。

第一次失败

雷蒙·拉蒙塔尼在萨尔塞勒住了 23 年，他同时是地区参议和地委会副主席。当过小学教师的他不乱做承诺，说话简单明了，认识街上碰到的本地居民。而他的对手却正相反，从巴黎乘车赶来，急匆匆地在居民区和市场上转一圈。

在这座密特朗竞选总统第二轮投票得票率为 65.5% 的城市里，左派在第一轮投票中一共得了 53% 的选票，社会党以 26.78% 的得票率超出由国会议员，地区参议玛丽·克洛德·博多领导的共产党 6 个百分点。博多夫人本希望夺回这座在 1983 年失去的城市，她认为斯特劳斯-卡恩过于嚣张，目中无人。尽管共产党和社会党在全国范围内约在先，她依旧率共产党参加第二轮竞选。

倒霉的事全让斯特劳斯-卡恩赶上了。与此同时，国民阵线为了赞助雷蒙·拉蒙塔尼而退出了第二轮竞选，既然共产党人帮忙在脚下铺好了红地毯，右派也就顺利取胜，但只比社会党组合多了 281 票。

"这么小的差距，真让人抓狂，"萨尔塞勒如今的市长兼议员费朗索瓦·比伯尼叹道，"这是我们终生难忘的伤痛。"斯特劳斯-卡恩的第一次市政选举因他缺乏实战经验而失败。比伯尼分析道："多米尼克没有操心与共产党谈判，他本应该在第一轮投票结束的当晚就亲自去和他们达成协议。他让本地社会党的负责人自己去对付。我当时也是负责人之一，我们都还年轻，同时并非都对一位在他本人的竞选中和我们很少来往的竞选人有深度的认同。"

玛涅尔·瓦尔斯当时是罗卡尔总理办公室成员，同时也是旁边一个城市阿尔让德伊社会党年轻的头领，他也证实道："多米尼克那时绝对不是一位会打仗的首领。"

第二次失败

像往常在得票率非常接近时一样，投票应输家的要求而宣布无效。斯特劳斯-卡恩举出了一张右派在第二轮投票前夕推出的不正当的宣传单为证，于是萨尔塞勒的居民又要在 1990 年 3 月 11 日和 18 日两个星期天重新投票。

这一次左派从第一轮就联合起来，而卸任市长却要面对中间派和两股极右势力的竞争。竞争者们竞相向重要的社团拉票，萨尔塞勒是个万花筒般的城市，因此，在同一个星期六，斯特劳斯-卡恩与拉蒙塔尼分别组织了同样的安的列斯晚会。

为了取悦犹太社团而暗中较劲儿，两人都在 1990 年 3 月 2 日出版的《犹太人论坛》周刊上接受采访，"我作为犹太人做出的个人承诺远胜于各种政治考量。"斯特劳斯-卡恩在采访中如是宣称。"我比某些犹太人都更倾向于犹太复国主义。"拉蒙塔尼也煽情地说。

但对于该市的犹太人以及其他居民而言，斯特劳斯-卡恩仍是个"空降"的外来户。尽管他先在费拉纳德商业街，后又在老城租了套房，人人都知道他住在巴黎。而他本人，则以标准的斯特劳斯-卡恩式的数据专家口气回答道："我已在本地待了三年，而本市的人口流动率为每年 6%，也就是说已有 18% 的居民是后我而来的。"

还有一个对斯特劳斯-卡恩的障碍：竞选活动正好与社会党莱纳代表大会的准备活动巧合。大会将在第二轮投票的那个周末举行，而斯特劳斯-卡恩在他自己的阵营中也成了少数派。他所赞同捍卫的若斯潘提案以 41% 的得票率被罗卡尔提案以 3 个百分点击败。

真是奇耻大辱！这条新闻先是由法新社快讯播出，接着又由《解放报》刊出专文。对斯特劳斯-卡恩的形象而言，这真是灾难性的，悲惨的莱纳社会党大会替他开脱了责任。有多少萨尔塞勒的左派选民在电视里看到社会党人在连续三天的党代表会上互相抨击，谩骂后，不再参加第二轮投票？尽管国民阵线一直参选到底，斯特劳斯-卡恩还是差之毫厘地输了竞选，这回他与雷蒙·拉蒙塔尼只差了 276 票，对他的考验还未结束。

第三次失败

1993 年，尽管所有的民意调查都表明左派将在全国范围内失守，候选人斯特劳斯-卡恩仍相信他自己有运气赢得 3 月 21 日至 28 日举行的立法选举。他在选地实现了将若斯潘与罗卡尔的观点综合在一起。1990 年 3 月成为社会党联盟总书记的马涅尔·瓦尔斯以及瓦尔多兹地区的强人，国会议员，斯特劳斯-卡恩在财委会任职时的总报告人阿兰·理查都和他和好如初。

工业与外贸部部长斯特劳斯-卡恩把他在政府工作期间的个人成就陈述了一番。他强调说，"外贸"取得了有史以来"最好的数据"，可这些对选民无济于事，在失业率上升和金融丑闻不断的背景下，对社会党的惩罚正是时候。

马涅尔·瓦尔斯回忆道："那真是我们遇到的最悲惨的时刻。社会党的议员们只要上街就会遭到谩骂。"

在瓦尔多兹第八选区，该选区包括萨尔塞勒以及其他两个城市的一部分，保卫共和联盟推出的是党内最有希望的新星之一，一位右派的斯特劳斯-卡恩，毕业于巴黎政治学院和著名的哈佛大学，自任为平民大众的代言人，专与"富人"作对，以右派之道还治右派之身——这人是皮埃尔·勒路什，42 岁，保卫共和联盟主席希拉克的外交顾问，他想代表一种"阿拉伯炒饭式的右派"来反对"鱼子酱的左派"。

他出身于突尼斯一个家境贫寒的犹太人家庭，5 岁来到法国，经常谈到他那曾是雷诺汽车厂的技工后来在福布尔·蒙马特尔街经营餐厅的父亲。少年时代的皮埃尔经常在餐厅服务。当他开始在萨尔塞勒的市场上或是旁边城镇的小区拉票时，总以"亲民"为基调，他的北非出身就是他的佐证。

"在这儿，许多突尼斯社区的居民都认识我父母。"他说道。一句阿拉伯语，一句希伯来语，拍拍臂膀，握握手，在这家尝个橄榄，到那家闻闻新鲜的薄荷，你好吗？孩子？生意怎么样？不怎么样？又有人找麻烦？耐心点，我们马上就来解决问题。

面对突尼斯贫民窟的后代，斯特劳斯-卡恩不甘示弱，提醒大家他母亲捷克琳娜也是个"突氏"。在萨尔塞勒的犹太教堂里人们在热烈地讨论着，天平更朝着"小勒路什"倾斜，而不是社会党的候选人斯特劳斯-卡恩。他还有个东欧犹太人的姓氏，和从北非、中东来的犹太人隔了一层。

"我们那时都差不多把非犹太人忘了。"娜莉·奥兰如今笑着追述道。她以前是超市的收银员，长期以来一直是戴高乐派成员，当时是勒路什的助手。"选战是挺残酷的，"她补充道，"社会党人在我们的总部前布下了'间谍'。"

老实话，双方都有下三路的动作，勒路什大打亲和牌，斯特劳斯-卡恩则强调自己的声望，他请来了贝尔纳·塔皮，后者受到了成群结队的年轻人热烈欢迎，与他肩并肩在各小区里亮相表演。他还有一张王牌，他新婚的明星妻子，她几次来帮他站台，安娜·辛克莱当时正如日中天，她一露面便引来了大批粉丝。

老辈的社会党人看着她给孩子们散发私营电视一台的胸章和袖标便皱起眉头。皮埃尔·勒路什更是大喊不公平竞争。3月16日，他写信给视听委员会主席雅克·布代，对他的社会党对手提出指控，说他"厚颜无耻地在所有的公众集会上都利用他妻子的声望，几周来一直如此，而且毫不顾及最基本的竞选道德准则。"

两位候选人都拿对方的太太做文章。"我能怎么办？"斯特劳斯-卡恩对一位记者说，"谁叫勒路什太太一点儿名气都没有！"但安娜·辛克莱也没创造奇迹。第一轮投票对社会党竞选人来说真是灾难，他只得了21.5%的选票，比1988年还少了15%，在经过了第二轮投票前史无前例的总动员，斯特劳斯-卡恩终于取得了令人敬佩的 48.76% 的得票率。但他又一次只因几百票的差距而落选。

斯特劳斯-卡恩从高处跌落下来，在全国范围里，左派的结果真可谓苦不堪言。社会党人员获得了 52 席，而右派则有 480 位议员，看来左派注定要度过漫长的反对派磨炼期。7 年来第一次斯特劳斯-卡恩既不是部长也不是议员。他只剩下市政参议这个唯一的闲职。

目标：市政府

萨尔塞勒的许多居民都认为他会就此洗手不干了，让这座竟敢拒绝他的城市见鬼去吧！然而人人都大吃一惊，斯特劳斯-卡恩依旧寸步不让。第三次失败给了他的是取胜的无限信心。

马涅尔·瓦尔斯肯定地说道："他并没有受到社会党过多的批评，因为面对着右派汹涌澎湃的上升浪潮，该省的 5 位社会党议员全部都落选了。斯特劳斯-卡恩还属于成功'抵抗者'。"

仔细分析竞选结果可以发现斯特劳斯-卡恩获得的是一块希望的金矿。就萨尔塞勒市一地而言，他在第二轮投票时处于领先。于是他给自己定下一个目标，1995 年的市政选举。用弗朗索瓦·比伯尼的话来说："多米尼克从不会退缩。他不相信有无法解决的问题，在仔细思考了他的三次失败后，他决定亲自动手、深入基层。"

趾高气扬的多米尼克开始学得谦逊近人。作为反对派的普通民意代表，他恪尽职守参加市政参议。有时也会在夜里开会结束时讨论什么路标、学生食堂之类的事情时打个盹儿，心不在焉。雷蒙·拉蒙塔尼那些长篇大论实在鼓不起他的兴趣。

"啊！斯特劳斯-卡恩先生嘛，我没法对你们说他的坏话！"连这位原市长本人也同意道，"他非常有教养，彬彬有礼，作为前工业部长，他建设当地，引入企业。他的承诺并没有全部兑现，但他至少在口头上总是把大家的共同利益放在首位。"

在野期间，斯特劳斯-卡恩努力扎根于群众。他率领着社会党活动分子挨门挨户，在各个单元里访问工薪阶层，倾听失业者的诉苦，目睹穷困，看望靠微薄社会救济度日的退休老人和残疾人。在萨尔塞勒出生长大的比伯尼开始赞赏他："我发觉他和普通人相见如故，对他们的处境深为关注。有一天他对我说，我应该好好地为他们做点儿事。"

为了成为会打仗的首领，攻占萨尔塞勒这座城市，斯特劳斯-卡恩也必须要组建一支对他忠诚的团队。本市社会党分部在屡遭失败和饱受内部纷争之苦后，几年里失去了四分之三的党员。为了重建，斯特劳斯-卡恩找到了他所需之人，弗朗索瓦·比伯尼，他成了分部书记。从此，他们生死与共。

"我把多米尼克当成大哥，"如今的萨尔塞勒市市长和议员强调说，"而他则把我当成小弟兄。他对我绝对信任，他知道我永远也不会背叛他。"

在1993年的立法选举期间，比伯尼组建了一个由年轻的活动分子组成，并对斯特劳斯-卡恩无条件服从的核心。在毕业于名校的"技术官僚"和"雏狼帮"的旁边，萨尔塞勒市分部，包括一些年纪稍长的人，也成了斯特劳斯-卡恩的"家族"之一，他们将不论风浪有多大都始终对斯特劳斯-卡恩忠心耿耿。

从1993年秋天起，这个分部就开始准备两年后的市政选举。薇洛尼克·本赛义德，当时27岁，是一位工人和一位从阿尔及利亚回国的女营业员的女儿，她生长在萨尔塞勒市。作为年轻的社会党活动分子，她全职参加了整个竞选活动。"我们用科学的方法把整个城市按小区按单元划分清楚，在公寓住户家里组织讨论会，在每户的信箱里散发传单。"

萨尔塞勒市市长

"我们失败了三次，但我们赢得了萨尔塞勒。"斯特劳斯-卡恩将军可以如此宣告了。1995 年 6 月 18 日，他率领着他的部队终于迎来了胜利。斯特劳斯-卡恩给帮助他平生第一次用选举赢得一个地方行政部门的社会党活动分子们开了香槟，就在这个胜利的星期日，他已经迫不及待地要动手"管理萨尔塞勒"。

作为令人尊敬的"老板"，他周围都是热情豪迈，愿为他出生入死的忠诚者。这些人就从政而言还是一帮初生牛犊。斯特劳斯-卡恩任命史蒂芬·凯达为市府秘书长。他也是斯特劳斯-卡恩在工业部时的办公室主任。亲友中的亲友，他是斯特劳斯-卡恩祖父玛留斯的遗孀宝莱特·卡恩的儿子。

不可或缺的凯达永远有求必应。在去贝雷戈瓦的家乡涅佛尔任职前，他曾是瓦尔德兹行政公署的办公室主任。有些人管他叫"大总管"，凯达成了斯特劳斯-卡恩名副其实的耳目。他对斯特劳斯-卡恩可谓是心知肚明，他永远会保护他。"我是一座坟墓。"他向一位好奇的记者如此回答。

薇洛尼克·本赛义德作为萨尔塞勒当地的社会党员则负责照看社会党及其他相近党派的当选人。而比伯尼，作为分部书记，被任命为第一副市长。

市政府的职员们都已经知道一旦政局变更，他们私下里一直称为"部长"的斯特劳斯-卡恩重回政府之时，比伯尼将成为市长。作为萨尔塞勒本地人，原副市长的儿子，他为"多米尼克"和这座城市毫无保留地投入了全部精力。"最初的两年，"比伯尼回忆道，"我们真是经历了一堆麻烦事。"市政管理可不是一池清水。刚刚在朝着费拉纳德行政大楼的市府办公室里安顿好，斯特劳斯-卡恩就发现地方财政的形势岌岌可危，市政已有被托管的危险。新任市长委派的财务核查发现由于管理不善而出现了 11100 万法郎的亏空。

当斯特劳斯-卡恩是市长候选人时，他曾经承诺要在萨尔塞勒市搞雄心勃勃的城市建设。当选为市长之后，他先要堵住这艘已经进水的船的漏洞，他不会搞些修修补补的粉饰，他做的是大动作。

重中之重，缩减市政巨大的赤字。方向：严格控制预算。手段：拧紧水龙头。作为开端，他先将当地一半纳税人的地方税提高了 34%，其他经济状况不好的居民则免除了此项税务。接下来他又取消了现任官员的餐费报销制度，并强制他们自己花钱买办公用品，除了这些象征性的节约措施外，新的管理团队非常严格地缩减了支出，他们重新审订了水电、交通、学生食堂等各种服务合同。

为了将城市建设的重大开支联合起来，萨尔塞勒和邻近的两座一为右派，一为左派控制的城市联合起来建立了一个名为"法国的瓦尔城市联盟"。

"我们肩并肩在一起合作解决我们两个城市的日常事务。"皮埃尔·勒路什在立法选举时的助理，1995 当选为傍边城市的市长兼议员的纳莉·奥兰说道："他只有一回让我生过气，因为他给我写信说倘若他当了我市的市长，他就要重新起用商业中心的自动扶梯。但我们最终还是成了真正的朋友，当我丈夫在 2003 年去世后他立即给我打了电话，使我深受感动。"

超市和不安定社区

在 1995 年的市政竞选期间，作为前工业部长，斯特劳斯-卡恩做出承诺要吸引企业来萨尔塞勒市创业以增加就业机会。然而以后的结果却不太尽如人意。

1996 年 9 月新任市长接待了他的朋友，连锁超市老板米歇尔-爱德华·勒克莱尔，他在本市的商业中心为新开的超市剪彩。人们争相倾听斯特劳斯-卡恩像往常一样即席发表的精彩讲话，同时也为了近距离接触前来陪同斯特劳斯-卡恩的安娜·辛克莱。

1997 年斯特劳斯-卡恩又重任部长之职，他设法把蒙莫朗西的行政公署和 700 位职员都迁到了萨尔塞勒市。从属于金融部和旅游部共管的旅行代金券全国总会也搬到了该市。

1996 年在朱佩政府当政期间，斯特劳斯-卡恩在纳莉·奥兰的协助下运作成功将萨尔塞勒三分之一的街区列入全国 44 个"不安定社区"。在这些麻烦的地区，企业可以享受国家优惠的税收减免。不安定社区要吸引的都是中小型企业。

在斯特劳斯-卡恩入主市府两年后，如果说私企就业并未腾飞，行政和国营部门却都做到了充分就业。全市共有 1000 多行政职员，也就是每 55 位居民就有一位。在野的右派认为这些行政人员都是吃干饭不干事，他们指责斯特劳斯-卡恩的管理是"超级社会主义"，自夸把萨尔塞勒从破产中拯救出来，新任管理团队把所有成绩都归功于自己，而把所有的困难都归罪于他们的右派前任。

斯特劳斯-卡恩对市议会的右派代表们毫不留情。"他经常仇视我们，污辱我们。"市议会反对派成员莫里斯·阿伦常常会想起这一幕幕场景。萨尔塞勒市的一位前职员也证明道："市议会开会时，斯特劳斯-卡恩总是占上风。只有民族阵线的头头能跟他对着干。有一天，为了一件小事，我亲眼看见他痛斥一位反对派的代表，那真是惨不忍睹，而且过分了。"这位前职员还补充道，"斯特劳斯-卡恩是个非常挑剔的人。我曾见他审阅一封给各部门的有关地方税务的信件。手拿钢笔，他连一个句法、一个措词都不放过。他并不天天来市府，但一来就在很短的时间里处理大量的公务……"

这位职员也表达了他对斯特劳斯-卡恩不客气的一面："我记得有一回开完市议会后吃晚饭，斯特劳斯-卡恩亲切、和蔼可亲、开开玩笑，他的人情味让我们觉得我们是他的伙伴。但真是这样吗？时过境迁，我现在认为他是个实用和只为自我的人，是个施展各种手段一心只想迷惑大众的帮主，在他的班子里他身上围绕着几乎是神性的光环，女士们个个都对他仰慕之至，除了他的大总管凯达，那是唯一可以和他平等对话的人。所有的男性都对他毕恭毕敬。某些人背着他还敢批评他，但当着他面就全都噤若寒蝉，尽管他只是一座 6 万居民的城市的市长，人人却都把他当成部长。"

只有一个人在这位职员眼里获得褒奖。"安娜·辛克莱非常简朴。她不摆明星架子，每回她来市府看他时，总是在前厅里安静地等他结束接待来宾。我从未见过一位如此深情的女子。"

然而选民们却很欣赏斯特劳斯-卡恩。1977 年 5 月 25 日，在雅克·希拉克解散国民议会后的立法选举第一轮投票中，萨尔塞勒的市长在第八选区获得36%的选票，斯特劳斯-卡恩又恢复了他在 1988 年的得票率。在接下来的 6 月 1 日星期天的第二轮投票中，他的得票率上涨到接近 60%。

几天之后，斯特劳斯-卡恩被利奥奈尔·若斯潘任命为经济金融和工业部部长。新任总理要求公职不能兼任，斯特劳斯-卡恩于是将萨尔塞勒市交给比伯尼。尽管他依旧是第一副市长，接下来还被选为本地议员，他总共也只担任了两年该市的市长之职。他在萨尔塞勒找到了自己的营盘，而萨尔塞勒则找到了自己的领袖，但他的命运在别处召唤他，在等待着重回政府担任部长期间，斯特劳斯-卡恩在 1993 年至 1997 年间在社会党里扮演了头等重要的角色。

第十八章 领袖的诞生

　　1993 年 4 月 3 日，星期六。尽管巴黎普照着初春怯生生的阳光，早上依旧凉气逼人。而对于社会党人来说这将是滚烫的一天，在上周立法选举的冲击波后，他们将举行首次领导会议。

　　灾难、崩溃、溃败、失败？词都不够用了。3 月 28 日选举的新一届国会是自 1919 年蓝色水平线议院以来最为右倾的。在 577 位议员中只有 57 位社会党人，他们在国会的半圆形大厅里和回廊上显得形单影只。

　　这种局面使斯特劳斯-卡恩感到难过，尤其是他自己也以微小弱势败给了皮埃尔·勒路什，比他更有阅历和经验的议会老手们也全部被扫地出门，如若斯潘、杜马、撒班等，包括大部分离任的部长。连前总理米歇尔·罗卡尔也都成了直接选举的著名牺牲品之一，他在依夫林省被一个无名鼠辈击败。

　　但在 4 月 3 日使社会党差点儿分崩离析的这一天，罗卡尔又成了赢家。"从失败的那个星期天晚上开始，各种阴谋算计便在各个角落里运作。"皮埃尔·莫斯科维奇如是说道。

　　星期一，他便和罗卡尔任总理时的办公室主任让-保罗·乌松一起共进午餐。他也会见了年轻的马涅尔·瓦尔斯，后者伙同一大批罗卡尔派的骨干，希望促使他们开始时犹豫不决的领袖站出来竞选党首。莫斯科维奇接着说道："我们想要翻过密特朗这一页，使社会民主成为党的核心理念。"

　　斯特劳斯-卡恩与这番讨价还价保持着一定的距离。"多米尼克是个政治上的贵族，"让-克里斯多夫·康巴德利斯谈道，"他厌恶机构内部运作，领导开会时的吵吵闹闹。"然而他却密切关注着"皱狼帮"们的动作。

整整一周里充满了各种私下的运作，为的是准备一次临时的大联合，在下一次全会上与总书记洛朗·法比尤斯唱对台戏。

法比尤斯退场

星期六上午开会时一切都还悬而未决。罗卡尔还在犹豫。在一篇语调还算温和的提案里，他与皮埃尔·莫华一道建议迅速问政于全体党员和活动分子，并没有明确提出要总书记的脑袋。

"安静！听发言人讲话！"众议员克洛德·艾思捷不停地大声喊着。他主持大会，但在这令人窒息的气氛中很难让人听从。让-皮埃尔·余维纳，学教中心喜欢吵闹的创始人宣布退出社会党。利奥奈尔·若斯潘也放弃了所有他该负的责任。他想要"在一段时间里，远离当下的政治运作"。

至于几天前还是总理的皮埃尔·贝雷戈瓦，则独自一人待在一旁，一根接一根地抽着小雪茄，神情凝重，一言不发。等到他发言时，会场的人都快走光了。

罗卡尔和莫华还在犹豫要不要法比尤斯的脑袋。他们一起推出的提案只满足于强烈建议改换领导层，召开目标是重建社会党的全党代表大会，但法比尤斯自己加快了他的失败，由于吹嘘自己在他牢不可破的堡垒滨海省赛纳的重新当选，他得罪了会堂里这支由落选议员们组成的大军。

吃午饭时，在国民议会旁的一家饭馆里，若斯潘的三位骨干正和罗卡尔派的两员大将低声商议。莫斯科维奇用笔记，另一位审读并修改。他们正在起草一份提案要求社会党领导层立即停职。为了在接下来的全体会议上宣读这一提案，他们找到正在同一街区的另一家咖啡馆里的斯特劳斯-卡恩。

　　"事实上，"让-玛丽·勒管确认道，"斯特劳斯-卡恩不是两派走到一起的组织者。它涉及的是一次不带任何个人感情色彩的纯政治行动，因为与当时的若斯潘和艾玛涅利不同，斯特劳斯-卡恩对法比尤斯没有任何恶意和坏心。"

　　作为他党员生涯的第一次，斯特劳斯-卡恩在社会党内争夺领导权的斗争中登上讲台，他的讲话明确要求洛朗·法比尤斯辞职，"从今天起，一个由历任总书记参加并代表了党内不同派别的临时领导班子将担负起准备社会党全体代表大会的任务"。

　　感到了危险的存在，法比尤斯同意由罗卡尔和莫华推出的折中提案。但已为时过晚。康巴德利斯和勒管已经在走廊上联合了新的成员，包括那两位社会主义左派的首领：梅朗松和德莱。

　　开始投票了。斯特劳斯-卡恩提案的得票率超过得到法比尤斯支持的罗卡尔与莫华的联合提案，62 票对 49 票。这个提案成了筹备委员会工作的基础，由 21 位成员组成的新的领导班子是一个党内大联盟，各个派别的代表人物都有。

　　杰克·郎当时属于法比尤斯派，如今他吐露道："我对这种私下里把洛朗拉下来的方法非常难过。一点都不堂堂正正！把所有失败的责任都推给他是非常不公正的。在斯特劳斯-卡恩上台之前，我曾小声地嘱咐过他：和你那些朋友们小心别把事情搞得太僵。他没听我的话。"

　　那天晚上罗卡尔如上云霄。"成为社会党的总书记，"他的前顾问吉·卡尔卡松说，"是他的梦想，比成为法国总统还要重要。"在过渡时期，罗卡尔被全票通过任命为社会党临时领导班子的主席。

　　斯特劳斯-卡恩派的成员悉数进了班子。前工业部长本人则重掌政策研究室并主持专家组，皮埃尔·莫斯科维奇留任账务总监，让-克里斯多夫·康巴德利斯负责与未来左派各党的合作者们就社会变革具体磋商。马涅尔·瓦尔斯组织社会党的全党代表大会。这位年轻的罗卡尔派的干将也加入了"皱狼帮"，同时还招来了两位三十来岁的知识分子，一个是毕业于巴黎政治学院和国立行政学院的吉尔·范森斯坦；一个是共产党员的儿子，后来却当了哲学教授的凡桑·倍雍。两人新来乍到，倍雍还被委任为秘书，帮助斯特劳斯-卡恩。两人都是笔杆子，他们将为社会党在未来的岁月里起草许多文件。

"皱狼"们定期在巴黎的著名餐馆里聚会。有时候前任部长让-勒加莱和社会党北方局总书记贝尔纳·罗曼也会参加。大家的脑筋都动了起来，议题从政界上层直到闲言碎语，时不时还爆出笑料。但不允许另立门户，这不是斯特劳斯-卡恩之家的属性。在这里，人人都必须支持罗卡尔。

从大爆炸到大坍塌

人人都以为社会党正走在革新的道路上，但罗卡尔这部机器很快就出了故障。"我们作为多米尼克的朋友很清楚地看到出了问题，"皮埃尔·莫斯科莫奇说道，"排斥法比尤斯而产生的新的领导班子实在是太庞杂了。"若斯潘因住院不过问政治，他的派系在 1994 年 2 月 26 日到 27 日在巴黎郊区举行的社会党就业大会期间分解了。

亨利·艾玛涅利在会上强烈建议按照"每周工作 35 小时，挣 39 小时钱"的口号，缩短平均工作时间，但不降低工资，而斯特劳斯-卡恩则正相反，他认为在"所有的职业，所有的企业，所有的领域"都缩短工作时间是不实际的。他建议"逐步地缩减工作时间"，也不维持工资的绝对不变，同时要和社会有关各方广泛讨论。

分歧是巨大的。社会党内部正私下酝酿着一次新的改换门庭，而罗卡尔将为此付出代价。为了应对预定在 1994 年 6 月 12 日举行的欧共体议员选举，总书记冒险把社会党的赌注投在一次大的政党很少能占到便宜的选举里。

据吉·卡尔卡松看来："罗卡尔应当建立自己在党内的威信，但他很晚才觉察到密特朗的两面三刀。"在整个竞选期间，老总统和他的忠臣们暗中鼓励由贝尔纳·塔皮牵头的竞选团体——这位前城市部长还得到了激进左派的支持。——他的能言善辩和才能尤其在年轻人中有市场。

里姆日市市长兼议员阿兰·罗代叙述道："1994 年 6 月 10 日，欧洲议员选举的两天前，弗朗索瓦·密特朗来到我们地区主持乌拉杜大屠杀五十周年纪念会。在机场迎接时，我对他说，'我党的竞选结果很有可能是一团糟。'他面带狡黠的微笑回答说，'您不用操心。'我于是明白了他一点都不为社会党的失败难过。"

仅仅获得了 14.99％ 的选票，社会党竞选团跌到了谷底。塔皮的团队以 12.03％ 的得票率紧随其后。米歇尔·罗卡尔在 18 个月前还全力推动"一次大爆炸"以重建左派，如今却成了一次"大坍塌"的牺牲品，在政治上垮了台。

社会党内部又开始运作，搞阴谋，但和上次方向相反。亨利·艾玛涅利和昨日的敌人洛朗·法比尤斯和解了，因为他想要罗卡尔的位子。这一回全党大会在一个星期日召开。1994 年 6 月 19 日，欧洲选举刚过一周，社会党在维莱特科学城的激光大厅集会。

进攻者艾玛涅利

当天一早，在代表巴黎十八区的国会议员达尼埃尔·瓦扬的国会办公室里举行了全会开始前的若斯潘派预备会，亨利·艾玛涅利亮出他的手段。朗德省的这位议员对米歇尔·罗卡尔显得火药味十足。据他看来"罗卡尔把我们带进了死胡同。"若斯潘的死党米歇尔·萨邦女士顿时感到地动山摇，她回忆道："几分钟的时间里就决定了一切。艾玛涅利提议我派推荐一位候选人以反对罗卡尔，接下来就说他就可以是这位候选人，最后他终于让我们明白他已经与法比尤斯达成了协议。"

在一片乌烟瘴气、争吵不休之中，利奥奈尔·若斯潘一句话都不说就听任他的派系一分为三，各自为政：亨利·艾玛涅利为首的密特朗左派，斯特劳斯-卡恩为首的改革派，以及若斯潘和他的忠臣们组成的中间派。

10 时，全会就要开始，若斯潘派主要干将都来到维莱特科学城，但他们并没有认可亨利·艾玛涅利的提案。米歇尔·罗卡尔向全国委员会 305 位成员讲了话，他承认犯了错误，从而使自己的位置不稳。"必须让罗卡尔下台。"玛丽-瑙艾尔·莱曼在私下里如是宣告，这直截了当地表明了大多数成员的基调。亨利·艾玛涅利，一如往常能言善辩，幽默诙谐，嗓音沙哑地以社会党左派根基的名义对他的对手进行了毫不留情的清算。

接下来投票表决，罗卡尔得 88 张赞同票，129 张反对票，48 张弃权票，还有两位拒绝投票。斯特劳斯-卡恩派的主要成员都对罗卡尔投了信任票。若斯潘出现在弃权的人中间，他拒绝在一场分裂了他的派系的争斗中站在某一方。

6 月 19 日的召唤

总书记辞职了，接下来要指定他的继承人。在 17 时 30 分，全会暂时停止。若斯潘派体系的成员在一间小会议室里聚在一起，毫无悬念，亨利·艾玛涅利宣布竞选上岗。若斯潘由于和卢森堡广播电台早就约定参加一档直播节目，留下他的同伙自行解决后走了。

就是在这个时候，出现了戏剧性的一幕。斯特劳斯-卡恩举起手来表示："我要参选。"主持会议的安德烈·莱涅尔打断他的话。他以程序为由，拒绝接受本派出现两位候选人。斯特劳斯-卡恩没有时间向若斯潘的人解释。但他的决心已定。事前他只和几位最亲密的干将匆匆商议了几分钟。

让-玛丽·勒庞尤其斗志昂扬，这个沿着密特朗的轨迹一路走上来的后辈对若斯潘极其失望。他提醒斯特劳斯-卡恩说："你的时候到了，投入吧！"康巴德利斯则有所保留。他始终关心着社会党这架机器的各部平衡，因此他担心斯特劳斯-卡恩在面对艾玛涅利时会显得太右。

局势刻不容缓，19 时后全会继续。从电台播完节目回来后，若斯潘又参加了会议。自认为是若斯潘派的正式候选人，亨利·艾玛涅利以胜利者的自信拨动了与会者的左派情结。

而斯特劳斯-卡恩这个谨慎、平和、彬彬有礼的人，这回投身的是一场注定失败的战役。在朝讲台走去时，他在就座的人群里寻找着他的领路人若斯潘赞许的目光，但他只看见一张表情严肃的面孔。他的讲话不时被口哨声和尖喊声打断，知道胜利无望，斯特劳斯-卡恩还是为了捍卫荣誉而表达了自己的观点。他即席发挥，掂量着词句，谈政治、谈道德，谈与罗卡尔同心同德，谈左派的革新，谈经济的实际对策。

凡桑·佩雍回忆道："当时我们都如坐针毡，他的讲话空洞无物，我们面面相觑，都觉得他本应该讲得更好。"不出所料，失败是压倒性的，斯特劳斯-卡恩得了 64 赞同票，而艾玛涅利则得了 140 票，若斯潘的小圈子随着他都投了弃权票。

斯特劳斯-卡恩刚从讲台上下来，便被他的人围住，米歇尔·撒班说："全会那天夜里，他什么都没说，几乎什么都没说，他那时大概正在试图理解他的行动所带来的后果。"凡桑·佩雍说："斯特劳斯-卡恩和我们几位从科学城出来时的情景就好像在我眼前，我们在停车场排队等着取车，人人都把我们看成是一群失败者。"

皮埃尔·莫斯科维奇则说："从短期而言，我们是彻底的失败了。我们冒犯了若斯潘，他如今在全国代表大会上只孤独地率领着 15 位拥护他的成员。我们实在是少数派。脱离了原派系，罗卡尔派也不完全接纳我们。然而从长期来看，这就是另一回事了。我们为组建一个新现代化的罗卡尔—若斯潘的派系奠下了基础。"

1994 年 6 月 19 日这一天，决心同甘共苦的斯特劳斯-卡恩派系诞生了。它的首领改变了形象，作为国会财政委员会的主席，斯特劳斯-卡恩与皮埃尔·贝雷戈瓦的"强势法郎"相对立，代表着一条"左派"的路线。作为艾玛涅利的对手和 35 小时工作 39 小时工资的反对派，斯特劳斯-卡恩又有点回归"中间派"。

让-玛丽·勒管解释说："罗卡尔退居二线。多米尼克看上去就有点像是他的继承人，从经济的实际对策和社会体制的创新来说，他的确像罗卡尔。但我们和罗卡尔派是不同的。在密特朗的桎梏压迫下，他们养成了少数派的习惯。而我们则相反，从密特朗体系中脱胎出来，我们与权力的关系没有那么复杂。"

维希的幽灵

与罗卡尔派一样，斯特劳斯-卡恩派的人也急着翻过密特朗这一页。1994 年 9 月他们碰上了个机会，一个叫皮埃尔·贝昂的人写了一本介绍总统青年时代的书。作者着重谈到了 30 年代的年轻学生密特朗曾很有右派倾向，也曾加入过维希政府。1942 年他从贝当元帅手中领受了战斧勋章，后来才参加了抵抗运动。

被大众发现的密特朗这段经历，实际上早就被那些读过记者卡特琳娜·奈在 1984 年写的一本题为《黑与红》的书的读者们熟知。贝昂的书与众不同的地方是揭露了密特朗与勒内·布斯凯一直保持到 80 年代的朋友关系，此人曾是维希政府的警察头子，同时也是迁徙法国犹太人的组织者。

"我们本来梦想着作为 70 和 80 年代法国左派的领袖应该有一条更简单、更清晰的人生道路。"若斯潘就公开这样表示遗憾。

社会党里最尖刻的是斯特劳斯-卡恩身边的那些人。马涅利·瓦尔斯和皮埃尔·莫斯科维奇首先发难。接着还有康巴德利斯等。

洛朗·阿苏莱当时正逐渐靠拢斯特劳斯-卡恩，作为社会党长期以来的总务代表，他在社会党内部的地位相当重要。"我在 1974 年 19 岁时加入社会党，我曾对密特朗无限崇拜。在得知他和布斯凯的关系时，我就像迎面挨了记耳光。密特朗在法国电视二台接受艾尔卡巴什采访后的第二天，我给他的秘书处送去一封信，信中我表达了不安与愤怒。后来有人跟我说，他'气得要死'，但他并没有给我回信。我把这封信复印了十几份，转给了和我亲密无间的利奥奈尔，也转给了多米尼克，他又转给了安娜·辛克莱。"

作为《每周七日》节目的主持人，辛克莱长期以来一直与密特朗保持着友谊。她读了皮埃尔·贝昂的书感到很难过："在看了卡特琳娜·奈的书后，我了解了密特朗的过去，他改换门庭应该算是好事。但贝昂的书中让我震惊的地方是，密特朗居然一直和这些人保持着关系，不单单只布斯凯，当让-保罗·马尔丹去世时，密特朗参加了他的葬礼。您知道谁是马尔丹吗？他是维希政府时期，布斯凯最亲密的助手之一。一解放他就被剥夺了所有公职！密特朗真把他当成朋友，在他的拉契羊场和他见面。说真的，我感到天塌地陷。我真觉得这么多年来我们都被密特朗利用了，他是个了不起的总统，他领导左派赢得了政权，他使欧洲前进了，我因此而对他保持钦佩，但再没有一点爱戴之情，不像对孟德斯·法朗士。"

安娜·辛克莱不是那种掩饰自己好恶的人。杰克·朗有一次上她的《每周七日》节目，对此深有领教，他说："我们的对话可谓剑拔弩张。安娜对这个问题非常敏感，我当然能理解，但掀起一场针对任期即将结束又有病在身的密特朗的运动实在是说不去的。指责他与布斯凯经常来往，多丢人现眼！二战后，很多人都与布斯凯保持往来，他那时是《南方快讯》报的总经理，这份报纸支持左派，戴高乐还任命巴蓬为警署总监。谁又指斥过戴高乐？"

那么斯特劳斯-卡恩又作何表态？当在社会党总部的闭门会议上亨利·艾玛涅利借机谴责道："那些人只想算历史的旧账，为的是避免讨论政府的现行政策。"斯特劳斯-卡恩毫不留情地起来反驳。

如果说他赞同他妻子和朋友们的观点，他却没有公开就"密特朗事件"表态。可能他觉得对老病的总统再指指点点于事无补。斯特劳斯-卡恩没有泄露他的不平。他的保持缄默也许可以用他与犹太教的关系来解释，和许多他同代的犹太人不同，斯特劳斯-卡恩的一家躲过了集中营，先辈们传承给他的犹太教是一种文化，一种思想，而并非一种祭奠礼。

一种生命的信仰让他始终更注重未来而不是过去。他对别人的宽容使他和他的朋友与道德家若斯潘从根上不一样。啊，若斯潘，正是，人人都以为他已经在政治上半退休了，可他却一刻不停地在准备着重回舞台。

第十九章 就任财长之前

1994 年 6 月 30 日，巴黎阿拉伯人之家的露台上，美好的夏夜降临了。维莱特激烈的全国代表大会结束几天后，斯特劳斯-卡恩、辛克莱、莫斯科维奇还有其他许多人簇拥着新郎若斯潘，为他和哲学家希尔维娜·阿卡辛斯基举行婚礼。除了可能因失败而打不起精神的罗卡尔，"利奥奈尔"政治大家庭的成员悉数到场，甚至连密特朗都来和大家一起在露台上吃饭并待到很晚。

在经历了政治上的失败、离婚，生病之后，若斯潘重新又找到的幸福使他的朋友们都兴高采烈。由于外交部长阿兰·朱佩没有给他所要求的外交职位，他的老本行，若斯潘就又回归了政治。但是仅仅作为上加龙地区一个镇的常务参议，他的政治前途看起来只能是小打小闹。在一个由他以前的干将艾玛涅利代表"全体左派"指挥的党里，他被边缘化了。

然而在他内心深处，若斯潘一定什么都没有放弃。跌到谷底后，他又开始往上攀升。为了准备 11 月 18 日到 20 日在北加莱地区列万市召开的全党大会，他起草了一份只有他自己签名的建议书。

米歇尔·撒班回忆道："1994 年 7 月的一天，利奥奈尔给我打来电话。他当时没有任何职位，也没有任何文秘人员。所以请我帮助印三千份他的建议书并分送出去。我和几位党内同志一起操办此事。等我读过建议书，不由得笑着对利奥奈尔说，'这真是一份总统竞选的政纲！'"

若斯潘在列万大会上形单影只，面对着稀稀拉拉、无动于衷的听众讲了话。但欢呼声全都留给了当时的总书记"民众的英雄"（是某位社会党大佬替他戴在头上的）亨利·艾玛涅利。他在捍卫了反资本主义的基本路线的同时，强烈要求没来参加大会的欧共体主席，温和派雅克、德洛尔"履行他的职责"。大家都觉得在密特朗两个七年任期后，他是左派里唯一可以赢得下届总统大选的人。

斯特劳斯-卡恩在全会期间显得非常低调。艾玛涅利到处指斥的路线让他很不舒服，他只希望一件事："为候选人德洛尔效力。"可"救星"却对自己的意图守口如瓶。

他把悬念一直保持到 1994 年 12 月 11 日星期天的《每周七日》节目的最后几分钟，斯特劳斯-卡恩在自己家里坐在电视机前和全法国 1100 万专注地听着这位布鲁赛尔的权威人物的电视观众一道，陷入了无所适从的困境之中。

安娜·辛克莱在节目一开始便引入了主题："雅克·德洛尔将是候选人吗？问题就在这儿！"这个"就在这儿"很重要，这是她和她丈夫约定的当他们的领袖决定不参选时通知他的暗号。《每周七日》的女主持在节目开始前 5 分钟时在化妆室里得到了雅克·德洛尔的告白。如果他决定参选，安娜·辛克莱就用"就在此"代替"就在这儿"！

斯特劳斯-卡恩在接下来的 40 分钟里一直怀疑他妻子说错了，雅克·德洛尔大谈特谈一个法国国家元首应当履行的职责……但却不是由他来担当。社会党人受到了可怕的一击，在离总统选举还有 5 个月的时候，他们却连候选人都没有了。

闪电战

利奥奈尔怎么样？社会党前总书记的朋友们立即在脑海中浮现了这个主意。洛朗·阿苏莱在《每周七日》节目结束后立即给若斯潘打电话。他碰到的是一个谨慎但愿意就此前景进行讨论的若斯潘。而斯特劳斯-卡恩也一秒钟都不耽误，第二天一早，他便在位于巴黎美轮美奂的马勒伯老宅里由皮埃尔·莫华担任主席的让-若莱斯基金会和改革派的主要成员召开紧急会议。

无巧不成书，那天莫华约好了和若斯潘共进午餐。于是大家议决由莫华请他出山担任总统候选人。若斯潘还一直没有公开表态。几天后，他在自己家里也召集亲信开会讨论。洛朗·法比尤斯则由于血污染一案而不能参选，他通过他的派系表达了对艾玛涅利的支持。

斯特劳斯-卡恩率全家滑雪度假回来后，在新年的第二天给他的朋友利奥奈尔打了电话，他建议道："你应当第一个宣布参选。"若斯潘对他言听计从。1月4日，刚从附近一家书店里出来，手里拎着满满一塑料袋书，若斯潘在社会党总部门前宣布参加总统竞选。

艾玛涅利将是他在党内的对手。社会党人们将第一次直选本党的总统候选人。投票在2月5日举行，利奥奈尔·若斯潘以65%的得票率把总书记打翻在地。

形势变得复杂了。离第一轮投票还有两个半月，社会党总统候选人将在不能指望党的领导层真心相助的情况下仓促进行选战。没什么大不了的。若斯潘放弃了社会党的巨头们，以斯特劳斯-卡恩的"雏狼帮"和其他40岁出头的幼狮们，如未来的社会党总统候选人奥布里和欧朗德，作为核心组成了他未来的梦之队。再加上他自己忠实的亲信，同时也没有忘记吸纳代表着社会党"良心"的元老们。

人们可以把这支竞选团队扫描一遍，找不到一位密特朗圈子里的人。不仅如此，总统的好几位亲信如他的连襟，演员罗杰·阿南，他的侄子，主持人费德里克·密特朗，企业家皮埃尔·贝尔热都公开表示了对希拉克的好感。演员皮埃尔·阿尔第迪幽默地称他们是"希拉克式的马克思主义者"。

老实说这种局面并不使若斯潘难过，他压根也没寻求卸任总统的支持。照皮埃尔·莫斯科维奇的话来说就是若斯潘要求对密特朗的遗产有"清算的权力"。此外，候选人若斯潘还向这位对老总统持强烈批评态度的莫斯科维奇要求秘密起草一份一旦总统竞选成功后新政的百日施政纲要。

若斯潘同时选择斯特劳斯-卡恩和他还不太熟悉的奥布里夫人为竞选发言人。奥布里比斯特劳斯-卡恩在当时更有"右派"的名声。她曾是大企业的高管，并在这些企业的帮助下成立了反对排斥协会。让-吕克·梅朗松给她起了个外号"老板们的圣母"。

然而两位发言人并不能和平相处，作为这一代两颗正在上升的政治新星，他们肯定要相互争斗。若斯潘的盟友们是一群务实和具有现代意识的人，他们在几周内将起草一份经济上切实可行，社会上吸引大众的政纲。

举个例子：缩短工作时间，斯特劳斯-卡恩与奥布里一起将"工作35小时挣39小时钱"这个社会党的正式口号丢进了废纸篓，取而代之的是他们的共同建议，通过协商逐渐缩短工作时间，两年内缩短至37小时，五年内再缩至35小时。

除了政纲之外，斯特劳斯-卡恩还给若斯潘贡献了一个理论："改革创新"。他想给若斯潘勾画出一个"第三左派"的蓝图。在借鉴第一左派的社会改良宏愿和第二左派的现实管理理论的基础上，在1995年的竞选活动期间，若斯潘给左派带来了更注重社会道义，不再像君王般高高在上的新形象。

从零开始，一个小小城市圣特加贝尔的参议在第一轮首选之夜获得了23.40%的选票。他超过了希拉克和巴拉杜尔。

在接下来第二轮投票前的最后几天里，若斯潘的竞选团队都相信奇迹会发生，斯特劳斯-卡恩用他自己的话来说是"每天从早7点工作到午夜"。最终若斯潘在第二轮投票中获得47.30%的选票，从而为社会党和他自己获得了一次"有远大前途的失败"。这是洛朗·法比尤斯的事后评论。

乘着这股东风，1995年秋天若斯潘又成了社会党总书记，这一回他以有可能担任总统的资质成为社会党不容置疑的领袖。在接下来的一年里，他推出了一个"组建新社会的大工场"。他的朋友多米尼克的创造力也为此作出了贡献。

　　利奥奈尔想要改造社会的想法？斯特劳斯-卡恩就创立了年轻人就业方案，35 万在国有企事业，35 万在私营企业，由公共基金实行协助补贴。这不是从严格意义上而言和他最初所倡导的相互抵触吗？斯特劳斯-卡恩是个实用主义者。

　　正当艾玛涅利和于连·德莱因反对欧洲统一货币欧元而在社会党基层民众间得到巨大反响，斯特劳斯-卡恩和莫斯科维奇就准备也搞一次有水平的大阅兵。1996 年的一个晚上，他们在若斯潘家中会面，决定对统一货币的实施提出自己的"条件"。左派正按部就班地准备着 1998 年的立法选举，但共和国总统雅克·希拉克却听从了爱丽舍宫秘书长德维尔潘的建议，提前解散国会，举行大选，这一回，奇迹出现了。

　　6 月 2 日星期一，13 时的午间新闻，法国人全都定睛细看若斯潘站在爱丽舍宫的台阶上宣布新一届政府人选。乱纷纷你来我往，左派回来了。

第二十章 法国的"总经理"

1997 年 6 月 2 日星期一，斯特劳斯-卡恩老早就和人约好了这一天共进午餐。但他只能取消了，一大早若斯潘便提议他出任财政部部长。按照礼宾程序，斯特劳斯-卡恩只能屈就在政府的第七把交椅上，因为第二把交椅被他的竞争对手玛汀娜·奥布里夫人占据了，她担任就业与协作部部长。

这也是一个安抚多疑的奥布里的举措，她也非要当财政部长。斯特劳斯-卡恩也用不着可怜。利奥奈尔终于把密特朗在几年前拒绝给他的职权授予了他；一个日本式的超级大部，除了财政之外，还有四位分管预算、工业、外贸和中小企业及手工业的国务秘书听命于他。斯特劳斯-卡恩在 20 岁时曾自问是做诺贝尔经济学奖得主还是财政部长，现在他 48 岁，答案已经揭晓。他终于可以"管理"法国经济了。

这个 6 月 2 日，他在保罗·艾姆兰的办公室里待了很久。后者是他在担任工业部长时的办室厅主任，后来成了跨国信息集团卡普·捷米尼的副总裁，他的办公室就在离星形广场两步路的梯尔西特街。

艾姆兰排除了自己离开私企工作的可能性，但愿意帮助他的朋友找到一位办公厅主任。他甚至把自己的办公室借给斯特劳斯-卡恩，让他与未来可能的合作者们见面。两个人在一起把不同的选择过了一遍。

"那让-皮埃尔·汝叶如何？"艾姆兰建议道，可若斯潘已经预先"订购"了他去当总理府的办公厅副主任。汝叶又给斯特劳斯-卡恩推荐了皮埃尔·贝雷戈瓦的一位前顾问：德加罗。这位出身于斯特拉斯堡一个保守家庭的忠实的天主教徒对欧洲事务了如指掌。他也是法国常驻布鲁塞尔代表团的经济顾问。就是在那里他接到了斯特劳斯-卡恩打来的电话。

"我对他说,了不起,部长先生!"这位高级公务员回忆道,"接着一个兴高采烈,半开玩笑的声音回答道,'少来点儿虚情假意。我很想见见你。上巴黎来。'"

第二天上午,德加罗来到了斯特劳斯-卡恩位于布洛涅森林旁的家里。"斯特劳斯-卡恩问了我一堆问题,而且老实地告诉我他还有别的目标。我很快就和他用'你'相称,但我还是因为有安娜·辛克莱的在场而不太自在。她当时正红得发紫,等我回了家,连孩子们都问,她是个什么样的人?"

这个出身和文化都是法德混合体的阿尔萨斯人有着非常明显的欧盟特征,这一点将在斯特劳斯-卡恩起用他的过程中起决定作用。因为法国已经被欧洲统一货币的实施在即逼得无路可退。为了取得使用欧元的合格证,财政赤字必须按规定不能超过国民生产总值的3%,然而,直到1997年6月,它仍高达3.7%。

在竞选期间,为了平息社会党左翼的狂热,若斯潘、斯特劳斯-卡恩和莫斯科维奇一起创出了过渡到欧元的"条件"。但一旦大权在握,现实便把他们都拉回到实际程序之中。德国总理科尔是不会拿欧元的标准和日程表开玩笑的。

"它应当在年底前遵照执行。"6月27日他再次重申。怎么样才能在不抛弃若斯潘竞选时承诺的"就业优先"的同时实现欧元的各项要求?这看上去是不可能的,尤其是阿兰·朱佩的政府又留下了一个创纪录的12.7%的失业率。作为国际象棋爱好者,斯特劳斯-卡恩却欢喜这种令人绞尽脑汁的局势。

"他不是个只在纯理论中寻求自我满足的知识分子。他从根本上来说是个工程师,喜欢把思考付之于实践。"德加罗这样解释道,"您走到他面前说,有A、B、C三个选择。一个普通搞政治的人会回答说,我选A或B或C。但斯特劳斯-卡恩会让你把每个选择都演示一遍,就像把闹钟全拆了，把每个部件都摆在桌子上。在会议结束时，他再拿着部件把闹钟装好。这就是他为欧元而采取的工作方法。"

务实者斯特劳斯-卡恩将会把标杆朝左，但同时也不让老板们恼怒。1997年6月在一次经济论坛节目中，新上任的社会党财政部长让主要是工商界人士组成的听众为他倾倒，虽然他用调侃的语气建议通过大大提高对富人的税率来填补公共赤字。

"他让老板感到了信心。他们都着了迷地发现一个左派的人物会了解还喜欢企业。"斯特劳斯-卡恩的前办公厅主任如是说道。

"我们是冠军"

迷住老板们的家伙却让他们忍气吞声地接受了给企业大幅增税。这是斯特劳斯-卡恩私下里和他在南特尔大学的同学，如今的共同企业家协会副主席德尼·凯斯勒商定的。增税很容易就被接受了，因为这只是临时性的，而且还会因欧元的正式使用后企业利润增加而得到补偿，财长承诺在三年内结束增税。这个诺言后来兑现了。

其他左倾的措施还有：取消由朱佩政府宣布的对高收入人群减税。如果说斯特劳斯-卡恩一只手加重了最富阶层的支出，另一只手则减轻了所有家庭的支出，他的方法是：降低诸如房屋维修、翻新、学生学费、税赋贷款等方面的直接消费税。斯特劳斯-卡恩解释道："这样我们就同时给了投资者和消费者以信心。为了使增长回来，心理因素是和技术措施同样重要的。"

有如神灵相助，短短的几个月里，法国经济的魔术师就做到了消除480亿法郎的财政赤字，同时还通过一系列对全社会都公平的税务措施重振了家庭消费，斯特劳斯-卡恩也确实走了好运，因为左派的重掌政权正好与欧洲经济重回增长之路同步。

"我们是冠军。"法国人在1998年7月12日法兰西体育场世界杯足球决赛上夺冠后就异口同声地唱着这首歌。先是1%，再是2%，3%，经济的迅猛增长，就像是回声一样陪伴着若斯潘的玫瑰花梦之队，短短几个月他们就让法国的各项指标符合了欧元的标准。

1998年3月，社会党足球队的齐达内——斯特劳斯-卡恩在世界报上进行了全面回顾，"内需尤其持续稳固"。他解释道："……消费恢复正常，投资也开始了。失业率开始下降，公共开支恢复平衡。通货膨胀得到控制，贷款利率很低，大概法国三十年来，从未有人能够同时在如此多的方面做得如此之好，从而推动经济获得增长。"

3%的经济增长率是当年所有工业发达国家中最高的，经济增长可以减少年轻人就业计划的成本。这是斯特劳斯-卡恩最不具有自由色彩的构想，奥布里夫人从一开始就不看好，但当她担任了就业与社会协作部部长后，却还是实施了这个计划。她在立法选举的一片狂热中也站到了"工作35小时领39小时工资"的想法这边来了。她还想要有一个针对减少工作时间的法律框架。

斯特劳斯-卡恩认为在所有企业里都执行这一政策肯定会有问题，他描述道："1997年9月，我向《解放报》宣布应当谈判，而不是直接颁布法律。生气的若斯潘就对我说你不是主管这件事的部长，我们应当让奥布里来管。"

就业与社会协作部部长把有关35小时的谈判变成了和全法企业家总会的阶级斗争，当时的总会会长也是奥布里当年在贝希钠公司当高管时的老板，他觉得自己"被人背叛"了。

因为他们俩各自所代表的部门，就业部长和经济部长，分别代表着若斯潘政府的左翼和右翼。尽管若斯潘与斯特劳斯-卡恩私交很好，斯特劳斯-卡恩在总理府甚至还有一间办公室，但有时他还是会倒向奥布里一边，比如当她反对斯特劳斯-卡恩为了平缓企业税收而希望增加养老公积金时。玛汀娜·奥布利办公室的成员们就常常指责斯特劳斯-卡恩倒向老板那一边。

市场万岁……

他确实在避免让这些老板们失望。在由于欧元流通在即而对企业严格整顿之后，斯特劳斯-卡恩又成了政府内捍卫老板们的主要代言人。在财政部的 30 个月里，斯特劳斯-卡恩在开拓和扩大市场方面比他所有或左或右的前任们都有更大贡献。

在"开放资本"这个小心翼翼的措词下，他部分或是全部地将许多如法国电讯、法航、汤姆森电子、法国烟草、法国钢铁这样的大型国有企业私有化。国家从此只占 7% 的股份。

斯特劳斯-卡恩不容置疑地说："对法国电信而言，如果我们不希望这家企业一直只是个固定电话的营运商，开放资本是不可避免的。要帮它发展移动电话，就需要在财政预算里去挖钱，这也就意味着减少学校的数量。"

私有化给国家所带来的 1500 亿法郎使左派公共投资和重新分配这两项施政的基本要点成为可能。它还有一个长处就是给那些处于困境的企业带来一个有实力的投资者，并通过增强某些领域来帮助重组法国经济。

"我希望通过这些操作来表明一种政治上的分界。我们从 1997 年前纯粹的金融式的私有化过渡到具有坚实的工业合作内容的真正的战略重组。"

斯特劳斯-卡恩不是个账房先生式的财政部长。在莫斯科一家饭店的客房里，他说服了若斯潘同意私营石油公司道达尔的总裁德玛莱斯特收购国有石油公司埃尔夫集团，从而创立一个世界级的法国能源集团。与负责工业的国务秘书克里斯昂·皮埃一道，他提议创建欧洲空间防务与太空公司，把法国、德国、西班牙各自的航空企业联为一体。这个欧洲的大型领军企业的雄心是与美国的波音公司展开正面竞争。

但这项具有象征意义的合并的条件却受到了质疑，尤其是经济学家艾利·科安:"我对为了能创立欧洲空防公司而将国有企业航天公司抛售给私有企业拉卡代尔集团的马特拉子公司深表遗憾。与德国的不平衡结盟给将来的冲突势必带来隐患。我那些在各部委办公厅工作的朋友们反驳说如果从法德友谊的大局上来看,我在技术层面上正确,但政治上却错了。"

艾利·科安还批评道:"斯特劳斯-卡恩身处的政治局势使他不可能在左派大联盟的框架内完全实施私有化,而在大多数案例里,国家作为股东的保障也并非只是通过经济手段来实现和证明的。"

斯特劳斯-卡恩对此反驳道:"和艾利不同,我并非是私有化或国有化本身的忠实信徒。一切都应根据局势而定。"

……以及它的调控而定

在左派月刊《经济动态》上,财长斯特劳斯-卡恩在 1998 年 9 月 1 日发表了一篇题为"运动的党"的文章。他在文章中把自己在政府中的作为总结为"现实的和左倾的",他写道:

"左派并不是只参照着公共支出的增长,规章制度的多少,国有化的程度来定义的。它应当把对生产者而不是对收租者的关注来作为自己的定义,它应当表现出对经济活动进行调控的意愿,它应当追求社会公正,它应当表现出扩大民主范畴的雄心壮志。社会的变动要求我们做出快速的反应:在短短的一二十年间,一系列的技术革新可以使昨日依然被证明是完美无缺的国有垄断固定模式失去全部的经济合理性……人口出生率的失衡会迫使我们重新审视不同代人之间的社会协作和互助。金融全球化会要求我们在欧洲的融入过程中实现决定性的进展。"

在这篇文章中,斯特劳斯-卡恩重申了他与经济自由派不同:"没人能够,不开玩笑,只靠市场的力量就能让我们公平合理地适应一个变化的世界……目前正进行的(国际)讨论的目标就是给全球化经济找出新的调控方式。"

斯特劳斯-卡恩在当时的公开讲话中，一直注意与英国首相托尼·布莱尔划清界限。后者是欧洲左派中自由经济主义的代表，被若斯潘判定为"右倾"，当他来法国国民议会发表演讲时，社会党议员们只对他报以轻轻的掌声。这些议员中只有一位公开宣称自己是"布莱尔主义者"和"自由社会主义者"，这就是密鲁兹市市长，2007 至 2010 年间在未来的萨科齐开放政府里担任国务秘书的让-玛丽·博凯尔。

"我和斯特劳斯-卡恩一起去英国参加主要由一家思想库'政经网'所组织的布莱尔思想演讨会。"他解释道，"在对我们的对话者表达出真切的热情的同时，斯特劳斯-卡恩也一直没有忘记对主题一贯的保留态度，英国与法国不同。他同时也向我透露道要是他自认为'布莱尔主义者'，恐怕会引火烧身。他善意地嘲讽了若斯潘的老农意识，但他自己也在某种程度上从属于传统的左派。如果说有时他对为了组建左派大联盟而不得不经常对社会党的盟友们让步感到十分挠头，政府中出现共产党阁员却不对他构成问题。"

艾利·科安对斯特劳斯-卡恩就某些工业问题的处理方式持有毫不妥协的批评态度，同时他也认为斯特劳斯-卡恩有着自己"个人的，不可否认的，独创的思路"。

"正当 80 年代、90 年代经济自由主义势不可当之时，斯特劳斯-卡恩却始终深深信奉凯恩斯主义，这是他'与生俱来'的左派侧向。同时，他也和罗卡尔派一样，强调在民主社会里对话的重要性。在我认识他的 25 年里，我看到斯特劳斯-卡恩逐渐形成了自己的思想体系，这就是通过注重生产和工业，通过对新的社会妥协的构想来表达对圣西门传统的回归。"

梦之队

圣西门主义！谁还在 1997 年对这位死于 1825 年的空想社会主义者圣西门公爵的著作产生兴趣？谁会花时间把他的思想与卡尔·马克思、

让-若莱斯、朱尔·盖思特进行比较？一小群无政府主义者？一个退了休的历史学者所组成的秘密社团？全都不是。

1997 年 9 月初，瓦兹省的蒙韦拉尔热城堡酒店里正在举办财政部办公厅全体工作人员的第一次研讨会，正在滔滔不绝对社会主义的创始人的思想旁征博引的主讲者不是别人，正是新上任的世界第四大经济实体法国的财政部长斯特劳斯-卡恩。摩纳哥中学雄辩会的组织者，那个意气风发的多米尼克，又出现在今日的斯特劳斯-卡恩先生身上。每两个月一回，部长先生总要带着他部里的全班人员，一支三十几个人组成的队伍到他掌控的瓦尔·德兹省或邻近的瓦兹省的乡下在整整一个周末里殚精竭虑，建言献策。

"多米尼克总是以非常开放的方式开展辩论，他并不急于表露自己的主张，以免影响到各位同事的思路。"吉尔·范森斯坦如是说道。这位年轻的政治顾问，后来成了斯特劳斯-卡恩非常亲密的朋友，是斯特劳斯-卡恩演说的主要撰稿人。

他接着说道："办公厅的每个成员都要根据自己选定的主题准备一篇稿子。在对部长一会儿称你，一会儿称您的热闹气氛中，大家海阔天空地随意讨论，并不总是只拘于自己的本行。每周三，当斯特劳斯-卡恩去参加部长连席会议时，办公厅全体人员就由主任德加罗召集起来。"

他十分肯定地说："尽管斯特劳斯-卡恩以前的经验并不多，他却懂得在财政部把一个优秀管理模式的两大要点合二为一，这就是目标清晰明确，执行放心大胆，我的工作主要就是每天以部长的名义平均作出 15 个决定。当他不同意我的决定时，总是平静地对我说，'费朗索瓦，我可能不会像你这样干。'但他从未对我发怒。"

1997 年的费朗索瓦·维尔华·德加罗 38 岁，正好是办公厅成员的平均年龄。但尽管办公厅主任负责招募技术顾问，斯特劳斯-卡恩却仍亲自选择他的政治顾问，史蒂芬·凯达，他的不可或缺的大管家，心腹之人吉尔·范森斯坦、经济学家让-比萨尼-费雷、律师斯特凡·布思纳，还有薇洛尼克·本赛义德、萨尔塞勒市的社会党人后来成了部长的议会代表。

他叙述道:"在办公厅第一次午餐聚会时,人人都在自我介绍。有人问我,你是国立行政学院那一届毕业的?我回答说,自学成才的那一届。多米尼克更看重你的能力而不是你的文凭。"

在财政部办公厅,人们可以看见新闻专员微罗尼卡·布拉赛,社会党人让-保罗·普朗素和米歇尔·撒班,工会领导人菲利普·革杭荣,这真是个不同层面的大串联。然而人人都同意,它组成了一支在威严的财政部里很少见过的"梦之队"。

德加罗是社民基督教的忠实信徒,他的一本关于金融的著作就是由梵蒂冈出版社出版的。在此之前,他从未和无神论者及犹太人在完全相互尊重的气氛中如此深入地谈论宗教问题。"我的许多同事在和我相识后都对天主教有了更深的认识,而我也平生第一次和一位办公厅的成员一起在耶路撒冷共同庆祝了犹太复活节。"

薇洛尼克·本赛义德则说:"我们都像疯子一般工作。每天12—15小时。不过多米尼克总试着保留周末和大家的私生活。无论对他自己还是对别人,他都反对工作压力过大。"

1999年10月,在执政30个月后,法国经济创造了100万个就业机会。1997年还无精打采的法国又恢复了活力。斯特劳斯-卡恩得到了各界的一致好评。法国企业家协会主席,一贯对左派非常严厉的赛列尔也承认:我们有一位非常出色的财长,可能还不是世界上最好的……但他尽了全力不去给企业家们掣肘。财长与各工会的领导人包括法共的总书记罗贝尔·于都保持着良好的关系,共产党的议员们很少在国会反驳他,总是给他的金融法案投赞同票。

在两年中,斯特劳斯-卡恩的成就连连不断。但到了1999年10月,几天内一次突然的出轨使斯特劳斯-卡恩偏离了跑道。"他因一件蠢事而跌倒,真让人抓狂,但没法用别的词来形容,这真是一件蠢事。"范森斯坦用了这样的字眼来形容这桩最终导致了法国历史上最优秀的财政专家之一辞职的事件。到底出了什么事?来个闪回吧!

第二十一章 "出 界"

故事开始于 1993 年 2 月，斯特劳斯-卡恩当时正任工业部长，预定在下月举行的立法选举，左派已被认定是大输家，斯特劳斯-卡恩仍希望重任议员。但他清楚在未来几年内他不会再在政府中任职。离开工业部，他的决心已定，这也是民主轮换制的必然。不过他完全没有必要对工业和工业家们从此不闻不问。

几年里他已在大老板们之间建起了自己的人脉网。某些人成了私交，诸如刚退休的雷诺汽车公司总裁雷蒙·列维，广告传媒的总裁莫里斯·列维。在后者位于香榭里舍大街一幢大楼的顶层办公室里，1993年 2 月的一个早晨，斯特劳斯-卡恩与全法国经济界的精英共进早餐。35 位国有或私营企业的老板，这中间有欧莱雅总裁林德赛·欧文·琼斯，施奈德总裁第迪·比诺·瓦伦西亚，米其林总裁费朗索瓦·米其林等。工业部长向在坐各位讲解了自己的看法。

在制定世贸组织的关税总协定谈判期间，他深深地觉察到，与法国农业那样组成了在政治可以施加压力的院外组织不同，法国工业正相反，松散无序，很难让世界听到它的声音。

在与大老板们的接触中，他还同时感受到他们对欧盟极其复杂的运作机制一无所知。斯特劳斯-卡恩想要创立一个社团能在国际竞争中捍卫法国工业的利益。美国、英国、德国工业都各自组成了强有力的院外压力集团。但一位政府的在职部长如何能充任一个院外压力集团的发言人？斯特劳斯-卡恩只能在离开政府后再干。

这类活动并不违法，但若是与法国左派的传统标准相对照，则显得

"出界"了。无论如何，"出界"只是个主观的概念，并不能阻止斯特劳斯-卡恩行动。效率、经济战、法国工业的利益所在？他都心知肚明。那些只会说不会做的人的评判，斯特劳斯-卡恩根本置之不理，不管是社交晚会上在大老板们之间穿梭交接，还是在萨尔塞勒的菜场里和工人们谈天说地，斯特劳斯-卡恩的本色绝无变化，他有时也会有私心杂念？没错，但他为人忠贞不贰，绝不见风使舵。他的工业俱乐部因此而完全遵照他的社会主义观念：大力促进能够带来就业的工业生产，反对那些只让整天睡大觉的资本家们发财的金融业。

这个俱乐部在 1993 年 6 月正式成立，雷诺汽车公司的前任总裁雷蒙·列维任主席。斯特劳斯-卡恩以前办公厅成员米歇尔·科兰任秘书长。斯特劳斯-卡恩和另一位来自右派的政治人物波尼亚多斯基任副主席。

这样的安排使这个俱乐部具有双边参与的性质。每年 400 万法郎的预算由二十几家企业赞助，每家分摊约 20 万法郎。在每月只有 30 万法郎出头一点儿的情况下，俱乐部以"计件付费"的方式给国务参议院的年轻公务员们就欧洲法提供的技术咨询提供报酬，俱乐部也给在布鲁塞尔欧盟总部工作的专家们付钱，他们常会以书信的方式向法国工业家们通报欧盟的领导进程，以及各种活动。

每两个月，二十几位企业家在巴黎的一家大餐馆里举行一次晚餐演讨会。在斯特劳斯-卡恩作过主题介绍后，他们可以咨询当晚请来的一或几位贵宾，欧共体主席、专员、世盟组织总干事，欧盟执委会主席，法国外长、工业部长都被请到俱乐部来。

"这个工业俱乐部扮演了一个非常有用的角色。"保罗·艾姆兰肯定地说，"证据吗？它在斯特劳斯-卡恩于 1997 年离开后一直办了下去，直到今天。"

咨询师斯特劳斯-卡恩

社团在运作上尽量少花钱。它的落脚地点在讷伊市戴高尔大街 171

号，一个很小的地方，由一位企业家也是会员借用。少得不能再少的工作人员包括一位雷诺公司的退休人员负责打杂，一位秘书就是那位忠诚的艾芙琳·杜瓦尔太太，她尽其所能地对付着。

"开始时真不习惯，"她说，"转眼之间，人们就不再在'老板'面前像虾米般点头哈腰，他也不再有专职司机，当他去赴某个约会时，我还得替他想办法让人家给他提供一个车位。当他与某位企业家共进早餐时，我得使出浑身解数来把一切都安排得像模像样。"

杜瓦尔太太只在工业俱乐部兼职："我得替股市排名前四十位的企业打好与欧盟有关的文件材料，我还要管财务，老板的日程安排也由我负责。"她的另一半工作由哥伦布公司付薪水，这个公司的总裁是斯特劳斯-卡恩夫妇的一个朋友雅克琳·芳汝，她负责由演员让-克洛德·布里阿里创办的拉马局尔戏剧节。

杜瓦尔太太因俱乐部的兼职一次性领取 192000 法郎，等于她的年薪。这笔钱由俱乐部成员艾尔夫石油公司的一个分支机构支付，他们也同时用现金替她支付社会公摊费。艾芙琳从未担心过，她在工作中总是充分信任别人。那么斯特劳斯-卡恩呢？他一般对后勤事务不操心，他作为俱乐部副主席的活动是百分之百的义务劳动。

那么，他靠什么生活呢？在立法选举失败后，斯特劳斯-卡恩作为萨尔塞勒市反对派的市政参议，没有任何别的退路。他不是国立行政学院的毕业生，不能像许多政界人物一样到国务参议院或是其他国家机构里去混个闲职。他是 4 个孩子的父亲，老大已经开始上大学。他必须要养家糊口、保障生计。他当然可以重回南特尔大学教授经济学。这样的话他可以月挣 22000 法郎，此外他还可以通过讲演和到法国政治学院授课增加收入。但这不仅仅是个钱的问题。前任部长需要的是行动。

在法国工业界发挥了自己的才干后，他再不能满足于只在财政委员会和一帮经常是对企业现状一无所知的同僚谈谈理论。他要亲身参与那些企业的运作、合并，那些拯救破产企业的具体活动。如果同时他也能挣钱，他当然不会放弃。

1993 年 9 月，他成立了斯特劳斯-卡恩咨询公司。这个驻扎在工业俱乐部里的股份有限公司主要经营内容是"提供战略咨询以及经济、商贸、公关方面的策划协助"。多亏他的经济学师资格给他带来的同等资历认定，斯特劳斯-卡恩在 1994 年 11 月刚刚清算了咨询公司后就成了巴黎的注册律师。命运眨了眨眼，斯特劳斯-卡恩就要操起和他的父亲、祖父一样的职业，但层次却完全不同了。

走钢丝的演员

律师、咨询师、工业俱乐部副主席、前任部长、社会党中央书记，斯特劳斯-卡恩已经"出界"了。人们可以指责他把不同性质的东西混在一起。但这个走钢丝的演员却很能干。他也不是、绝对不是人们有时描绘的没有原则的人。他对自己严格规定了不能超过的界限，不能混淆的利益。

如果他在布鲁塞尔欧盟机构中为法国企业申辩、捍卫，他就决不再替这些法国企业的外国竞争对手说话。他也从不插手两家法国企业之间的冲突。

咨询师斯特劳斯-卡恩明人不做暗事，他受欧盟之托前往韩国和这个国家改善关系。他在布鲁塞尔竞争监管委员会前为法德联合企业欧钢公司当代表。他为阿尔卡特·阿尔斯通与欧盟旨在开放电信市场领导小组的争斗中提供咨询。作为法国电力总公司和法国核能总公司的"国际顾问"，斯特劳斯-卡恩负责在承受着巨大压力的德国社会党人面前为极其复杂的第三代核电站这个大难题提供辩护。

说到这儿，人们眼前不禁会浮现出"浑水摸鱼"这个词。如果斯特劳斯-卡恩不是社会党领导人之一，他大概就不会结识德国社民盟的领导人，也不会认识未来的德国总理施罗德，更不会认识德国绿党的领导人奥斯卡·费希尔。但这不正是一位优秀的咨询师或是一位好律师所应有的特质吗？丰富的政治关系网对捍卫一桩事业是很有用处的。

四年里斯特劳斯-卡恩为法国核能总公司、法国电力总公司以及其他企业谈定了许多重要的合同。他的收入全部在税务部门申报。扣除了直接消费税，医保和退休公摊，管理费及其他费用，他平均每月剩下100000 法郎，也就是 15000 欧元。这是他亲口对本书作者确认的。

为私有企业工作并不是丑闻，同时代的玛汀娜·奥布里也在贝希纳铝业集团兼职做顾问，同时其收入还要加上她作为里尔市第一副市长和市政委员会副主席所得到的补贴。

那个时代和今天一样，左右派都有许多议员同时领取补贴和丰厚的由律师这个高收入职业带来的报酬，但这却不是斯特劳斯-卡恩的情形。1997年他重新担任部长后，便立即辞去了工业俱乐部副主席一职，也不再是注册律师。他在回到政府前还为几个客户处理了几个企业个案，尽管报界不时地对他有所怀疑，但从未有任何人向他指控任何利益冲突。

全法学生互助会

1999 年 11 月 2 日，他为了另一个原因而不得不从政府辞职。这就是全法学生互助会事件。这究竟是桩什么事？成立于第二次世界大战刚结束时的互助会独家包办全法 80 万学生的社会保险，每年经手的金额达 10 亿法郎。社会党人，有些还曾是托派分子，通过全法学联掌控着互助会，很久以来就一直把它当成资助他们的政治活动的取款机。

生意经让他们鬼迷心窍，他们居然成立了一个名为拉斯帕伊共同发展的控股公司，给学生们提供多种服务：学生宿舍的管理，度假中心，食堂，咖啡厅。学生工会组织活动和阅读雷翁·托洛斯基或弗朗索瓦·密特朗的书并不一定就能造就优秀的经营者，控股公司很快就走到了破产的边缘。必须寻找一位新的股东，最好是一家大企业，能够拯救拉斯帕伊共同发展。

与互助会领导人们关系密切的巴黎市议员让-玛丽·勒管请他的朋友斯特劳斯-卡恩去接洽法国自来水总公司。成了商业律师的前部长和这家公司的总裁亨利·普罗格里欧很熟，他们是巴黎高商的同学。经过两年的磋商，他在1997年初和这家公司的新任总裁让-玛丽·梅谢达成了协议。自来水总公司通过它的一个分支机构买下了拉斯帕伊35%的股份。

因这桩拯救了这个控股公司的一共为2100万法郎的投资，斯特劳斯-卡恩从互助会处获得3603000法郎的律师费，其中包括103000法郎的直接税，这笔收入占整个投资额的2.5%，在这类交易中，律师的声誉和人际关系比他付出的时间更值钱，因此斯特劳斯-卡恩的酬金远不过分。1997年2月出具的发票在当年度就向税务部门进行了申报。

这桩完全合法的有偿服务却会给斯特劳斯-卡恩带来他一生中最大的麻烦：在此期间，爆发了"互助会事件"。在经过了几年的怀疑和审计署几次调查后，法院决定立案调查互助会总经理奥利维耶·斯皮塔克斯严重的金融出轨行为。此案还牵扯他的几位社会党朋友滥领薪金、虚设职位、挪用公款等。

1998年9月22日，在搜查互助会本部时，金融调查大队在数不清的原始文件中发现了一封互助会领导给斯特劳斯-卡恩的委托信。签发日期为1994年12月13日。这只是这桩浩如烟海的案件中的一滴水，开始时调查者们完全没有注意。

但是到了1999年8月底，他们终于觉察到委托信上标注的电话号码在1994年12月13日时根本还不存在。他们很逻辑地推断出这封信的日期是有意提前的，同理，斯特劳斯-卡恩在1994年12月19日的答复也存在一样的问题。

"造假"的文字只有在对某人或某责任人产生不利后果时才是违法的。斯特劳斯-卡恩曾经试图伪造由互助会付酬的假工作吗？人们开始对他产生怀疑。

从那时开始，事态加快发展。1999年10月14日，在作为证人接受金融调查组询问时，前法国学生互助会的副总经理菲利普·普朗塔日奈斯特确认是他自己亲自将给斯特劳斯-卡恩的委托信的日期提前到1994年，而这封信实际上是在1996年起草的。

在接下来的日子里，司法部长艾丽莎白·吉古也知道了对她的经济金融部同行正在进行的调查。检查机构也在自问如何采取对策，有三个可能的选择：直接结案，开展不具名的补充调查，直接针对斯特劳斯-卡恩进行立案调查。为了遵循总理若斯潘所规定的新的道德操守，司法部长肯定不能像她的某些前任曾经做过的那样，为了保护同事，而把案件压下去。她当然也可以遵照共和国检察官的意思，先考虑开展不具名的调查。然而看来正是她促使了第三种选择的出台，这就导致了直接和公开地对斯特劳斯-卡恩进行调查。

噩 梦

10月28日星期四晚上，巴黎地方检察院正式以"造假和使用假文书"宣布对斯特劳斯-卡恩及几位全法学生互助会的领导人提出直接补充指控。

而此时财政部长正由他妻子陪同在日本和越南已进行了三天正式访问。他一直都不知道自己被卷入了这桩案件。由于有8小时的时差，他在东京深夜里接到司法部长吉古打来的电话，她只是干巴巴而又简短地通知他"有个法律问题和你有关"。过了一会儿，他的办公厅主任德加罗又打来电话将斯特劳斯-卡恩吵醒。

德加罗在电话里和斯特劳斯-卡恩商讨局势，身旁围着凯达、范森斯坦、格朗荣，三位都是斯特劳斯-卡恩的主要心腹。两地间的讨论在第二天一早又继续了一次。

《巴黎人报》和《解放报》都头一回报道了这封日期推前的信。秘书们将新闻报道传真给远在他乡的部长先生，斯特劳斯-卡恩完全惊呆了。巴黎时间，中午一过，法新社便传出对斯特劳斯-卡恩补充指控的消息。此时河内已近午夜，斯特劳斯-卡恩刚从日本到达这里。

在经过和他的顾问们的两地讨论后，斯特劳斯-卡恩决定缩短行程并开始考虑辞去财长一职。范森斯坦描述道："顾问们的意见不一。"

两位主张他辞职，另两位则认为事件并不严重，应该留任并且据理相争。而斯特劳斯-卡恩自己则已经作出了决定，每当重要时刻，他总会和安娜·辛克莱商讨。

作为富有经验的国际象棋棋手，他知道如何预测下一步。他对自己的无辜绝对放心，毫不怀疑法律将很快还他清白。眷恋权位只会让他失去一切。被司法问题捆住手脚的他也会成为政府的包袱。如果他要挽救自己的政治生涯，就必须尽快辞职。

10 月 31 日清晨，他的飞机降落在戴高乐机场。几小时后，在安娜·辛克莱的陪同下，他与若斯潘总理在凡尔赛宫后花园里曾经是法定的总理居所灯笼馆会晤。总理试图挽留他，并提到了司法的无罪预定程序，但斯特劳斯-卡恩决意要离开政府。

第二天星期一是万圣节，他在他的律师让-韦伊家中与他的主要顾问们相见。大家情绪都很激动。斯特劳斯-卡恩承认因疏忽而撒了谎，包括对他最亲近的朋友们。互助会的委托信的确是改换了日期以便在事后把一个纯粹由于粗心而忘记的行政手续合法化。斯特劳斯-卡恩身边的人都知道，他是难以置信地"没有条理"。不过斯特劳斯-卡恩要大家放心。这个"造假"，尽管是件"蠢事"，却绝未假冒任何不存在的津贴，他的确为全法学生互助会提供了有偿的劳务。

当斯特劳斯-卡恩接下来在 11 月 1 日下午与若斯潘在总理府再次单独会面时，他觉得总理不像上次那样确信他的清白。原因是在此期间，总理已和司法部长见过面，后者用对斯特劳斯-卡恩不利的看法向他介绍了案情。

那个时候的她，正和斯特劳斯-卡恩、奥布里一样，都是部长，都有可能在若斯潘一旦在 2002 年总统大选获胜后担任总理一职。大家都感觉到她不会不高兴看到一个可怕的对手的消失。但艾丽莎白·吉古一直否认曾经对斯特劳斯-卡恩有过任何不利的举动。然而轻罪法庭在 2001 年 11 月审理该案时，却认为针对斯特劳斯-卡恩而启动的司法程序是"不成立"的。

第二十二章 陨 落

1999 年 11 月 2 日星期二上午，斯特劳斯-卡恩在安娜·辛克莱的陪同下，最后一次在贝尔西财政部大楼七楼部长大厅的荣誉接待室里与全体办公厅工作人员相聚。

在一大群记者面前，他念了一个一页半的稿子："我之所以辞职——我要大声地说——绝不是因为我自觉有罪；当我担任律师时，我完成了我应当完成的工作。我得到是因此而应得的，明码标价的，经过申报的报酬。我作出这个决定是因为我的职责的道德标准和意义要求如此……作为一位公民，我现在希望能够尽快在法律面前解释清楚……明天我将继续为左派的也是我个人与生俱来的价值观而奋斗。作为一个男人，在这个痛苦的时刻，我还要对我的妻子、我的家人、我的朋友们说一句：他们的支持对我无比珍贵。"

斯特劳斯-卡恩和安娜·辛克莱在组成了致敬的人墙的工作人员的掌声中离开接待室。斯特劳斯-卡恩的老部下们后来对他一直不离不弃。他们组成了一个网址为 dsk.fr 的协会，在好几年里大家经常聚会。辞职以后，斯特劳斯-卡恩收到了许多友好的来信。这桩案件使他的声望更加高涨。

在接下来的星期四，当斯特劳斯-卡恩在萨尔塞勒市漫步时，他被几百位热情的市民团团围住。但这毕竟是一枚难以下咽的苦果。"我觉得他就像是一只翱翔的信天翁，在空中被击中了。"他青年时代的朋友伊夫·马尼昂描绘道。

辞职后的第一个星期天，斯特劳斯-卡恩和他的妻子到他们的朋友吉尔·范森斯坦位于罗马街的家里吃午饭。一群摩托手从他们在布洛涅森林旁的公寓一直跟到这里。楼门前驻扎着数十位记者、摄像师、摄影记者。为了躲避这些"狗仔队"，范森斯坦拉上了窗帘。安娜·辛克莱对媒体的骚扰十分生气。

范森斯坦叙述道："对多米尼克而言，这是个痛苦的阶段。但安娜给了他巨大的支持，他的朋友们从未怀疑过他的清白，大家只是简单地重复道'真蠢'，而他自己也很为自己的轻率感到恼火。但他对结论几乎没有任何怀疑。唯一的不确定性只是日程表，三个月？六个月？大家都以为他很快就会重回政府。"但是，司法程序的时间表并不与政治的时间表相吻合。

梅里的录像带

在接下来的 12 月 14 日，经过了两位主审法官长达 8 小时的问询后，斯特劳斯-卡恩正式因"造假和使用假文书"而接受立案调查。而在此期间，又爆发了第二桩事件。在与其他人一道被一封匿名信告发后，斯特劳斯-卡恩的秘书艾芙琳·杜瓦尔也于 1999 年 11 月 16 日因"包庇滥用公共财产"而接受调查。

她受到了什么指控？她在工业俱乐部第一年的年薪共计 192000 法郎，也就是每月 16000 法郎，约为 2400 欧元，是由艾尔夫石油公司在瑞士的一家分支机构支付的。这笔钱就充作艾尔夫石油公司给工业俱乐部交纳的会费。然而这家名为"艾尔夫·阿基坦国际公司的分公司"却是由令人不寒而栗的阿尔费雷德·席尔文掌控。1999 年他因卷入了一桩牵扯到几十亿法郎的惊天大案中而在逃。

杜瓦尔说："警察们认为我隐藏着大机密。他们拷问我与'老板'的关系，询问我用信用卡提取的为买火车票而给他准备的现钱，他们把我所有银行的账号都当成搜寻的目标，看看我是否中饱私囊。我前后三次接受了女法官艾娃·若莉的讯问，她非常严谨、正直。她的结论是我在俱乐部的工作不是虚设的，我和艾尔夫的大案毫无瓜葛。"

与此同时，作为杜瓦尔的老板，斯特劳斯-卡恩也轮到在2000年1月28日因"通风报信及包庇滥用公共财产"而开始接受调查，接二连三，2000年的春天斯特劳斯-卡恩走马灯似的在一连串法律约见中度过，而秋天时等着他的还有最坏的突变：梅里事件。

这又是怎么回事？1999年4月的一天，斯特劳斯-卡恩任财委会主席时的专务员阿兰·伯罗，如今的税务律师在格勒纳尔路工业部斯特劳斯-卡恩的办公室与他见面商议香奈尔时装设计师拉杰菲尔德的税务问题。临走之前，他在斯特劳斯-卡恩的办公桌上留下了一盘属于他的另一位顾客让-克洛德·梅里的录像带。这位生意人被怀疑是保卫共和联盟暗中的财务顾问。

在这盘录像带中，他对法国总统雅克·希拉克进行了强烈的指控。2000年9月22日，阿兰·伯罗因让-克洛德·梅里被警方传讯。后者在此期间已经病故。他向警方披露将母带留在了前任财政部长的办公室里！

几天后，斯特劳斯-卡恩也被质疑的消息开始在记者中"流传"。安娜·辛克莱澄清道："一个星期天的晚上，我们参加完萨尔塞勒市学校联欢活动后回到家中，发觉电话上有30多条留言，都是记者想要就'录像带'一事和我们谈谈。多米尼克大略记得有这么回事。但他从来也没看过这盘录像带。"

9月25日，警察仔细搜查了斯特劳斯-卡恩的住所和他在巴黎大区议会的办公室，没有任何梅里录像带的痕迹！第二天，巴黎检察院以"隐瞒证据"为由对斯特劳斯-卡恩及其他人展开司法信息搜集。同时还就录像带的过手是否与"以权谋私"有关开展调查。说得明白点儿就是，斯特劳斯-卡恩被怀疑为了给他的顾客拉杰菲尔德减税而从律师阿兰·伯罗那里搞到了"梅里的录像带"。

这一回，斯特劳斯-卡恩算是沉到底了。总理若斯潘没说一句话替他辩护，在同一周举行的社会党议员日常例会上，人人都争先恐后地声讨前任部长。只有几位勇敢的同志站出来捍卫他,这几位既有他的忠实伙伴,也有敢说真话的人。

党总书记欧朗德措词严厉地谈到他这位在财委会时的老同事。而赛古琳娜·华雅尔则在摄像机前宣称:"我们搞政治是为了服务国家,而不是服务自己。"另一位女议员则干脆提出要"开除"斯特劳斯-卡恩。

当时任社会党欧洲议员的费朗索瓦·齐默海对 2000 年 9 月社会党的日常例会一直留有痛苦的回忆:"某些同志怒火满腔,咬牙切齿,个个充满了仇恨。让我震惊的是无罪推定的法律准则被忘了个精光,无人想了解事实。人人都只有一个念头:斯特劳斯-卡恩是个爱钱的家伙。这让我想起当年攻击雷翁·布鲁姆和他的金餐具的情景。"

孤　独

接下来的几个月对斯特劳斯-卡恩夫妇而言真可谓是无比艰难,作为电视一台的副总,安娜·辛克莱转眼就被撤了职。她只得上诉至仲裁委员会才使粗暴解职得以定论并得到了赔偿。当她仍是法国财政大总管的太太时,他们会用这种方式对待她吗?不大可能。

斯特劳斯-卡恩的社会关系所剩无几。只剩下他的朋友,数量不多但忠实可靠。当年在上萨瓦省与斯特劳斯-卡恩共过事的菲利普-瓦拉什回忆道:"那段时间里有一回我们一起出席一个研讨会,人们从他面前经过连招呼都不打。那真是令人心酸。"

在 2001 这一年间,所有针对斯特劳斯-卡恩的司法程序都一个接一个地偃旗息鼓了。在证明了工业俱乐部秘书一职并非虚设后,艾尔夫石油公司一案对杜瓦尔和斯特劳斯-卡恩都作出了不予起诉的决定。

在拉杰菲尔德一案中,调查的结果丝毫不容置疑地表明这位著名时装设计师获得的减税是由国家税务总局根据税务法决定的,并不存在财政部长出面为他说情买好,因而就不存在任何好处费。

至于梅里那盘长 10 厘米,宽 5 厘米,索尼贝塔制式的录像带,本书作者复原了它的整个流通过程。

第一阶段：阿兰·伯罗把录像带留在部长的办公桌上，"后者没有留意"。"我做了一个疯狂的举动。"税务律师如今这样说道，"我不想留着这盘录像带。于是我想也许它对斯特劳斯-卡恩会有什么用处。由于当时我们俩全神贯注于另一件事，我没告诉他是什么内容就走了，走前我只是说了句，'看一眼吧，挺有意思的。'"

第二阶段：斯特劳斯-卡恩在接待了阿兰·伯罗后离开他在工业部的办公室回贝尔西财政部。他习惯性地把随身带的东西全都一股脑儿地丢在汽车里。到了财政部他的秘书艾芙琳·杜瓦尔再来替他收拾。在她扔掉的东西里有一大堆报纸和这盘没有标签的小小的录像带。这听起来似乎不可思议？但却是千真万确。

剩下的主要官司就是学保案了。2001 年 11 月 7 日巴黎终审法庭第七分院作出判决，到庭的斯特劳斯-卡恩被当场宣布无罪解除起诉。判决的结论如下："多米尼克·斯特劳斯-卡恩出具的发票和相关信件中所列各不正常之处均由错误所导致，与该报酬的数额和会计审核无任何作用……提交审查报告中所称述的为了将以前支付的报酬在'事后'再确认而将发票日期提前是荒诞的，因为该报告并未能证明，甚至明确指出多米尼克·斯特劳斯-卡恩除了在 1997 年 2 月领出报酬并出具发票后还收受过其他佣金。"

对立案本身提出质疑后，"法庭指出更妥善的方法应该是在进行公开的司法辩论前首先自审相关法则的运用限度。"多米尼克·斯特劳斯-卡恩终于可以翻过这噩梦般的一页了。

2001 年 4 月他又重新当选为瓦尔德兹省第八区议员。2002 年他又回到利奥奈尔身边参加总统大选。4 月 21 日，在举世一片惊愕中，利奥奈尔·若斯潘第一轮就被淘汰出局。他随即宣布退出政坛。社会党又处于群龙无首。史蒂芬·凯达说："就是在那天，我第一次想到多米尼克有一天将会代表左派竞选总统。"

第二十三章　触　　底

　　在民意测验中大放光彩之前，斯特劳斯-卡恩先经历了孤独与挫折。那已经是近五年前的事了，还有人记得吗？2006 年 10 月 14 日，瓦尔德兹省议员在巴黎里昂火车站上了高铁。目的地：多莫省瓦朗斯市。一个月后，社会党的支持者们就要选出他们的下届总统竞选人。

　　斯特劳斯-卡恩由他的新闻助理安娜·荷美尔陪同，随行的只有一小群记者，与几个月来赛古琳娜·华雅尔每次出行时被摄影师和记者们围得团团转的情景简直不可同日而语。斯特劳斯-卡恩坐在头等车厢里与记者们谈着话。

　　"一切都还尚未决定。"他肯定地说。这可是在白日做梦！所有民意测验都表明他将失败。斯特劳斯-卡恩还试图给自己打气。他还补充说，尽管民意调查机构询问了大量的社会党支持者，但只有党员们才会去投票，这些人更有政治素养，因此对他的论点更有感觉。与赛古琳娜主要是煽动情感相比，他斯特劳斯-卡恩则更理性。

　　"一切都将在最后两周里决定分晓。"他当时对也在这趟车上的本书作者如是说道。

　　他真的相信自己的运气吗？小打小闹的算计，小打小闹的竞选活动，小打小闹的政纲。没有一位严肃的观察家会认为在这种局面下斯特劳斯-卡恩还能扭转形势。

　　在瓦朗斯，斯特劳斯-卡恩访问了受到破产威胁的富诺尔德笔厂。300 员工因工厂搬迁而有可能丢了饭碗。在工厂的大院里，"总统竞选人的竞争者"受到了几百员工和工会领导的欢迎。访问是由当地斯特劳斯-卡恩派的支持者精心安排组织的，气氛很热烈。

在工人们中间，斯特劳斯-卡恩就像在那些大老板中间一样从容自如。斯特劳斯-卡恩打着领带，穿了一件皮夹克，显得风度翩翩，他并不刻意把自己装成"无产阶级"。他与大家握手寒暄，但并不把时间浪费在客套上。斯特劳斯-卡恩不是希拉克，他不会去向那些他不认识的工人们询问孩子们的情况。越过具体的人和事，他主要关心的是如何解决问题。他要直奔主题，讲究效率。"把闹钟拆开来看看"。还记得他在贝尔西财政部时他的办公厅主任的名言吗？

他对正在请愿的工人们大声说道："我是来倾听你们的诉求，然后再看如何帮助你们。"他走进企业管委会的办公室和工会活动分子们一起在桌边坐下。在半个多小时里，他听工人们介绍情况，不时还插几句话。和他在一起，一切都进展顺利，他在思考解决的方案，给一个高官朋友打电话，又给一位企业家打电话。

从工会的办公室出来后，他向聚集在院子里的工人们发表讲话。登上讲台，面对着这些因工厂搬迁而被牺牲了的人们，他却赞美了全球化带来的好处。他提醒说没人可以不顾任何代价地维持一种没有利润的生产。与此相反人们应该做的是，他直言不讳地说：研究一个重组的方案，在新的领域里创造新的就业机会。

斯特劳斯-卡恩勇于直言。虽然他已经被华雅尔逼入绝境，在社会党的初选中成了一个配角候选人，但他并不屈从于只为选票而蛊惑人心，那天夜里，斯特劳斯-卡恩在一间坐满了几百位社会党支持者的大厅里详细讲解了自己的观点。在整整一小时里，他扮演着他最出色的角色——教师。大家都觉得就像是在巴黎政治学院的课堂上。

自斯特劳斯-卡恩从政府辞职后，七年来他一直重操旧业，教书育人。就是在那天晚上，在瓦朗斯，他公开表明了自己与左派联盟过去的实践经验以及与若斯潘政府的不同之处，尽管他曾是若斯潘政府的台柱之一。

"左派不可以再干它在五年执政期所干的那些事情。我们不再处于

1997 年的形势，法国人民已经对我们过去的行动作出了评判。"斯特劳斯-卡恩强调，他争取的是"福利的社会民主"这个模式，"既不全偏重于经济，也不全偏重于社会保障"。

他谈到了保护受薪者，职业培训的权益和提高购买力。但他尤其强调如果国家财政得不到保障的话，所有这一切都将无法实施。还有个小插曲：

当夜在大厅里就座的还有一位是艾立克·贝松，多莫省议员，若斯潘的亲信，而若斯潘一直都仍想着再次竞选总统。几个月后，贝松却投奔了尼古拉·萨科齐的竞选阵营。不过这又是另一个故事了……

三年后这家工厂的一位工会成员向本书作者叹道："我们当时都有点儿想入非非。尽管斯特劳斯-卡恩做了承诺，但他的来访没有给我们带来任何实质性的变化，当然这也是因为他并没有获得权力……"

2006 年 11 月 16 日，斯特劳斯-卡恩在社会党总统初选中只得了20.69% 的选票，真令人失望！只比洛朗·法比尤斯多了两个百分点，后者为此已经准备了 20 年。这可算个小小的安慰吧。但他离华雅尔可差得远了，后者在第一轮选举中就以超过 60% 的得票率胜利当选为社会党总统竞选人。

真是颜面扫地，斯特劳斯-卡恩与法比尤斯，社会党的两位超级明星，被一位他们低估了的女性竞争者彻底击败。十天前斯特劳斯-卡恩已经预料到失败。这并不使他吃惊，也不让他感到难过。他的悲伤来自于一桩家事，在这个阴郁的 11 月份，他母亲捷克琳娜在投票两天前去世，终年 87 岁。远离了各式聚光灯，失败使他重新认识自己，与家人重聚，有时间回顾过去。

他的政治前途？看起来像是属于过去了。只获得了不超过 37000 名党员的信任票，刚刚只占到了自己所属的政党的五分之一，一位这样的政界人物还能指望有朝一日登上国家的最高位置吗？斯特劳斯-卡恩这回真是触到泳池的底了，就差彻底淹没了。

但这次社会党初选也给他带来了重振的希望。在最坏的条件下，第一次，他的拥护者们在社会党内部有了分量。他们的领袖在法比尤斯代表的传统左派和赛古琳娜具有右派倾向的"正确道路"间表明了自己的社会民主独立性。尤其是斯特劳斯-卡恩摆脱了若斯潘的羁绊。

2002 年 4 月 21 日晚在刚刚宣布了总统竞选第一轮投票结果若斯潘只占到第三位后，他便宣布退出政坛。晚上 8 点整，斯特劳斯-卡恩第一个站出来在电视里呼吁第二轮给希拉克投票。

2004 年在参加拉罗什尔市社会党夏季研讨大会的同时，斯特劳斯-卡恩在一间挤得水泄不通的演讲厅里单独召见了数百名罗卡尔—若斯潘派系的成员。从米歇尔·罗卡尔到贝尔纳·古施奈，从阿兰·理查到吉拉尔·哥隆，社会党现代派的大部分成员都聚集到斯特劳斯-卡恩身边。但他们却在内部措施上有分歧。一部分人，如玛丽·勒管主张在下届全会上推出提案。另一部分人如让-克里斯多夫·康巴德利斯则拒绝所有可能会使斯特劳斯-卡恩派系向党的右倾靠拢的举动。

斯特劳斯-卡恩赞成后者的意见，他决定暂时搁置现代化这一命题，赛古琳娜即刻就接过手去。而斯特劳斯-卡恩还因要对一个唱反调的若斯潘保持忠诚而束缚重重。前总理一直都不知道如何对待自己的竞选失败。在利奥奈尔谈若斯潘这本 2010 年出版的对话形式的书中，他保证说自从 2002 年 4 月 21 日后他从未考虑过再回政界。

一位复杂的朋友

与他本人的形象相比，真相要更复杂。斯特劳斯-卡恩叙述说："2002 至 2005 年期间，我们和利奥奈尔常常见面，但我们从未谈过总统选举。"

从来没谈过？

"从来没谈过。"安娜·辛克莱肯定地说，"我们是好朋友，"她接着说道，"我很喜欢茜尔维娜，我们经常在一起共度愉快的夜晚。当时，我们还帮他们发现了美国电视连续剧《24 小时分秒不差》。开始时利奥奈尔还有点儿犹豫，他对美国电视剧抱着敌视的态度，尤其是这部剧，别人曾告诉他有点儿布什主义的味道。我们还是把影碟交给了他们。第二天利奥奈尔给我们打来电话笑着说他们看得津津有味，很晚才睡觉。"

2005 年夏天，斯特劳斯-卡恩开始认真考虑将在下一年举行的社会党总统候选人初选。在 8 月的最后几天里，利用参加社会党在拉罗什尔的夏季研讨大会的机会，他来到雷岛探望若斯潘。"当时就我们三个人，利奥奈尔、茜尔维娜和我，一起坐在他们家小院子的桌子旁。"我对他说，"如果你想要参加总统竞选，现在就告诉我，让我有所准备。如果你目前还不想让人知道这件事，你可对我放心，我会保守秘密。如果你是候选人，我就是你的人，我将绝对支持你，但至少你得给我表个态。"

利奥奈尔于是回答说："我还没考虑过这个问题。"斯特劳斯-卡恩后来说道："他误会了我的来访，指责我是来'摸摸他的脉搏'。这事有点儿令人遗憾，因为我正是为了表示诚信而来看他的。"

前任财政部长从雷岛回来后觉得若斯潘不会参选。"我对他很了解，他讨厌即兴发挥。如果他选择竞选，他就会逐步走上轨道，同时也至少会告诉朋友们。如果我当时感觉他会参选，我就绝不会和他对着干，哪怕他只是和我说'我还不知道'，我也会等到 2006 年 4、5 月份再看。"

在 2005 年到 2006 年的那个冬天里，眼看着赛古琳娜·华雅尔在民意测验中一飞冲天，一部分社会党人开始希望若斯潘的回归。但当事人本人却不为所动。时间在消逝……华雅尔把自己的参选变成了一件铁定的事实。斯特劳斯-卡恩于是觉得可以提出自己的参选。

2006 年 9 月初，在正式提交候选人申请截止日期的几周前，斯特劳斯-卡恩又来到若斯潘在巴黎的家中。两个人已经一年没见面了。

"我告诉他我准备参选。他于是对我说，'我也可以参选。'我回答说，'利奥奈尔，你的机会已经过去了。你应当在一年前就决定，现在以我的名字组成的队伍已经开始活动，有人在替我工作。我相信我会有机会。我不能再为了你而退出竞选。'我们的交谈是冷冰冰的，对我而言，这真是件难堪的事情。因为我非常看重我们之间的友情。但我必须和他正面说清楚。"

在 9 月 29 日提交申请的那一天前夕，若斯潘陷入了狂乱之中。在家中与斯特劳斯-卡恩会面的几天后，他又把皮埃尔·莫斯科维奇请到家里："利奥奈尔要我告诉斯特劳斯-卡恩撤回申请。我回答他说如果他在一年前早作决定，我们就都会跟他走。这不是在你们俩中二选其一。我对他说，非常简单，你已经不再符合当前的形势。"对于一个自认为是利奥奈尔的儿子和斯特劳斯-卡恩的弟弟的人来说，这真是让人十分难堪的时刻。

9 月 16 日，也就是在申请登记截止日期的两周前，发生了超现实的一幕：利奥奈尔·若斯潘前来参加由社会党地方的最大区委之一在加莱地区中心城市朗斯组织的"大型恳谈会"。与他并排坐着社会党总书记弗朗索瓦·欧朗德和五位都有可能参加初选的社会党大佬：玛汀娜·奥布里，后来她并没有宣布参选；杰克·朗，后来退选转而支持赛古琳娜·华雅尔。还有三位是后来真正上场的竞争者：斯特劳斯-卡恩、法比尤斯和华雅尔。

"那真是一幕滑稽戏，"斯特劳斯-卡恩不加掩饰地说，"若斯潘就不应该在场，去和其他人再次竞争。这不是他的位置。"

2006 年 9 月 17 日，受邀参加卢森堡广播电台、费加罗报和新闻电视台联合举办的评论节目，前总理朝着可能会参加竞选的方向迈了一小步："我是有能力肩负起这个职责。但是，我还需要审视有没有可能团结全党。"若斯潘在确认"党和一部分同志"和"一部分法国公民"都鼓励他再次参选后，做了如上的表态。然而事实是内部对他的支持已经像阳光下的冰雪一般消融了。

法国电视二台在斯特劳斯-卡恩到布列塔尼地区时就若斯潘问题采访了他。斯特劳斯-卡恩的回答残酷无情："我认为他的参选没用。"

9 月 28 日早上，面对着卢森堡广播电台的麦克风，若斯潘正式认输："由于不能团结一致，我也不愿搞分裂，因此我不会是初选的候选人。"

斯特劳斯-卡恩事后分析说："随着事态的进展，我确信利奥奈尔在内心深处从未真正相信自己还会是候选人。他只是想说：'你们瞧，我能行。'他也的确行。不能在 2002 年 4 月 21 日的失败后再卷土重来，毫无疑问是一件痛苦的事情。"

在初选期间，利奥奈尔·若斯潘的亲信们纷纷都投入了斯特劳斯-卡恩的阵营。但他本人却始终对他以前的财政部长没有任何表态。在若斯潘和他的 50 年老朋友克洛德·阿莱格尔之间也出现了裂痕。

"我一直奋斗到底，想让他回来参选。如今我对支持他真感到遗憾。我们本应该立刻加入斯特劳斯-卡恩的阵营。这大概并不会阻止华雅尔参选，但绝对会推进斯特劳斯-卡恩的参选。"

冬天过后是春天

自从 2006 年 9 月他们最后一次会晤后，若斯潘和斯特劳斯-卡恩再没有见过面。他们 25 年的友谊在社会党初选这堵墙上撞碎了。安娜·辛克莱有一次在一位共同的朋友的受勋仪式上碰见了若斯潘，两人只是冷淡地握了握手。2007 年总统选举几个月之后，前总理出了一本书，标题为"死胡同"。这本书让安娜·辛克莱气得半死。

若斯潘在书中措词严厉地批判了赛古琳娜·华雅尔本人和她的所作所为。安娜·辛克莱立即就给这位以前的朋友写了一封充满怨气的信。要点如下：

"如果那时你认为华雅尔对左派而言代表着巨大的危险，你就应该支持多米尼克，甚至支持法比尤斯。对多米尼克你连一句好话都没说。这点伤害了我，令我震惊。多米尼克是你的朋友，你精神上的儿子，你的兄弟。而你一旦不能再次参选，就宁可选择你最大的对手，也不愿支持你自己的兄弟。"

斯特劳斯-卡恩本人却没有对若斯潘有过任何指斥。他是考虑到未来还有可能竞选总统？应该是。但同时这也是一个不愿意让别人评头论足，也不愿意对别人多加议论的人的性格。当谈到若斯潘时，他只是淡淡地说："我尊重他的选择。"然而斯特劳斯-卡恩隐忍不发的真正伤害却是当他母亲于 2006 年 11 月 14 日在社会党初选前夕去世时，他收到了许多表示慰问的致意，包括他初选的对手法比尤斯和华雅尔，而若斯潘却没有任何表示。

这怎么解释？遗忘？疏忽？或者是有意为之，为的是在初选投票的两天前避免任何可以被认为是表达政治支持的个人举动？只有若斯潘自己知道。

斯特劳斯-卡恩艰难地度过了 2007 年的总统选举。这是从 1981 年的总统选举以来第一次，他几乎没有扮演任何角色。除了偶尔到这儿或那儿开个会，整个冬天他都觉得无所事事。

据华雅尔当时的一位亲信凡桑·贝雍说："斯特劳斯-卡恩是少数几位她看重的人。"可能吧，但她的看重只是悄悄的。她甚至在他唯一与她一同参加一个竞选集会时，公开给了斯特劳斯-卡恩一个小小的污辱，哪怕这只是无意的。这一幕发生在查理城。

斯特劳斯-卡恩到得太早，而总统竞选人华雅尔又到得太晚。斯特劳斯-卡恩于是就像她丈夫一样，使出自己的本事让听众们耐心等待。而这位总统竞选人却根本没注意到他，在自己的讲话中忘了向他表示敬意。斯特劳斯-卡恩也不愿多待，就与一位朋友乘车回家了。他在车上接到不好意思的华雅尔打来的道歉电话。斯特劳斯-卡恩并不介意，他和他的同伴都一笑置之。

第二回，在竞选快结束时，赛古琳娜·华雅尔恳请斯特劳斯-卡恩帮助反击弗朗索瓦·欧朗德。这位社会党书记不和女总统竞选人的班子打招呼就发表了一篇关于退休金财政问题的文章。华雅尔的竞选委员会主任让-路易·比昂科于是建议华雅尔委托斯特劳斯-卡恩准备一旦社会党获胜后需要实施的税制改革。"真遗憾"，比昂科叹道，"报告写得非常出色。但我们却没能够使用。在这两个团队间有着太多的恩怨。"

这段插曲还留下了一个斯特劳斯-卡恩在把一个神秘的闪存交给华

雅尔的假想场面。在总统选举的两轮投票间，华雅尔又想起还有斯特劳斯-卡恩这么一个人。于是两个人又作秀般在一起共进午餐，席间她还透露说要是竞选成功就请斯特劳斯-卡恩入主马提翁总理府。结果她被尼古拉·萨科齐以大比分击败，华雅尔在社会党总部大楼的阳台上兴高采烈地"庆祝"了自己的失败，而斯特劳斯-卡恩则在电视台的直播现场呼吁左派革新。

　　接下来的一个月里，他一边为自己在瓦尔德兹省的再次当选开展活动，一边在法国各地为其他竞选人奔波。他的民望在民调中不断上升。斯特劳斯-卡恩将是 2012 年的总统竞选人吗？一些民意调查机构开始试探这个要在五年后才举行的，当时还显得完全不现实的假设。而斯特劳斯-卡恩自己却什么都不排除。有一件事却很清楚，那就是他肯定不会在这五年里只在社会党领导层里作壁上观。

第二十四章 在国际货币基金组织总部

2007 年 6 月 29 日，雷翁-布鲁姆广场，在巴黎第八区市政府的前院里，斯特劳斯-卡恩和他的家人在正等着最后的来宾。31 岁的玛琳，斯特劳斯-卡恩的第二个女儿要结婚了。来宾们看见斯特劳斯-卡恩独自一人在一旁躲了一会儿，耳朵贴着手机，他在专注地听着卢森堡总理让-克洛德·容克讲话：西班牙人罗德里格·拉多刚刚辞去国际货币基金组织总裁一职。这个驻扎在华盛顿的国际机构于 1944 年为了帮助二战后世界经济的重建而设立。今天它已包括 187 个成员国，地球上绝大部分国家。

"为什么不是你？"容克建议斯特劳斯-卡恩接手这个空出来的位置。"你可以是代表欧盟二十五国的候选人。"斯特劳斯-卡恩被吸引住了。兴奋异常的他把此事告诉了妻子安娜·辛克莱并和她一起权衡了这个选择的利弊。斯特劳斯-卡恩凡事都要征得妻子的同意。

婚礼后的第二天，斯特劳斯-卡恩飞往雅尔塔，在他的朋友，欧罗巴公关公司的老板斯蒂芬·福克的陪同下来到了黑海之滨。

克里木半岛这个温泉疗养地曾是 1945 年 2 月罗斯福、斯大林、丘吉尔历史性会晤的舞台。如今每年都在此定期举行雅尔塔欧洲研讨会，一个高水平的"思想库"。

斯特劳斯-卡恩碰到了比尔·克林顿、吉拉德·施罗德、乌克兰的企业家以及来自欧洲各国的经济学家。在雅尔塔与会期间，斯特劳斯-卡恩与意大利总理普罗迪通了电话，后者保证支持他。而卢森堡首相容克也分别试探了德国总理默克尔、荷兰首相、西班牙首相的口气。大气候看来对斯特劳斯-卡恩有利，但要成为欧洲国家共同推举的候选人，斯特劳斯-卡恩还必须先得到自己本国的支持。

但为此而给现任总统萨科齐打电话却是件棘手的事。容克担起了这个任务。总统的回应令人鼓舞。

几天后斯特劳斯-卡恩应邀来到爱丽舍宫。法国总统并不是必须热烈支持一位社会党人得到这个职位，但他却这样做了，因为他敏锐地感到这是一个"好招"。他已经用开放这张大网将古施奈、博克尔和贝松网罗了过来。斯特劳斯-卡恩当然不会进他的政府，但总统的支持却让这条社会党的大鱼游到了双方都赞同的萨科齐主义的水域里去了。

握手寒暄，会心地微笑，在公众面前用"你"相称。两个人演出了双赢的一幕，萨科齐在把一位有可能成为2012年总统选举的对手远远送到华盛顿去的同时，还扮演了一个出色的角色。而斯特劳斯-卡恩也喜形于色，因为他终于获得了一个与他相称的职位。这件事圆满进行。

7月2日，欧盟各国财长齐聚布鲁塞尔正式通过了法国社会党人的候选人推举。除了英国稍有犹豫。美国根据保证世界银行行长是美国人的约定将支持欧洲的选择。

根据各自的经济规模，美国和欧洲在基金组织中分别按比例各占16.79%和32.10%的投票权，这个组织的总裁就是在这个框架下被选出来的。再加上日本和加拿大，斯特劳斯-卡恩获得多数票是确认无疑的，但是西方在金融机构方面的霸权越来越不为世界其他国家所认同，斯特劳斯-卡恩并不愿意只是这些富裕国家的候选人，这个表态既合乎逻辑，又是政治需要。

全球竞选

候选人开始竞选活动。这一回可不是在萨尔塞勒的菜市场和人握握手，也不是像前一年的社会党初选那样去说服党的各地分部，这一回他的行动范围扩展到了整个地球。

法兰西共和国将为他和他的团队埋单，这是当一位同胞竞选一个国际机构的领导职务时的惯例。萨科齐总统毫无保留地支持此事，但斯特劳斯-卡恩本人运行竞选，他还必须要全力以赴。在几周内，斯特劳斯-卡恩奔波了几万公里，国库的一位高管不久后也成了基金组织的董事之一的安伯兹·法约尔全程陪同。

斯特劳斯-卡恩的英语和德语无懈可击，西班牙语也有深厚的根底，而且还听得懂一点儿阿拉伯语。他成功地吸引了有时会表现出怀疑的对话者们。在非洲，他赞同基金组织总裁的选举任命模式存在不公并承诺要改革机构。非洲大陆的 44 个国家只在基金组织里占到 4.4% 的投票权，尽管没有做出正式承诺，斯特劳斯-卡恩也让大家明白他希望自己将是基金组织最后一任西方国家的领导人。他得到了塞内加尔总统瓦德的帮助，后者一位接一位地说服了他的非洲同僚们。

斯特劳斯-卡恩接着来到南美洲，基金组织在那边声誉不佳。他毫无困难地与智利和巴西的社会民主党总统巴什莱和卢拉结为盟友。在阿根廷，任务要更艰巨。这个国家仍未从几年前基金组织的休克疗法带来的伤痛中完全恢复，连斯特劳斯-卡恩都称之为"灾难性的干扰"。阿根廷总统却同意支持他。

在他的马拉松旅行期间，他还去了中国、沙特阿拉伯和印度。所到之处，交流基本顺畅。

8 月 29 日，容克明确表示斯特劳斯-卡恩很可能是"最后一位出任国际货币基金组织总裁的欧洲人"。而萨科齐也给英国首相布朗打了电话。9 月 4 日，英国终于宣布支持斯特劳斯-卡恩。

尽管还有一位欧洲人，苏联时代捷克斯洛伐克的央行行长杜索夫斯基的竞争，斯特劳斯-卡恩的当选是肯定的了。这位杜索夫斯基并没有得到他自己国家的支持，他的提名是俄国人搞出来的。在 9 月 18 日到 20 日举行的听证会期间，这位前共产党领导干部在基金组织董事会成员面前显得苍白无力，言谈像个技术官僚。

而斯特劳斯-卡恩则正相反，非常具有政治素养，对他希望领导的这家机构做了雄辩的批评。他并没有讨好那些支持他的国家。美国拒绝使用基金组织的黄金来降低贫穷国家的借贷成本？斯特劳斯-卡恩却相反表示赞同，但条件是基金组织的支出得到控制。

"我不愿意成为北方反对南方的候选人。"他表示这种欧洲人保留基金组织总裁的职位，而美国人则专有世界银行的约定"越来越难以维持下去了"。基金组织的总裁应当根据才能而不是"他的国籍"来决定。

无论是在贝尔西财政部还是在萨尔塞勒市政府，斯特劳斯-卡恩始终是一位凯恩斯主义者。在由凯恩斯本人创立的国际货币基金组织里，他就更该是凯恩斯的信徒。在对董事会发表的长篇演说中，斯特劳斯-卡恩经常引用他思想导师的言论，凯恩斯倡导"对陷入困境的国家进行非强暴的干预"。

还有一个大问题：斯特劳斯-卡恩是否准备好完成将于 2012 年秋季结束的五年任期？也就是在法国总统选举的 6 个月后。基金组织的成员们已经被前任总裁搞怕了。德国人科勒和西班牙人拉多分别在任期的第五年和第四年开始时挂冠而去。斯特劳斯-卡恩请大家放心："我确保至少在一个五年任期里，让基金组织恢复它应有的地位。"通过这个宣言，他似乎要放弃 2012 年的总统竞选。但一旦当选为基金组织总裁后，他的说法就又不一样了……

总　　裁

9 月 28 日，斯特劳斯-卡恩在华盛顿国际货币基金组织董事局主席召开的 28 位董事悉数参加的全会上被任命为新一任总裁。除了俄国和一小部分亚洲国家如印度尼西亚、缅甸、马来西亚，全世界绝大部分国家都给他投了赞同票。

正应智利总统巴什莱之邀在圣地亚哥出席一个研讨会的得胜者立刻就接到了报喜的电话。赞美之词铺天盖地几乎把他淹没。连总统萨科齐都来在斯特劳斯-卡恩的当选中捞一把，他把此事形容为"法国民主的伟大胜利"，大事吹嘘他自己的开放政策，是"不论他们过去的政治经历，只看重他们的才能"为标准的人尽其才。社会党总书记欧朗德也表示"社会党人对斯特劳斯-卡恩的当选感到骄傲"。

在他本人的第一份告示中，基金组织的这位新总裁宣布"自己决心毫不拖延地着手基金组织所需要的改革以便稳定金融形势，服务人民，提高就业率，推动经济增长"。在 10 月 2 日的《世界报》上，斯特劳斯-卡恩阐述了自己对国际货币基金组织的设想：

"它再不能只满足于当一个给那些陷入困境的国家以强制为条件发放贷款的'警察'……基金组织面对的是一个复杂多变的世界，地缘政治的力量关系发生了变化……新兴国家——中国、印度、巴西、南非或墨西哥——想要更多的发言权。他们有理！……这些国家还有其他国家再也不愿意以牺牲社会平衡来换取金融稳定。他们还是有理！……在凯恩斯放在基金组织摇篮里的捐助物中，有一件彩色的大衣，它提示基金组织应当属于全世界。是的，人人都应该觉得像是在自己的家里。这一点应当在基金组织内部成员的组成上体现出来，目前非洲，亚洲和拉丁美洲的成分就不够多。"

接下来的 11 月 1 日，总裁先生正式上任，他进驻位于华盛顿第十九街的基金组织总部的办公室。社会民主党人斯特劳斯-卡恩决心要把这个自由色彩的机构变成平衡全球资本主义经济的杠杆。他马上就会面临即将在 2008 年秋季爆发的既猛烈又具有极大摧毁性的金融风暴。他还是那些最早预料到这次风暴的人之一。

2008 年 1 月在达沃斯论坛上，他提出警告说为了应对可能发生的危机的广度必须在世界范围内将财政预算提高 2%。从一家以全球预算警察为名的机构发出这样的声音，真是一场革命。

拉里·萨默尔，克林顿时期的经济部长和未来奥巴马的经济顾问没有搞错。他对着满堂张着嘴的听众说："诸位刚刚见证了一个历史性的时刻。这是第一次一位国际货币基金组织的总裁呼吁用预算刺激经济。"

2008 年秋的金融危机迫使许多持经济自由主义观点的国家元首们
——其中就有萨科齐——承认宏观经济调控的好处。2008 年 11 月入主
白宫的民主党行政当局相比布什政府而言对经济干预持更为开放的态
度。这对于斯特劳斯-卡恩的计划不无补益。基金组织的角色变换了。
它成了政治舞台上的要角。它的总裁在为了应对危机而召开的二十国会
议上与那些"大人物"们并肩而坐。

当他在 2007 年夏天竞选这个位置时，斯特劳斯-卡恩曾许了很多
愿。后来他并未能一一兑现。但在不到四年里，他取得了非常重要的成
果：机构的金融资源增加了 3 倍；改革了比例制使新兴国家在基金组织
内部有了更好的组合；开始改革国际货币体系，实行流动利率贷款，为
了援助贫穷国家，通过出售基金组织的黄金来给他们提供零利率贷款。
这也在某种程度上改善了非洲国家和亚洲国家与基金组织的关系。在他
没有完成的任期里，斯特劳斯-卡恩使一个非常没有民望直到那时一直
被形容为老恶棍模样的机构重放光彩。

当 2008 年金融危机爆发时，斯特劳斯-卡恩就换了角色。他开始
"管理"世界经济。就像 9 年前在贝尔西财政部一样，他的政策和他本
人都受到了一致的好评。但斯特劳斯-卡恩的政治生涯又一次发生了危
机。历史总在重复。这一回他又面对的是以一个女人名字为题的"麻烦
事"，这个女人叫皮罗斯卡·纳吉。

第二十五章 多米尼克"难以承受的轻率"

"国际货币基金组织的性丑闻!"2008 年 10 月 28 日这一天,离美国总统大选尚有数日。正当世界资本主义制度摇摇欲坠,深陷于自 1929 年以来史无前例的危机之中,国际货币基金组织却被一场突如其来的闹剧搞乱了。

这一天,美国的华尔街日报报道说这个国际组织的总裁有对一位女下属"非礼之举"的嫌疑,警方正在对此展开调查。Shocking(英语:令人震惊)!但这又是怎么回事呢?还是让事实来说话。

2008 年初,在他就任总裁几个月后,斯特劳斯-卡恩与基金组织非洲部的第三负责人,一位 40 岁的匈牙利女性皮罗斯卡·纳吉有了短暂的一段私情。如果不是因为纳吉受骗的丈夫马里奥·伯莱热发现了在他妻子和基金组织总裁之间往来的那些有损名誉的电邮,这桩两厢情愿、老生常谈的出轨行为恐怕只会是人们茶余饭后的闲聊而已。

这位阿根廷有名的经济学家,本人也曾是国际货币基金组织的高管,将这桩私情在这家他的熟人要比新上任的总裁多得多的机构里公之于众。

在美利坚合众国,可不能拿道德品行开玩笑。就斯特劳斯-卡恩一事而言,问题却不在于出轨本身,问题在于他和这位年轻女性存在着上下级关系,尽管她于 2008 年 8 月因实施职务精简,与 400 位同事一道拿了补偿金后,去伦敦的欧洲重建与发展银行工作。

斯特劳斯-卡恩是否利用了自己的职权迫使一位女下属与自己发生了她并不愿意的性关系,然后又帮她获取了比法定金额更高的补偿金以便她顺利离职？这是严重的问题。这使得国际货币基金组织总裁的信誉在世界经济正处于敏感时期时大打折扣，调查应当是无可指责的。

开始时一个由三人组成的内部风纪委员会负责此事，其中两位分别来自埃及和俄国，两个反对任命斯特劳斯-卡恩出任总裁的国家。初步调查的结论是事关成人间两相情愿，与斯特劳斯-卡恩的职权并无联系。但俄国不满意，借口是国际货币基金组织的董事会有可能指责内部风纪委员会缺乏客观性，因此提议并获准将有关材料移交给一家独立机构，摩根·列维斯国际律师事务所，劳动法权方面的专家。结论将在10月底公布于众。

调查真可谓是极其深入，对斯特劳斯-卡恩与皮罗斯卡·纳吉之间的所有往来信件都进行了极其详尽的分析，两人电脑的硬盘都被仔细地梳理了一遍。在这场矛盾的调查中任何不对头的地方都被指了出来，任何细节都未放过。斯特劳斯-卡恩的政治生涯真可谓是命悬于一线。只要调查者们发现一处"滥用职权"的蛛丝马迹，斯特劳斯-卡恩将立即被基金组织赶走。击中、沉没。没人知道他如何能在一次这样的受辱后再在政治上翻身，在法国，政界左、右派一起开始了同情大合唱。

在这场异口同声的音乐会上，只有赛古琳娜·华雅尔和她在社会党初选时的对手保持距离，她在法国第四电视台上宣称："应该等待调查结论，我希望斯特劳斯-卡恩洗清对他的指控。不然的话，法国严谨的名声和威望将遇到很大的麻烦。"

正像在8年前一样，斯特劳斯-卡恩真正的朋友们焦急万分，一个如此有才能的人，一个如此聪明的人又一次因他自己"难以承受的轻率"而陷入绝境，面对这种局面，必须要学会保持镇定，哪怕走错一小步都将可能决定全局。

斯特劳斯-卡恩就像个走钢丝的杂技演员，一个人高高立在钢丝绳上。三位公关专家像消防队员一样赶来援救，吉尔·范森斯坦、安娜·荷美尔，新闻专员，两位都是著名公关公司欧罗巴的受薪成员；最后还有他的朋友，拉卡代尔工业集团的公关顾问杭吉·吉胡恩，他们在华盛顿会合，共同策划了反攻。

"一夜情"

说真话。不要重复比尔·克林顿所犯过的错误。这位美国总统因笨拙地否认自己和白宫的女实习生、年轻的莫尼卡·莱温斯基曾有私情而差点遭到弹劾。

多米尼克·斯特劳斯-卡恩发表声明承认了"2008 年 1 月在他的私生活中所发生的事故"。接着是要点："我在任何情况下都没有滥用我作为总裁的职权。"最后的结论是："我对调查此事的独立于基金组织的事务所协助配合，并且仍将接着协助配合。"

那么安娜·辛克莱呢？她丈夫在几个月前就已经对她交代了实情，她也原谅了他的出轨行为。2008 年 10 月 19 日，她在自己的博客上写道："每个人都知道这种事在所有夫妻身上都有可能发生……对我而言，这回的一夜情已经是过去的事了；我们已经翻过了这一页；我们相爱如初。"在华尔街日报将此事公之于众之前，夫妇俩就已经告诉了他们的孩子，所以，从当事人的角度而言，此事已经得到了控制，还要等待的是调查结论。

在经过了几天的悬念之后，律师事务所公布了调查报告，结论是多米尼克·斯特劳斯-卡恩没有"骚扰，也没有特殊照顾，或以别的形式滥用职权的行为"。斯特劳斯-卡恩是完全清白的，国际货币基金组织的总裁没有犯规，但他的确有"令人遗憾的行为，反映出他的判断错误"。这是基金组织董事会在最后结论时所使用的词汇。

几周后，这桩事件又跳出了最后一幕。2009 年 2 月 17 日，法国《快报》杂志的网站上登出了皮罗斯卡·纳吉在 2008 年 10 月 20 日写给负责调查的律师之一罗伯特·史密斯的一封信。信中写道："我认为斯特劳斯-卡恩先生利用他的地位采取手段来勾引我。我已经向您详细解释过他是如何数次召见我以向我提出不当的提议。虽说我已度过了漫长的职业生涯，但来自国际货币基金组织总裁的邀约仍令我不知所措。"

尽管这封信是在事件做了结论后才收到的，调查者们还是以"追加"的方式把它作为新材料纳入档内。2009 年 2 月 23 日的《解放报》引用了史密斯律师的确认："我们收到了这封信并将它写进了我们的报告。我们并没有发现任何证据能让人认为总裁滥用了自己的职权。"

纳吉的这封信与她此前在多达 28 次的律师详细询问中所作的陈述背道而驰。有些法国记者后来认为这封信表明调查团有想讨好斯特劳斯-卡恩的痕迹，这纯粹是对美国司法的调查程序和运作的误解。但这封信的确令人迷惑不解。如何解释它？

它写于 2008 年 10 月 20 日，就在同一天，安娜·辛克莱在自己的博客上重申"像初恋般"爱着自己的丈夫，把皮罗斯卡·纳吉却说成是"一夜情"。这个词，翻成英语便是"One night stand"让人听了很不舒服，在英语中经常都是用来形容婊子的。这番表白是不是又激起了匈牙利女经济学家的悔意？皮罗斯卡·纳吉在事后对这桩给她带来了巨大麻烦的一时出轨感到后悔，不是非常正常的吗？

如果她想挽救自己的婚姻，她最好的选择自然是说自己屈从于总裁的邀约。但她在这封信中所给出的版本却是很靠不住的。皮罗斯卡·纳吉可不是像某些媒体描绘的那样是"斯特劳斯-卡恩的秘书"，更不是像莫尼卡·莱温斯基那样的一位白宫 24 岁的实习生，被克林顿总统迷得发疯。

2008 年已经 40 岁的皮罗斯卡·纳吉是位高级公务员，她的任用并不归斯特劳斯-卡恩管。为什么她不会就只是被一个年岁已大，开始发福但魅力不减当年的男人所吸引呢？也说不定反过来是他接受了匈牙利女经济学家的邀约？

不过国际货币基金组织的总裁既然已经洗清了"滥用职权"的嫌疑，这一切也就无关紧要了。从道德的角度而言，除了他自己的妻子、无人有权去加以评判。而她已经原谅了自己的丈夫。有一点却是明摆着的："尽管在这桩事件中如同 9 年前的学保案一样，斯特劳斯-卡恩并没有犯罪,他却再次暴露了自己轻率的弱点。"

在这个几年前克林顿总统因在椭圆形办公室里的一次口交而搞乱了自己的第二个任期的国家,斯特劳斯-卡恩本应谨慎行事。大家在他去华顿盛之前都提醒过他。但斯特劳斯-卡恩就是不谨慎。远远不谨慎,他是第一位法国政治家在自己的职权领域里欺骗自己的妻子,也是唯一的因为私通发生在美国的领土上而引起了公开的丑闻。这真是斯特劳斯-卡恩之难以承受的轻率!他的耳朵根还会不停地发红。

假道学的讽刺演员

2008年10月19日,华尔街日报揭开了此事的第二天,讽刺作者兼演员斯蒂芬·吉永便把斯特劳斯-卡恩作为他在法国国际台早间节目的讽刺对象。谩骂攻击持续了近4分钟,而且不是小打小闹。这里有几个片断:

"蹦蹦嚓、昨儿一早、消息传来:斯特劳斯-卡恩又陷入了一桩私通案……社会党的最后一头大象新陈代谢却像只兔子……股市越是动荡,他就越会升官。而且他还要展示展示自己的老毛病……真悲惨,堂堂国际货币基金组织的总统(原话如此)就像个小地方来的无赖推销员一样乱搞,真让人受不了……把社会党里裤子脱得最快的人派到美国,真是自杀性的行为……基金组织的总统(原话如此)性生活像只兔子。服了,全世界的股市真的都疯了。"

这段评论不时被直播间里在场的记者和技术人员的笑声打断。法国国际台的某些人觉得什么都搞笑。这是因为吉永既不具备神奇的想象力,也没有已故的小品演员高吕什的宽阔胸襟。他不会像著名的小品演员吉·伯多斯那样展现语言的神妙。如已故的独角戏大师雷蒙·德沃斯就可能会用影射的方式让观众发出使斯特劳斯-卡恩难受的笑声。

而他吉永却不知道如何掌握暗喻,双关语,他的词汇真是可怜。仅4分钟他就反复重复了几遍同一词组。把社会党大象的性生活与兔子相比只会引起小酒馆前台的一片笑声。把全世界的股市与斯特劳斯-卡恩的钱包相比也只能让那些脸皮厚的年轻人哈哈大笑。但这些插科打诨与一位职业的讽刺演员应该有的形象不符。

2009 年 2 月 17 日星期二斯蒂芬·吉永又往斯特劳斯-卡恩头上泼污水。正在巴黎的斯特劳斯-卡恩受法国国际台之邀，自金融危机爆发以来第一次公开表态。吉永的早间评论节目就在斯特劳斯-卡恩来到国际台直播间的几分钟前。当时发生的事情将成为电台历史上严重的事件。斯蒂芬·吉永让人把广播大楼走廊里的警报拉响。接下来是他节目的几个片段：

"几分钟后，多米尼克·斯特劳斯-卡恩就要人—进—到这个直播间来了（笑声）……毫无疑问，整个编辑部都采取了特殊的安保措施……为了保护女性职员，电台内所有黑暗和没人的地方（停车场，厕所以及某些壁柜）都封闭了起来。今早的节目有五级警戒线，最后一级就是将国际台的女性员工统统撤离到别的楼层去。下面警报试验：呜、呜、呜！听到报警后，我请女士们全都去电梯口集合……别慌……咱们在他的咖啡里放上镇定剂。而且本台将第一次使用两台摄像机：一台对着被采访者，另一台放在桌子下面以确认一切都在正常进行。"

节目在最后一次试验警报声中结束。时间已近 8 点，斯蒂芬·吉永也立刻离开了电台。

斯特劳斯-卡恩则应该在 8 点 20 分发言。当他在安娜·辛克莱的陪伴下离开他们距广播大楼只有几步路的十六区公寓时，听到了吉永的节目。

夫妻俩都被这暴狂的攻击气得半死。在前往法国国际台的车里，斯特劳斯-卡恩一直无法下咽这档节目的最后几句话，也是最残酷的几句话：因为吉永对国际货币基金组织的总裁与安娜·辛克莱的感情生活表示了怀疑。

在这短短的一段路上，斯特劳斯-卡恩和他的公关顾问吉胡恩通了个短短的电话。他的老友也在家收听国际台，他建议斯特劳斯-卡恩取消节目采访。他说：

"即使你是一位言论自由的捍卫者，你也有不去国际台的自由。让电台自己去和他们的听众解释斯蒂芬·吉永的错误，他们可以让电台空上 10 分钟。如果你决定去，那就绝不要提及或影射吉永，你会替他做宣传，这就更糟!"

相反安娜·辛克莱却建议自己的丈夫"不要放弃"。斯特劳斯-卡恩终于落入了斯蒂芬·吉永的网中，这是个可怕的陷阱。斯特劳斯-卡恩现在只能在两个都坏的方案中二选其一。

他没有听从吉胡恩的建议，在采访开始的引言中，他对吉永的节目做了个短短的、不提名的回击："我很不欣赏你们的讽刺节目主持人刚才的评论。政治负责人和公众活动的负责人有权，甚至应该说有责任受到各类讽刺和幽默的批评和挖苦。但当它变成一味的恶毒攻击时，幽默和讽刺便不再让人觉得滑稽、有趣。"

斯特劳斯-卡恩的回击却使吉永的评论引起了更大的反响。6 小时里这档节目的录像就在网上被浏览了 36000 次。事情闹翻了天，当天下午，法国国际台向国际货币基金组织的总裁正式道歉。连好几位政界人物，包括萨科齐总统都对斯蒂芬·吉永表示强烈谴责。一些记者则把这些反应看成是对言论自由的践踏。几天内，斯特劳斯-卡恩和吉永的争论在网上和各电视台的录像厅里被炒得热火朝天。2009 年 3 月 2 日，斯蒂芬·吉永在法国二台的一档时事评论节目中对斯特劳斯-卡恩和政界的愤怒表达了自己的愤愤不平："他们的反应真是不成体统。我对此深感忧虑……咱们要进入白色恐怖时期了。"

而专栏作家兼编辑艾立克·诺罗则抨击政治家们说："他们想为自己的利益而控制媒体。"节目主持人提醒他说斯特劳斯-卡恩已经被一个美国调查团洗清了嫌疑："基金组织已经做了结论。老实说风纪检查组可不是一帮开玩笑的人，他们都已经明确表态，再没什么可为此纠缠不清的了，事情已经解决。"

但诺罗仍不依不饶："问题在于究竟是斯特劳斯-卡恩的行为还是吉

永的节目才是丑闻？……我个人认为本应当为人楷模的斯特劳斯-卡恩先生本人的种种不当行为才是问题的根源，应当受到指责。"

用了同样的道德标志，吉永板上钉钉地说："不，我不感到遗憾，也没有私心杂念。谁伤害了谁？……我一直都保护妇女，因为我爱我的妻子。"在场的一位著名的讽刺画家带着嘲讽的意味画了一幅速写向诺罗和吉永显示他们俩现在已经可以和"美国的道统人士"为伍。

斯蒂芬·吉永于是引用了他的一位在欧洲一台做同类型的早间节目的同行的话作为回答："我们这些讽刺和幽默的作者是带着面具的复仇者。我们大声地说出了成千上万的人们做梦都想在电台里说出来的话。"

法国是个奇异的国家，在这个国度里，几位讽刺作者自以为比美国的道统人士还要更勇于捍卫社会道德观。在这个国度里，一位名叫捷里·阿尔迪松的节目主持人可以不加任何警示地在电视中对斯特劳斯-卡恩发起非常严厉的指控。

第二十六章 谎言的大喇叭

　　这桩公案是在 2007 年 2 月 5 日巴黎社会新闻电视台的一档名为"圣·奥诺利路 93 号"的节目中爆开来的。主持人便是这位捷里·阿尔迪松。与往常一样，一群来自各界的名人，如：广告大亨雅克·赛阁拉和捷里·索赛，政治记者克洛德·阿斯卡洛维奇和他的两位同行阿发地和佘福龙，演员罗杰·阿南，讽刺作家达安等，受邀参加这个烛光晚会一起聊聊各种从严肃到轻松的话题。

　　不同题材的混杂，名人间的交锋，热烈的争辩，使人如坐针毡的讽刺，这个混杂了各式言论的鸡尾酒会正是这档节目的特色。

　　那天晚上应邀参加节目的还有一位年轻的女作家兼记者，年仅 27 岁，金发靓丽。她的名字叫特里斯坦娜·巴农。几个月前，她刚刚出版了自己的第二部小说《空中杂技演员》。但捷里·阿尔迪松却要她再谈谈她的第一本书，在 2003 年出版的一本采访散文集，标题为"承认错误"。在这本书中这位年轻的记者请十几位名人"忏悔"自己所犯过的最严重的错误。其中的一位据巴农声称，行为实在是出格。

　　谈天说地突然间走调了。年轻姑娘提到了一个人名，电视观众却都被长长的嘀嘀声搞得没有听清是谁，这是电视台为了避免因诋毁某人引起法律纠纷而应有的基本谨慎。

　　巴农接着说道："和他真是弄得一塌糊涂。这简直就是只发情的大猩猩！"阿尔迪松立即添油加醋地说："人人都知道，真的，这哥们儿见了女的就走不动道。"特里斯坦娜·巴农附和道："真的，国民议会里再也没有一个年轻女子愿意给他当秘书。他是唯一的有个快 60 岁女秘书的议员。这位女秘书还基本就是个胖子（斯特劳斯-卡恩当时的秘书杜瓦尔太太可能已年过五十，在今天看来并不算老，而且她绝对不是胖子）。"

围桌而坐边吃边喝的各位来宾听得不是目瞪口呆就是觉得好笑，人人都觉察到主持人捷里·阿尔迪松一心想把斯特劳斯-卡恩揭出来示众。因为"这只发情的大猩猩"正是指前财政部长。特里斯坦娜·巴农开始详细描述4年前发生的那一幕："他建议我们见面，他给我一个地址，我不认识这个地方，这已经使我很惊讶，因为我对他的生活多多少少地了解一点儿，所以我知道他住在哪里，我知道他在哪里办公。国民议会我也大概熟悉，但都不在这些地方。"

年轻女子在阿尔迪松"啊呀呀"的伴奏下继续她的描述。

"我找到了这个地方，把车停下，上了楼……我进了房间，我穿了一件黑色高领毛衣，这种衣服大概会让男人产生非分之想……结果真是糟透了，因为我们差点儿就打了起来，所以会面是在非常粗暴的动作中结束的。我已经清清楚楚地对他说，'不行，不行。'我们在地上滚打起来，不仅仅是两记耳光，我还用脚踹……真是乱作一团……我终于逃了出来，他马上给我发了条短信说，'我让您害怕了？'"

当巴农冷冷地描绘着在她眼里看来就是一次未遂的强奸时，阿尔迪松一直在旁边竭力地插科打诨活跃气氛，说些诸如"只要见了你，就能理解你"之类的话。只有一位来宾主动发表了评论，他就是演员罗杰·阿南，他声称道："这种蠢事是家常便饭，他要是干了这个，还有什么他干不出来？"

与电视观众不同，罗杰·阿南很清楚这只发情的大猩猩的身份。作为密特朗的连襟，电视剧里著名的拿瓦罗探长的扮演者，长期以来一直在社会党内部活动，他本人在80年代时还担任过社会党演艺分部的书记，领导党内的艺术家。在"叔叔的连襟"（阿南）和"若斯潘的连襟"（让-马克·蒂伯）之间一直明争暗斗。在站到了法共一边后，2007年阿南又跑去支持右派总统候选人萨科齐。

敌视所谓"清算的权力",他从未掩饰自己对若斯潘以及他周围人的厌恶之情,尤其是对斯特劳斯-卡恩,这个他眼中"背叛"了密特朗的罪恶之人。

除了罗杰·阿南,所有其他来宾的话一句也未被电视观众听见,因为播出的版本经过了仔细剪辑而去掉了所有不同调门儿的反应。主持人阿尔迪松本人并没有真正询问巴农。他们在指责了斯特劳斯-卡恩强奸未遂后,便又谈起了别的事情……

新闻还是害人的花边新闻?

巴黎社会新闻电视台在接下来的 2 月 20 日又重播了一遍这档节目,但在当时并未引起任何轰动效应。法国正在进行总统竞选。几个月前在社会党初选中被赛古琳娜·华雅尔淘汰的斯特劳斯-卡恩并不是大多数人关心的对象。

"巴农事件"要到 2008 年 10 月华尔街日报披露了斯特劳斯-卡恩与匈牙利女经济学家的出轨行为后才真正重新闹了起来。直到那时一直都对阿尔迪松的节目一无所知的网站"公民媒介"把这档节目放在它的网址上。接下来诸多报刊和广播电视节目纷纷跟进。直到 2011 年春天,在节目初次播出的 4 年后,全世界的网友仍可以浏览特里斯坦娜·巴农对斯特劳斯-卡恩激烈指控的录像。

2011 年 5 月 14 日斯特劳斯-卡恩在纽约因企图强奸罪被捕继而被囚后,法国和全世界的报刊都突然发现了"巴农事件"。这桩假定的性侵案令人迷惑不解地和斯特劳斯-卡恩在纽约被指控的案子很相似。

在两案中,前财政部长都被描绘成一个粗暴的男人,行为如同野兽,总想捕获猎物,只有在和这位假定的强奸犯一番打斗后,才得以在最后关头逃脱。但对巴农的证词却要提个问题:"为什么这么长时间她都没有起诉?"

2008 年时她解释道是因为她没有证据:"谁能阻止我碰上的人中有

一半都不信我的话，他们并没有必要认为我是好人。"然而，这位年轻妇女，据她自己说，却的的确确有物证，比如斯特劳斯-卡恩发给她的许多短信，信中斯特劳斯-卡恩老重复地问她："我让您害怕了吗？"

为了说明她没有起诉的原因，特里斯坦娜·巴农在阿尔迪松主持的节目中还谈到害怕报复。这可信吗？1999 年时，权势正盛的财政部长斯特劳斯-卡恩因一点儿小事便被司法部门赶下了台。2003 年，他在右派既掌握了政府又霸占了国会的局势下正处于无权无势的境地，那时对他提出起诉不是正好保证他不能报复？

但是，在阿尔迪松的节目中，巴农是这样解释自己的顾虑的："那时的我正孤身一人生活在巴黎。他和另一个人一起来的，那家伙看上去不那么面善，谁知道他会不会动粗。我想他不会叫人暗杀我，但让人把我打个鼻青脸肿，这完全有可能。"

谁是巴农说的这个"家伙"？是不是斯特劳斯-卡恩的朋友吉胡恩？有可能。但斯特劳斯-卡恩的这位朋友在拉卡代尔工业集团中身居高位，一点儿都和莽汉不沾边。他肯定地说自己从未见过巴农。但他说他在很久前曾在电话里和她交谈过。他展示了一个有关此事的与年轻女作家非常不同的说法：

"那是在 2003 年年底，多米尼克正从导致他 1999 年从若斯潘政府辞职的案子里走出来，重新向上攀登。就在那时我了解到 6 个月前他接受了她女儿的一个朋友，特里斯坦娜·巴农一次长时间的采访。当他对我说他在采访中主要是向她'忏悔'自己的错误，我有点儿不安，于是我给巴农打了电话要求读一读采访记录，这是符合惯例的，因为这是对话而不是叙述。她告诉我已经迟了，因为出版社已经将文字交给了印刷厂。她承诺会给我回电话。但她并没有打来。

"我于是约见了本书的出版商阿兰·卡尔耶，他非常礼貌地接待了我，并把采访的文字交给了我。当我读到这篇稿子时，我完全惊呆了。她的文笔可笑至极。她用了大量的赞美词来形容多米尼克，让人简直哭笑不得。我们花了多大劲才让人们忘记了那些使他受到错误指控的事件，尤其是学保案。因此，除了一张 2000 年当他在巴黎大区参议会的办公室被搜查时，神态庄重地站在办案法官面前的照片外，任何这段黑暗时期的影像都没有留下来。而现在，为了帮女儿朋友一个忙，多米尼克就会大肆渲染这些过去的事！我立即给出版商写了一封信要求撤下对多米尼克的采访，并且将有他的面孔出现的书封面换掉。他回信向我保证做到，后来也确实做到了。"

几天后，气愤的年轻姑娘给吉胡恩打了电话："您这是活活把我烧死。"她对他如是说道。"她这句话使我感到震惊，我一直都没有忘记。我是这样回答的，"吉胡恩接着说道，"如果您稍微诚实一点儿，我们就不会这样做。"据吉胡恩说，特里斯坦娜在谈话结束时威胁道："我会对斯特劳斯-卡恩报仇的。"

而在巴农一边，年轻女作家在 2008 年的一次公民媒介网对她的采访中对此事也提供了一个完全不同的版本。据她说，安娜·卡尔耶出版社在准备出版她的书"承认错误"时，因她在书中谈到了她曾遭斯特劳斯-卡恩的侵犯，而将有关斯特劳斯-卡恩的那一章删除了。

但出版商阿兰·卡尔耶不久后在公民媒介网上播出的一次采访中反驳了她的话。他宣称："这一章对全书毫无作用，我为此和作者讨论过，然后我们共同决定将它删除……没有任何强制的审查，问题出在这一章牵扯到了私生活。当今天我读到那些所谓的作者本人中明时，我觉得和我记忆中的过程一点都连不上，那时并没有这么多激烈的言语。"

2009 年本书作者与阿兰·卡尔耶通了电话，他表示不愿再谈到这桩纠纷，同时也强调了他和特里斯坦娜·巴农的友谊以及对她的信任，他已经出版了她的好几本书。

巴农写的有关斯特劳斯-卡恩的这著名的一章，最后还是被出版商删除了，那么这一章到底说了些什么？我们找到了这篇没有发表的稿子，年轻的女作家在这一章里详尽地叙述了她和斯特劳斯-卡恩的两次会面，第一次于 2003 年 2 月 5 日在斯特劳斯-卡恩的国会办公室里，第二次是一星期后在巴黎七区的一个基本没有家具，没有人住的套房里。

分两次完成的采访是对前财长曾经犯过的错误的回顾。

　　整个篇章是以作者的一段引言开始："我一直没有得到答复，我甚至缠着他不放；这个约会，是我想要的。在3天里给他的手机打了4个电话后，他终于屈从了。"接下来斯特劳斯-卡恩开始谈到自己的"错误"。其中有这么一段：

　　"我生活中的第一个错误？那简直多了去了，一大堆……严肃地说，我认为我第一个真正的错误是没有选择科学研究这个职业……在学保案中，发票的日期的确搞错了，因为我疏忽了细节。然而事后看来，我始终认为我辞去政府职位的决定是正确的。当然，我当时并非必须辞职，但这是个操守的问题。"

　　斯特劳斯-卡恩的谈话令年轻女作家失望。她在自己对采访穿插的评论中并不掩饰这种情绪："这只是把在电视里曾经讲过的没有内容的陈述和宣言巧妙地串在了一起。不开玩笑，这还算句真心话！……气氛变得凝重，他接着说……"在斯特劳斯-卡恩的一个回答后面，特里斯坦娜·巴农评论道："漂亮的回应，像个玩陀螺的杂技演员。这可以填补空白但不能弥补内容的苍白。但内容在那儿啊？"

　　整章从头到尾，巴农一点儿都不掩饰她与斯特劳斯-卡恩的会面带给她的烦恼。从字里行间，人们明白斯特劳斯-卡恩曾试图勾引她："他建议我喝杯咖啡，再次见面。而我，我却一心要走。我也终于离开了……在又磨蹭半个小时后，我答应还会回来，当然我没有再回去。"任何时候，巴农都没有谈到任何暴力的痕迹，就连斯特劳斯-卡恩的任何不当举止也一点儿都没有谈到。

　　2003年夏末，在出版商将有关斯特劳斯-卡恩的一章从书中删除后的几周里，特里斯坦娜·巴农向某些记者报警，斯特劳斯-卡恩曾试图在一次采访时强暴她，如果情况属实，那就是非常严重的犯罪行为。她应当立即起诉。当记者们就此事询问吉胡恩时，他曾如是回答。与此同时他还给记者们展示了仍包括对斯特劳斯-卡恩的采访在内的巴农手稿以前的印刷清样。

社会党大佬弗朗索瓦·欧朗德、洛朗·法比尤斯，因巴农的母亲是社会党地方议员的关系，都和这位年轻姑娘见过面，并谈到了此事。据说他们两人都提出了同样的建议。这实际上也是唯一可行的事情。但没有任何一位记者把特里斯坦娜·巴农的指控认真当回事，她本人在数年中再也没有公开谈论此事。比如2004年9月18日法国电视二台的一档名为"人人都在议论"的节目在她平生中第一次对她进行了长达10分钟的采访，她却连一句都没有提到斯特劳斯-卡恩。

那天她穿着暴露，为了推销她的书：《我忘记杀了她》她在节目中用赤裸裸的词汇大谈她父母毫无顾忌的性生活，并说她父亲从来也没有照顾过她。她的父母也都是名人，她母亲安娜·芒苏莱是洛朗·法比尤斯的亲信，洛尔省地区参议会社会党派的副主席。她父亲卡布耶尔·巴农是摩洛哥犹太商人，1993年奥斯陆协议后成了阿拉法特的经济顾问。巴农在2004年的这次节目中毫不遮掩地大谈自己的隐私，甚至说到自己在童年时曾被母亲的"女佣"抚摸过并有快感。

但奇怪的是在这种无话不说，大爆秘闻的气氛中，她却连一个字都没有提到那场在一年半前发生的她与斯特劳斯-卡恩之间的不幸事故。在2003年2月采访斯特劳斯-卡恩后接下来的几周里，她也没有提起此事。

记者米肖尔·菲尔德证实道："斯特劳斯-卡恩和我很熟，他给我打电话说她女儿的一位朋友会联系我想进行采访。如果我的记忆准确，那位年轻的记者就在他身边。当他给我打电话时，他那时肯定不是在侵犯她。接下来没多久我在位于卢浮宫路的菲尔德公司我的办公室里和她见了面。那是在2003年3月3日11点30分。我的记事本上有记录。她像对书中别的人物一样对我的'错误'进行了采访。我还记得可能是几个月后她又找到我想给我的一档节目写专栏，以后我就再也没有见过她。

"有件事确定无疑：她从未在任何时候谈到过斯特劳斯-卡恩哪怕是一点点儿的暴力行为。当我听到她如今的宣称，我真是惊呆了。我很了解多米尼克，我知道他会勾引女人。但强奸指控是非常严重的事，如果我有一丝一毫的怀疑，我就不会替他辩解。"

当 2008 年巴农被问到为何拒绝起诉，她回答说："我那时觉得只有接受这个事实，再者，我又能从中得到什么呢？钱？我可不要他的钱。那么用这种名声去促销我的书？老实说我还是少卖甚至不卖都成。"希望获得"忘却的权利"是完全正当的。但在这种情况下，特里斯坦娜为什么还要在媒体上大肆渲染而不走司法程序？本书的作者曾为此与她接触，她在 2010 年 11 月以书面的形式回复道："我永远不会阻止任何人认为我在说谎，认为别人总在撒谎或因利害关系（什么利害关系，我始终搞不懂，也无所谓）而这样做，我觉得是完全符合人性的。当然也有心怀恶意的人，我已经碰到过几个了，但我无力和他们抗争，而且不管我对您说什么，这些人都会有办法解释说是我在撒谎……这也是老生常谈了。忘了吧，抱歉，我有点醒悟了，但不仅遭受了伤害，还要在近七年里一直为此付出代价这真是双重的折磨。"

2010 年 12 月 14 日本书作者再次向巴农询问此事，她回答道："我正在完成下一部小说……坦率地说我不愿意再去回顾这一切。这都是八年前的事了。多波曼先生，我真的很抱歉，但我认为从我开始，人人都应该如此，是时候去操心别的事情了。我们不能因为一个很久以前犯的错误而继续怨恨这个人……至于我，我不能把这已经过去了的事情一直重复到死吧，要不然我就会早死！"

与此同时，阿尔迪松主持的节目继续在网上流传。在一意孤行地假定斯特劳斯-卡恩有罪的基础上，对他大肆进行有损人格的指责："无风不起浪。"皮罗斯卡·纳吉事件使流蜚飞语甚嚣尘上。人人都因这段插曲而重新瞄准了斯特劳斯-卡恩。

2008 年 10 月 22 日星期三，捷里·阿尔迪松应邀参加蒙特卡罗电台《争强好胜》节目，他居然宣称："此事众所周知，光我自己就碰到过 14 位女性朋友对我说：'他曾经想上我。'……我认为这家伙有病，你可以热衷于和女人睡觉，但不至于热衷到这个程度……他真应该去疗养院待上一阵子！"

2009年3月8日在定格网站上播出的节目中，讽刺作家第迪·包尔特在谈到斯特劳斯-卡恩时，以不容置疑的口气说道："这属于病理综合征，他有病，人人都知道。"节目主持人施奈德曼也点头表示赞同。"斯特劳斯-卡恩真是个色魔！"2010年一群人以"卡桑德尔"的化名出了一本不具名的诋毁斯特劳斯-卡恩的册子，他们就是用这样的话来企图将斯特劳斯-卡恩盖棺论定。"斯特劳斯-卡恩是个吃女人的人。"这样的流言一直在公众中传播。

好色但没有强奸

早在2011年5月14日前很久，人们就可以在谷歌上搜索到和斯特劳斯-卡恩的名字连起来的一个词"强奸惯犯"，然而热衷于各种丑闻的网民们却只会感到失望，唯一可以佐证这个指控的素材居然只是巴农的录像带。至于"惯犯"一词，当时人们并没有发现任何痕迹可以用这样的词去形容斯特劳斯-卡恩。

为了回应年轻女作家的指控，本书作者会见了好几位与斯特劳斯-卡恩在职业活动中，政治生涯中，甚至是私人生活中相知相识的女性。她们是议会议员，或者是斯特劳斯-卡恩的工作伙伴，其中有几位还是斯特劳斯-卡恩在政治上的反对派。她们中的大多数在职业生涯中都不需依赖斯特劳斯-卡恩而生存。当我把他们基本都不知道的特里斯坦娜·巴农对斯特劳斯-卡恩的种种指控一一叙述了一遍后，我的这些对话者个个都惊得目瞪口呆。

其中一位是社会党议员并以在妇女权利上绝不妥协，坚持道德标准，敢说敢干而著称，她在辩论结束时说："多米尼克，强暴？这绝不可能。"但和其他人一样，她又微笑着解释道："第一回见面，他就会试图勾引你。这也多多少少是人人皆知。要是他觉得对方并不反感，他就会趁虚而入。但要是对方拒绝，他也不会再纠缠。"

斯特劳斯-卡恩是个强奸犯？所有认识他的男男女女得知他因此而被捕时，都惊得说不出话来。但她们或他们都一致认为好色是斯特劳斯-卡恩的老毛病。这是一件明摆着的事实，而且在他的长期生活中从来也没有一点儿谨慎的意识去稍稍掩饰。

14岁开始谈恋爱，18岁结婚，一直对他的第一任妻子忠心耿耿，年纪轻轻就当了爹。学业繁重，工作紧张，还要加上政治活动，斯特劳斯-卡恩从未尝过单身汉的快乐。接着是三十而立，又认识了第二任妻子吉利曼特。外表变了，社会地位变了，他也终于发现了自己吸引女性的能力。他从书本中抬起头来，才发现人世间到处都是美丽的女人。

斯特劳斯-卡恩与密特朗正相反，没有藏起来的私生子，没有见不得人的隐私。没有极左或极右的令人汗颜的经历。一切都绝对透明。多米尼克活得自由自在。还有与密特朗相反的是，他不算计，很少看到人类的黑暗面，不在乎别人的坏心眼。他是如此自信以至于一次都没有预料到那些会让他摔跤的变故。没人会拿他去和马基雅维里相比。

当他被一位女子吸引时，他可不会派一位信使去，然后等着信使夜里悄悄沿着饭店的围墙潜入给他捎来密信。他会在光天化日之下，公开地去勾引她，经常这只是一种"作秀"而并不真会有所行动。人们都说斯特劳斯-卡恩有许多艳遇。而记者们也倾向于相信任何一位说自己曾被前国际货币基金组织总裁"亲近"过的女子，某些乱搞的故事肯定纯属捏造。

"曾经有过谣传说我们俩是情人。"娜丽·奥兰笑着说道。她曾是希拉克政府的部长，与斯特劳斯-卡恩一起在瓦尔德兹省当参议时共过事，"可老实说，我都70岁了。"

法国各个党派里都有政治人物享有"色狼"的称号。前总统德斯坦还把自己的性幻想写成在火车站候车室里出售的小说。他的继任人密特朗像路易十四一样有着一位与他不配的妻子。而希拉克总统呢，在他总统任期结束时，他的夫人贝尔娜戴特在一次采访中几乎以骄傲的口吻谈到那些被他丈夫勾引的"姑娘们"。

性与政治经常是水乳交融的好伙伴。这并不是丑闻也用不着蔑视。斯特劳斯-卡恩一直都很有魅力。女人吸引他，他也吸引女人，更甚于他人？大概。他的魅力并不只在性上，并不只是吸引女人。他的魅力更在于一种智慧的吸引力。他引起了爱与恨交杂矛盾的激情。这是个人人都愿意和他交谈，成朋友、互相信任，一起工作，一起生活的男人。至于上床？不可否认，斯特劳斯-卡恩喜欢女人，而女人们也喜欢他。

纠缠不清吗？

薇洛尼克·本赛义德可以作证。这位44岁褐色皮肤的女士曾是斯特劳斯-卡恩任市长的萨尔塞勒市的社会党成员，如今她是巴黎大区靠拢人民运动联盟的地区顾问，1998年至1999年她曾是财政部议会助理，每周两次斯特劳斯-卡恩由她陪同出席国会例会。

她向本书作者这样叙述道："与其说多米尼克勾引女人，还不如说女人勾引他。那可真是难以想象！当我们刚在政府成员的席位上落座准备讨论罚款的问题，立刻就有某些女议员给我递来转交给他的字条，里面有时包括了滚烫的词句，甚至可以说是疯狂的表示。

"我曾经亲眼看见女人们在他面前像名妓一般大献殷勤，我曾见过女议员、女工作人员不顾一切地要想和他睡觉。我发觉别的部长也有这种遭遇。但在斯特劳斯-卡恩这里，真是登峰造极了。事实上，我们可以称之为性骚扰。但多米尼克却应该是受害者！我于1992年初次见到他。他那时43岁，非常英俊，我那时26岁，我长得也不错。但我们的关系从未过界，无论在当时，还是在接下来的15年里，我一直得到了一位女士和一位女同事应该得到的尊重。"

另一位女性也作出了同样意见的证明，她是一位在过去10年里与斯特劳斯-卡恩一起工作的社会党活动分子："我从未发现他对他的女同事们有任何不雅的举止。他的行为始终是非常的端正。他常向我询问孩子们的情况。一点儿也没有一个勾引女子的色鬼样子。再者，他妻子安娜·辛克莱也常常在，有时还有他的大儿子。不，他的形象是一家之主，父亲的形象，而不是个色鬼的形象。"

事实上，像他父亲吉尔伯特一样，斯特劳斯-卡恩从来也不是一位忠诚丈夫的楷模，但这并不会阻止他深深地爱着自己的妻子，而且她还长得出奇地像他母亲。他和安娜·辛克莱这对夫妇在经过了如此多的风风雨雨后，更加显得坚不可摧。

有一天斯特劳斯-卡恩曾说："我生来就是安娜的老公。"在 2011 年 3 月 13 日法国电视四台播出的一个纪录片里，编导问他："安娜对您代表着什么？""代表着一切。"国际货币基金组织的前总裁做了这样的回答。安娜·辛克莱是位敏锐的女子，高水平的知识分子，和她的丈夫有着平等相处的关系。她是他的第一顾问。自从他被美国司法当局收押后，她也是他最主要的支柱。

后 记

倒计时

2011 年 3 月 20 日星期天，就在我结束本书初稿的几天前，我与斯特劳斯-卡恩通了电话，他那天正巧在繁重的公务旅行之间有空在华盛顿的家里稍稍喘口气。我想就他与女人的关系开诚布公地谈谈。此前我已经把准备好的要点用电邮传给了他。

国际货币基金组织总裁的答言彬彬有礼，但使我感到有点儿冷淡。是不是他感到被误解了？为了和他直接对话，我从一开始就把本书定位为"政治生涯传记"。如果说直到目前，我从他本人和他亲友那里获取了大量的倾诉，从而能勾画他的心理状态和心路历程，是因为我把最敏感的话题都留到了最后。

我的行为准则一直很明确：与每个普通公民一样，只要这是在法律允许范围内和成年人之间自觉自愿，政治人物的性活动与公众舆论和记者们无关。但对斯特劳斯-卡恩而言，有两桩私生活的纠纷被公开了，一桩与皮罗斯卡·纳吉有关，另一桩涉及特里斯塔娜·巴农，性质有所不同。这两桩纠纷在一本只谈政治生涯的传记里也有涉及的必要。

当在电话里问到他与皮罗斯卡·纳吉的艳遇时，我对斯特劳斯-卡恩谈到国际货币基金组织的匈牙利职员和她的丈夫时表现得谨慎小心印象深刻，他明确拒绝讨论有关他那些在国际货币基金组织内部的对手们有可能通过公开他与一位年轻妇女的特殊关系而操纵事态。他对自己的

"不当行为"负全责。我尤其感到他内心因伤害了妻子安娜·辛克莱而产生的真诚的悔意，"您有时太轻率了。"我向他提起他在20世纪90年代末期发生的学保案中的表现，"没错，我是轻率了。"他认同道。

当我提到特里斯塔娜·巴农这个名字时，他的语调变得十分严肃。斯特劳斯-卡恩完全否认这位年轻女作家的陈述，并做了大体如下的申明："全是假的！她描述的情景只是幻觉。您能相信，我，把一位年轻女性推倒在地，对之实施像她所描述的暴力？我在那次采访前根本不认识她。她通过我女儿卡密与我接触，卡密的母亲，我的前妻布里吉特·吉利曼特是她的教母。我们的访谈正常进行。结束时我给电视节目主持人米肖尔·菲尔德打了个电话，替她安排一次采访。后来当我得知她指控我性侵犯，我真是惊呆了。"

我于是问他为什么没有指控她诽谤，他回答说一方面报道这件事的电视节目并没有直接提到他的名字，再者这档节目播出后也没有引起新闻界的任何反响。

"为什么要对一桩已经完全被遗忘的旧事重新大肆宣扬？"他像是要指责一般提出这个问题，"您可以自行决定，这是您的作品。"他对我说，"不过以此事来结束您的著作，对此事比对我在国际货币基金组织的工作成绩更感兴趣，只能使人有点儿遗憾。尽管您对特里斯塔娜·巴农的指控保持距离，您还是在您的同行们都对此事失去兴趣的时候，在读者耳边重提旧事。"

在挂断电话前，我向他询问有关安娜·芒苏莱也就是巴农母亲的情况，他对我确认说他在那次电视报道后曾在社会党活动中碰见过她两三次，他们谈到了年轻女作家对他提出的指控。据他的说法，他们友好地道别，就像这桩事只是个误会。

3 月

在这次电话交谈的前几天，我和安娜·辛克莱约定在浮日广场的一家咖啡馆见面，我告诉她我将会在我的书里谈到她丈夫与女人们的问题。除了纳吉和巴农，我发觉她对全巴黎有关她丈夫的小道消息全都清清楚楚。她知道区分流蜚飞语、谣传、无稽之谈……和真相。

与街头巷尾的描述正相反，她不是不知道"多米尼克"过去的滥情。她明显为此而痛苦，但她做出了一个记者应有的反应。"尽您的职责，"她对我说。

她与斯特劳斯-卡恩的夫妻关系能经受任何考验，这两个人完全志同道合。都是左派，都信犹太教，有共同的朋友，热爱读书、音乐，有6个儿女，6个孙儿女……还有他们共同经受的各种考验。在一起生活了20年后，他们"比头一天"还要爱得更深。这是安娜·辛克莱在纳吉事件结束时自己说的话。

这的确让人惊讶。自从5月14日斯特劳斯-卡恩被捕以来，这对夫妻让全世界都陷入了困惑。这个谜团不是本书作者能解得开的，这也不是我的角色，不过我知道爱情有时是用道德无法想象的。

就在浮日广场的这次会面时，我也向安娜·辛克莱提到了未来的总统竞选。她向我表达了她的矛盾心理：

"一方面，作为一个左派女性，我渴望看到多米尼克与萨科齐对决，我知道以他的才具他会为法国作出巨大的贡献，他会实施许多比人们想象的更左的措施而让人大吃一惊。另一方面，我也很怕选战，它难免会肮脏下流、揭人隐私。还有，我也很为以后的生活发愁，如果多米尼克成了总统，我们就再也不能单独出门，我也不能安安静静地逛街了。还有我们的孩子，我们的孙辈们，他们一直都生活在我们的政治活动之外，如何保护他们？老实说，当了总统就只有两天好日子，当选的那天和就任的那天，接下来，整整5年，你就只有无穷的麻烦事，与街头巷尾的流言正相反，我并不推动多米尼克参选。然而，他要想去，我也不会阻拦。"

4 月

4 月初，我与斯特劳斯-卡恩最后一次通话，我觉得他显得非常坚定，我是通过一个细节感受到的："您的书能卖 100 万本！"他对我大声说道。这句话同时向我表明他对出版业的无知（没有任何一本谈政治的书能达到这个纪录），和他对自己的前景充满信心。"我的书能否畅销取决于您……以及法国选民。"被逗乐了的我对他说。我的意思是对我作品的反响，会因他成为法国总统或仍是国际货币基金组织总裁而不同。

在整个 4 月里，尽管他一直不表态，他将是爱丽舍宫候选人的明显性逐渐不言而喻。国外的报刊甚于法国，已经开始为他在国际货币基金组织的工作作总结。英国人马腾·沃尔夫，著名的金融时报专栏作家，2007 年曾表示强烈反对斯特劳斯-卡恩当选总裁。如今也不吝言词对他大唱赞歌。早在 2010 年 10 月，美国的新闻周刊就在它的国际版有关斯特劳斯-卡恩的文章中写道，"他将会在拯救世界后征服法国"，言语有些溢美，但的确表达出斯特劳斯-卡恩在经济界所享有的令人难以置信的好评。

如果他并没有"拯救世界"，斯特劳斯-卡恩至少拯救了国际货币基金组织，通过将其适应于新的地缘政治局势。西方仍起着决定的作用，但它不显得那么张牙舞爪了。在离开国际货币基金组织之前，斯特劳斯-卡恩希望帮助实现他在 2007 年竞选时的承诺之一：培养一位来自新兴国家的继任者。

斯特劳斯-卡恩希望功成离任，他清楚希腊局势的突然恶化会有可能推迟，甚至阻碍他参选总统的计划。他的追随者和他的对手们却都不怀疑他的决定。当他在 4 月的最后一个星期逗留巴黎期间，斯特劳斯-卡恩不再对他碰到的社会党领导人和众多的记者保密。

在正式投入选战前，斯特劳斯-卡恩尽享天伦之乐。"我们 6 个人共度了一段甜蜜的家庭时光。"斯特劳斯-卡恩的妹妹叙述道，"多米和安娜，马可和我嫂子伊萨，我丈夫帕特利克和我 4 月 30 日一起在巴黎吃晚饭，为多米尼克庆祝生日。他为我们送给他的生日礼物兴高采烈，其中有一张我们的祖父母在海滩上的带镜框照片，还有孙辈们在闪存上的照片……多米尼克显得从容而放松，他刚和安娜在阿卡迪尔过了几天二人世界的小日子，在我看来，该算作是小蜜月和一次寻根之旅。多米尼克明显地深有感慨，因为他从那里给我打来电话只为了告诉我他正在阿卡迪尔的海滩上，想对他的小妹妹从我们童年的城市问声好。接着他又说当我离开这个地方时才 3 岁，还没什么记忆。"

5 月 10 日

2011 年 5 月 10 日星期三，斯特劳斯-卡恩缺席社会党人为纪念 30 年前密特朗竞选总统所取得的历史性胜利而举办的庆祝会，但他的身影却从没有像现在这样笼罩着左派。

这一天，我遇到了洛朗·阿苏莱，他五十开外，自 1974 年起就是社会党人，但不为大众所熟悉。尽管他从未参加过任何竞选，这个躲在暗处的人物长期以来却在社会党内部扮演着重要的角色。作为 1990 年至 1994 年间的常任代表和财务总监，他在社会党内负责财务，他在 1995 年若斯潘竞选总理时，负责组织和经费，他于 1984 年结识斯特劳斯-卡恩，并走得很近，他正不显山、不露水地为斯特劳斯-卡恩筹划着 2012 年的总统竞选。

在我们 5 月 10 日的交谈间，他很谨慎地不对作为记者的我透露有关这场竞选的秘密。不过他也不隐瞒他正和其他人一道为他的候选人回法国而做准备。

"我们正在考量从斯特劳斯-卡恩辞去总裁职务到正式在法国参选间这段敏感的过渡期，"他向我确认，"一切都极有可能在 5 月 15 日至 28 日期间搞定。"

他说他不知道坊间流传着斯特劳斯-卡恩与辛克莱一起已经在巴黎

为未来的竞选人和他的团队私访了一些出租的办公地点，像大多数斯特劳斯-卡恩派人士一样，阿苏莱连一秒钟都不怀疑他的高手已经下定决心，他有能力击败萨科齐。"对多米尼克而言，最困难的是过社会党初选这一关。"他对我说。在此背景下，他对"保时捷插曲"表示愤怒，这件事一周来被法国媒体炒得沸沸扬扬。

4月28日，斯特劳斯-卡恩与辛克莱受萨尔塞勒市前社会党人，现任拉卡代尔集团公关顾问克胡恩之邀，坐着后者的豪华公务车保时捷一起出行。斯特劳斯-卡恩缺乏密特朗的谨慎小心，后者30年前曾拒绝了广告大亨赛克拉同类型的邀请。一个"狗仔"摄影师"抢了个正着"。5月3日《巴黎人报》便以独家新闻登出了照片。

斯特劳斯-卡恩夫妇在一辆豪华车旁的照片引起了热议，接着一周多里各大媒体也炒得热火朝天。斯特劳斯-卡恩派的社会党领导们只得亲自上阵平息事态，他们极力辩解说保时捷不是斯特劳斯-卡恩的车，为这个公关错误焦虑不安。一张照片引起了"满城风雨"，连各党派都纷纷出来表态。它引起了人们关注极有可能是左派总统候选人却与无产阶级几乎不沾边的生活方式。

5月11日

2011年5月11日的《快报》就此刊登了一系列文章。这家周刊给出的大部分内幕早已为人知。他们旧事重提地说斯特劳斯-卡恩作为国际货币基金组织总裁的税后月薪为3万欧元。他们估算了斯特劳斯-卡恩夫妇房产的总值，马拉凯什的别墅，浮日广场的公寓，华盛顿乔治城街区的房子，合起来接近1000万欧元。《快报》还提醒说安娜·辛克莱是画商保罗·罗森伯格的外孙女，继承了一批名画。

第二天5月12日，《法兰西晚报》也来板上钉钉，该报的一名记者对斯特劳斯-卡恩夫妻在华盛顿的生活作了调查，她告诉读者他们经常出入诸如莫顿餐厅之类的场所，每餐费用为50~100美元，约合35~70

欧元，这一点都不过分！但她披露了一条更吸引人的消息：国际货币基金组织总裁在华盛顿"巴黎的乔治服装店"定做了三套西服。这是一家专为上至奥巴马总统的首都各界名流们服务的专卖店。一套西服的价钱从 7000~35000 美元（约合 4800~24000 欧元），这是店主在接受《法兰西晚报》采访时透露的。斯特劳斯-卡恩身边的人立即否认了这条新闻。第二天斯特劳斯-卡恩也亲自反击，他宣称将委托一名律师就传播有关他生活方式的假消息而起诉《法兰西晚报》。

5 月 12 日、13 日和 14 日

5 月 12 日热拉尔·卡海胡在当年由拉扎莱夫创办的《法兰西晚报》上发表专栏文章，他构想了灾难性的一幕：斯特劳斯-卡恩的总统候选人资格将随着他与左派的承诺背道而驰的生活方式被曝光而彻底崩溃。

5 月 13 日星期五，一位与斯特劳斯-卡恩很接近的社会党议员向我表达了他对这位大佬身边人的担忧，"他们与那些'半月光'族的选民们隔了一座山。他们不知道在这种情况下我们要赢得初选是有困难的。"

在我和斯特劳斯-卡恩及他的亲信们的几次交谈后，我发觉相比女人问题，他们更怕对金钱和犹太后裔这两点的攻击。

5 月 15 日《星期日报》即将发布"保时捷插曲"后的第一次民调结果，它表明斯特劳斯-卡恩的民意指数受到了侵蚀，他第一次被社会党的另一位候选人费朗索·欧朗德在社会党的初选中超越。不过斯特劳斯-卡恩如和萨科齐对决却能稳操胜券。这可和《法兰西晚报》宣告的灾难远了去了，可真正的灾难已经迫在眉睫。

5 月 14 日星期六华盛顿时间下午 4 点 45 分，巴黎时间晚上 10 点 45 分，美国警方在纽约的肯尼迪机场逮捕了斯特劳斯-卡恩。安娜·辛克莱正在巴黎。刚过夜里 11 点，也就是纽约的下午 5 点，她笑容可掬地来到她的朋友、歌手布里艾尔的家中，后者当晚正在给自己的 52 岁生日庆生，她不能待得太久，第二天一早她要早起去机场接她的丈夫，

飞机应当在清晨降落。

午夜刚过她就回家了。接近凌晨 3 点,她睡得正香,一个电话打来说她的丈夫已被捕。这条消息让她顿时感到天旋地转。而就在此时此刻,有些人获悉此事已经好几小时了。

实际上巴黎时间夜里 10 点 59 分,也就是在斯特劳斯-卡恩被捕仅 14 分钟后,推特网上就有了一条消息:"一位纽约的哥们儿刚向我报料说斯特劳斯-卡恩可能被警方一小时前在纽约的一家饭店里逮捕。"这条推特网的消息是由一位叫比乃的年轻人发出的,他是人民运动联盟巴黎地区的活动分子。他的"哥们儿"应该是一个正在纽约索菲黛饭店实习的 24 岁的年轻小伙子,名叫博里斯。5 月 14 日星期六他正放假,一位正在饭店的同事用短信告他此事。

几小时之后,《纽约时报》也报道了斯特劳斯-卡恩被捕。此消息称,国际货币基金组织的总裁在午后 1 点侵犯了索菲黛饭店的一位女清洁工,然后于……2 点 15 分在肯尼迪机场被逮捕。这个时间顺序让人不容置疑,斯特劳斯-卡恩匆匆出逃。然而这个时间表在接下来的时间里还会几经修改,这是人们称之为斯特劳斯-卡恩事件的第一漏洞。

爆炸性的新闻

2011 年 5 月 15 日星期日,清晨 5 点半左右,我的手机响了起来,我在黑暗中摸索着。我听出来在电话的另一头是新闻电视台总编辑阿尔伯·里巴蒙迪的声音:"你知道了吗?斯特劳斯-卡恩在纽约被捕,我们要你来台谈谈此事。"

我是在做噩梦吗?半睡半醒之中,我读着这些词:"试图强奸、哈莱姆警署。"实际上,里巴蒙迪早就在给我发信息了,我在我的黑莓手机上又发现他在早上 3 点 50 分给我发的短信:"斯特劳斯-卡恩在纽约因性侵犯而被捕,尽快回我电话,多谢,阿尔伯。"我还收到一封斯特劳斯-卡恩前办公室主任,他"叔叔"凯达来的邮件,凯达跟斯特劳斯-卡恩有亲戚关系。

这封邮件是 3 点 42 分发来的，标题是一串惊叹号"！！！！！！"他转发了纽约时报网站刊出的第一篇文章，标题如下："国际货币基金组织的头在机场被抓，他被指控为性侵。"慌乱中，我急切地想知道更多的信息。我在互联网上和电视上汇集的初步消息全都对斯特劳斯-卡恩极其不利。人们在传口交、肛交、房门紧锁、施暴，尤其是逃跑。还有传言说录像显示他是跑着离开饭店的。

我给凯达发了条短信："我可以和您通话吗？"他没回答我。我不愿意在没有得到斯特劳斯-卡恩亲友的说法前就去新闻台就此事件发表评论。

6 点 02 分，我给几年来一直是斯特劳斯-卡恩新闻专员的安娜·荷美尔发了条短信。她与斯特劳斯-卡恩夫妇保持着极亲密的关系，一般情况下她总对记者的问题迅速回应，但这次，她只是给我回了条简单的答复："目前无可奉告。"这个"目前"将会变成永远。

从政客们的喧嚣到司法的沉默

那天早上，我没能立刻搞清此事，替斯特劳斯-卡恩说话的人全都"出界"了，斯特劳斯-卡恩星系大大小小的同心圆都被爆炸击得粉碎。亲友们，政治盟友们，当年部里的同事和萨尔塞勒市的老同志，巴黎高商时的老同学，全都挤出时间来互相询问，交换几条仅有的消息，了解局势的严重性。

人人都在厄运宣告时表达了同样的惊愕。几年，甚至是几十年来他们的生活都是围着"多米尼克"转，他是众人仰望的北斗，使大家的生活熠熠生辉。他们争先恐后地要引起他的注意，获取他的友谊，做他的左臂右膀，第一位得到他的新手机号码。这是个能激起他们崇拜和爱戴的大人物。

像在 1999 年的学保案时一样，他们曾坚信翱翔的雄鹰正带领着他们去攻占爱丽舍宫，可惜他在半路上却折了翅膀。这一回问题却严重得多，无法理解。他们中间最优秀的人物，他们都为之骄傲的人物，此时此刻正被关在曼哈顿青灰色的警署里和一堆从街上和声名狼藉的酒吧里抓回来的小偷们待在一起。他们都已经准备好了要在"总统"这部大戏里担任要角。没想到会变成"囚徒"这出戏连话语权都没有的看客。从5月14日到15日的这一夜，斯特劳斯-卡恩帮曾经多么出色的宣传机器陷入了沉默。

为了避开那些在她位于浮日广场的楼下安营扎寨的摄影记者，安娜·辛克莱躲到了朋友家里，陷入了无尽的悲伤和痛苦，她不想让别人把自己当戏看，那些在候车室里专翻各种小报的读者一看见他们的偶像遭了厄运而原形毕露变得和普通人一样就会产生一种说不出的快感。安娜·辛克莱的沉默在片刻间让人产生了疑问，这回她不要她丈夫了？答案在巴黎时间下午5点公布，没有一点含糊不清，斯特劳斯-卡恩的妻子发出了一份公告，申明完全支持她的终身伴侣，连一秒钟都不相信对他的指控。

"多米尼克是个好人，诚实、正直。"几天之后，她对我诉说道，"我比任何时候都更相信他。我们的夫妻关系能经受任何考验。我们会手拉着手、有尊严、正派地共同走出困境。"

5月15日，周围的人里，只有那些被称为"雏狼帮"的忠实的政治朋友们在媒体上表了态，他们都异口同声地表达了震惊："这个被声称干了这种事的人和我们认识的那个人连不上。"有些记者指出斯特劳斯-卡恩的盟友全都使用了同样的"语素"，他们看出来这是长期以来一直精心塑造着斯特劳斯-卡恩形象的法国一家著名广告公关公司努力的结果。这家公司正准备将他作为2012年法国总统竞选人"发射升空"。

当2008年纳吉事件时，安娜·荷美尔、吉尔·范森斯坦和杭吉·吉胡恩专程赶到华盛顿组织媒体的反攻。这次只有安娜·荷美尔一个人在这悲惨的一幕发生的两天后陪同安娜·辛克莱前往纽约。她只在纽约待了两天，等待着斯特劳斯-卡恩被有条件保释。这次出门，安娜·荷美尔也不是以专业人士的身份，而是作为斯特劳斯-卡恩夫妇的密友陪同前往。

斯特劳斯-卡恩被捕的消息一经宣布，法国舆论界便立即停止炒作他的形象，公关专家们很自然地让位给了律师们。

"多米尼克不是色鬼。如果我们不能挽救他的总统梦，至少也要拯救他的声誉。"一位斯特劳斯-卡恩的老朋友对半夜里惊慌失措给他打来电话的凯达"叔叔"说。

2011年5月14日到15日的夜间，《星期日报》不得不急紧撤换第二天报纸的头版新闻："根据最新的民意测验，斯特劳斯-卡恩将在总统初选中以26%的选票超过萨科齐，后者只得到21.5%选票。"下一年度竞选的大热门，突然被赶出了竞赛场，他离开了法国政坛去和美国司法界打拼。这个生来能言善辩的人物突然间被降格为一副惶惶不安、被迫保持沉默的样子。

瓦莱丽·斯特劳斯-卡恩的真相

坐在电视机前，喝着咖啡，我正一点点儿推算事态的严重性，如何对描绘的这些情景提出疑问？怎么能想象纽约的警方在没有掌握确凿的证据下就会逮捕一位这么重要的人物？老实说我对仅凭一人的指控就可以抓人的美国司法制度十分不解。我的第一反应是气愤。

"我难道被彻底愚弄了？"我对我妻子说，"斯特劳斯-卡恩难道比他的政敌们描绘得还要坏？还有这些我就斯特劳斯-卡恩的为人而采访过的人，他们全都在朝我撒谎？"

5月15日清晨6点，我就给斯特劳斯-卡恩的妹妹瓦莱丽·斯特劳斯-卡恩打了电话。过去几个月里我和她只见过三次，不过我们还通过好几次信或电话。她大力帮助我重新构建斯特劳斯-卡恩家族复杂的历史，斯特劳斯家系、卡恩家系、费律斯家系。

她接了电话。在如此特殊的时刻，我们无心闲暄，我直奔主题："瓦莱丽，您能告诉我究竟出了什么事？"我的对话者语气坚定地回答我说她对经过一无所知，对电视里的新闻报道完全不明白。"我了解我哥，"她说，"我能肯定他不可能对一位女士施暴。"

——"您捍卫他，只因他是您的哥哥。"我语气生硬地对她说。

——"不错，他是我哥，那又如何？总不能为此我还该胡说八道？"

片刻间，我陷入了矛盾的情绪之中，一方面，我觉得我没权利在这种时候去折磨她。另一方面，我却急切地想知道事情的真相，至少是她认为的真相。"瓦莱丽，两年来我一直在写您哥哥的传记。当我和您谈到特里斯塔娜·巴农事件时，我向您提过有关对他的信任问题。这个问题我也向其他许多人提过。您是他妹妹，您同时也是个女人，一位女权主义者，请告诉我您内心确信的事情，我有权知道。"

瓦莱丽·斯特劳斯-卡恩用不可能作假的真诚语气回答我说："我从出生起就认识多米尼克。他性格温和，和我另一个哥哥马可一样。他们俩是在母爱中长大的。我父母传承给我们的价值观是：尊重人权、尊重妇女、尊重弱者。我们全部的教育都立足在对话交流之上，从未有过暴力行为。在我的家庭里，男人们都是性格温和。马可是个极其聪明的人，人人都说，多米尼克人也很好，宽宏大量，比人们想象得更敏感，我不知道在纽约究竟发生了什么事。但我可以作证我们家教的价值观是与任何暴力行为背道而驰的。我父母从未对我还是我的哥哥们打屁股或是抽耳光。我从来也没见过多米尼克朝谁动过手。"

这番对话使我既失望又深受感动。我本来幼稚地认为作为斯特劳斯-卡恩最亲近的人，她会向我提供被告的说法，从而使我能了解这桩全世界都在关注的奇闻。

和许多法国记者一样，我不熟悉美国的司法制度，话语权首先并且在很长一段时间都属于控方。直到指控完全展开，辩护方才能提出论据。我当时并不知道关押在哈莱姆警局的斯特劳斯-卡恩并没有就指控他的各项所作所为被审问过。他完全否认针对他的各项指控，在被捕几小时后就宣告他选择"无罪"辩护。

由于不了解控方所掌握的证据，也不知道原告的陈述内容，斯特劳斯-卡恩自然不能从细节上进行反驳。被捕不久后，斯特劳斯-卡恩便请美国律师界的两位顶尖高手为他辩护，头一位是威廉·泰勒，他在2008年纳吉事件时就已经替斯特劳斯-卡恩出过庭；另一位是本杰明·勃拉夫曼，因让诸如迈克尔·杰克逊这样的明星人物从看上去已经没救的局势里脱身出来而闻名于世，这两位律师决定采取的战略是绝对沉默以免被对手抓住可利用的只言片语。

巴黎方面无论谁，包括他的家人，他的法国律师让-韦依，都在短期内不可能知道斯特劳斯-卡恩对此事的说法。那一夜斯特劳斯-卡恩在想什么？他大概就像在一架被巨大的气流所席卷的飞机上的乘客，悬在半空中，在爱丽舍宫和监狱之间。他还没意识到就要临头的灾难正在粉碎他的生活以及成千上万的法国人寄托在他身上的希望。

当新的一天在六边形的法国开始时，仅仅凭着从纽约警方泄露出来的部分材料，媒体机器就全都开动起来。按照约定的7点钟，我在电话里回答了新闻电视台的问题。接下来是一个接一个的采访，整整一天没完没了。我的手机上短信成堆。电台、电视台、报纸都想了解同一件事，"作为《斯特劳斯-卡恩传》的作者，您对此感到惊讶吗？"

有些人向我询问本书主人公过去的情史，另一些则关心他的性格问题。许多人都想知道是不是"早就料到会有这一天"。

最离奇的问题来自一位医学领域的女记者，她问我："斯特劳斯-卡恩是糖尿病患者，还是帕金森病？"这个问题使我惊讶，我只能回答她说我对此什么都不知道。她不高兴了，"作为他的传记作者，您应当知道。"她向我解释说某些医疗措施会引起性侵犯。无言以对，我只好回答说："我不是医生，不过我觉得斯特劳斯-卡恩看上去不像得了这两种病。"

有潜规则吗?

在斯特劳斯-卡恩因性侵及其他事项被捕羁押后,人们谈得最多的就是所谓法国媒体对斯特劳斯-卡恩的有关问题一致采取了"不开腔"的潜规则。这真是个奇怪的想法,如果有一位法国政坛人物多年来一直被电台和各种讽刺节目讥笑为"色狼",那无疑就是斯特劳斯-卡恩。没有一个听众或观众会不知道他对美色的偏好。

"真热,I want to fuck(我要干)",在索菲黛饭店事件很久以前,小品演员洛朗·热拉每天早上都在卢森堡广播电台的早间节目里模仿前财政部长的腔调说这句话。而另一位在 2010 年被法国国际台除名的小品演员斯特凡·吉永仍然在电视四台上无所顾忌地讽刺斯特劳斯-卡恩。

"他们都知道,什么都不说。"几周内报刊电台为这条指控争论不休,刊登了大量的文章。他们究竟知道什么?有什么是他们闭口不谈的?

斯特劳斯-卡恩刚刚被捕,记者让-卡特迈尔就出来显示他对推定的试图强奸罪早就有过预感。这是假话。作为《解放报》驻布鲁塞尔的特派记者和欧洲事务专家,他曾在 2007 年 7 月的个人博客里给因斯特劳斯-卡恩被任命为总裁而兴高采烈的大众泼了一盆冷水。

"斯特劳斯-卡恩唯一的死结是他和女人的关系,总是急不可待,经常接近于性骚扰。媒体全都知道他这个嗜好,但没人开口(我们是法国),然而,国际货币基金组织是个国际性的机构,盎格鲁—撒克逊的道德标准占主导地位。一个不当的举止,一个过于明确的暗示,都会变成媒体追逐的焦点。"

《玛丽安娜》周刊以尊重受法律保护的个人隐私权为由对卡特迈尔进行了反击,在这一点上,长期以来法国的报刊一直与盎格鲁—撒克逊的同行不一样。

卡特迈尔于是说得更隐晦:"为了准确地了解斯特劳斯-卡恩,我知道他不停地勾引女人，尽管他从未有过不当的举止。这一点一直都令人反感，尤其是在国外，所有关注斯特劳斯-卡恩政治活动的记者——包括《玛丽安娜》周刊的——全都知道，他的花心事多得数不过来。但'急不可待'并不触犯法律，这一点很清楚。就是在美国也完全一样。我要说的只是，斯特劳斯-卡恩一旦上任，就必须收敛起他那副'法国情圣'的笨拙嘴脸。"

卡特迈尔的话只对纳吉事件而言有预感，这桩发生在成人间的婚外性关系如果不是在盎格鲁—撒克逊国家，就不会对斯特劳斯-卡恩有任何问题。但无论卡特迈尔还是其他任何人，谁也没想到会发生像纽约警方这样的性侵犯指控。

你们不是说有"不开腔"的潜规则吗？早于卡特迈尔几年前，《新观察家报》就已经不提名地报道过有一位部长去了首都一家著名的性自由俱乐部，"今夜有特殊人物：部长要来，货真价实的部长……突然他进来了，就是他。人群中传来一阵轻轻的骚动。两名年轻、高个、苗条的妇女陪着他，他比电视里看上去更胖，你不觉得？他的笑容简直像在竞选。"

熟悉情况的人都认为这人就是斯特劳斯-卡恩。从这篇报道开始，原财政部长就背上了"夫妻交换者"的名声。真的还是假的？无所谓。传播这类无法确证的流言并不是件体面的事。性自由并不违法，而且据心理分析专家而言，喜欢这类活动的人一般性格都与强奸犯正好相反。

斯特劳斯-卡恩难道是法国政界唯一的性自由者？不管怎么说，他肯定是性活动被人们说得最多的那一位，真的假的全算上。因此，我们对他的情况还有什么可藏着掖着不让人知道的呢？费丽贝蒂的例子？5月14日以后，报道纷纷引用了一段据说是这位年轻的社会党女议员在2006年说过的话："我可不愿意单独与斯特劳斯-卡恩同乘一部电梯。"到了2010年春天，费丽贝蒂女士的话被报刊的流言歪曲成斯特劳斯-卡恩曾侵犯过她。为了了解事情的真相，我提出与当事人见面，她的议会助理答复说费丽贝蒂女士明确否认性侵的传言，她没有什么要和我说的。

那么有关斯特劳斯-卡恩对女记者们的"粗鲁"行为又是怎么回事？作为在这一行工作了30年的老人，我认识许多女记者，我就此事询问她们。有人微笑，有人说好话，还有人目光闪烁……有些人给我描绘的是个花匠，另一些人则正相反，证明她们与斯特劳斯-卡恩的关系不带任何勾引的色彩。

简言之，斯特劳斯-卡恩对女记者们大致与其他政界人物，尤其是萨科齐总统一样。后者曾在一次记者招待会中长时间死死盯着我的一位法国文化电视台的女同行。

"索菲黛事件"之后，三位女记者在《解放报》上谈到斯特劳斯-卡恩的行为，她们曾在他担任财政部长时负责追踪报道。她们是《世界报》的维尔洁妮·马兰格尔、《解放报》的娜塔莉·罗兰、《巴黎人报》的娜塔莉·瑟阁乐，三人一致认为声称一位女记者不可以单独采访斯特劳斯-卡恩"实在是胡扯"。财政部里小声议论着斯特劳斯-卡恩那些睡午觉的偷鸡摸狗，然而对这三位女记者来说，在斯特劳斯-卡恩与她们的交往中，并没有什么值得拿去大叫大喊成丑闻的东西，她们也不怕单独采访斯特劳斯-卡恩。

她们并不否认斯特劳斯-卡恩好色的一面："毫无疑问，这是个花匠，经常犯点儿粗。在说话开始时紧盯着你袒露的肩膀，有点儿带色的邀约几乎是斯特劳斯-卡恩的必备小玩意儿，不过我们从来也未被侵犯，或被威胁过。"三位女记者的结论是：总的来说，女记者们与这位政要的关系可算势均力敌，他可以发起进攻，如果她认定过界了，她可以（她也应当）在她的报纸上报道此事。

目　　标

事实上，斯特劳斯-卡恩的某些政治对手早就盯上了归于斯特劳斯-卡恩的这些伤风败俗之事。早在2009年当时的人民运动联盟发言人费德里克·勒费卜尔就已经暗示说："我们有让他丢脸的照片。"和他谈到斯特劳斯-卡恩的这两位记者把这番话转述在他们评论社会党的书中，接下来勒费卜尔却否认说过这番话，但斯特劳斯-卡恩却当真了。

"跟你的人打个招呼，让他们停止攻击我，否则我就要起诉，"斯特劳斯-卡恩在 2009 年 9 月匹兹堡二十国峰会期间对萨科齐如是说。这一幕还是发生在……会议厅的厕所里，萨科齐向斯特劳斯-卡恩否认试图要他难堪。有言为证。

剩下的问题是这些所谓的丢脸照片，它们真的存在吗？它都包括些什么秘密内容竟可以毁掉斯特劳斯-卡恩的政治生涯？我曾试图就此事作进一步的了解。

有人跟我说这些照片是好几年前斯特劳斯-卡恩在巴黎郊区的一间会馆里参加一次夫妻交换派对时被偷拍的。我碰到的一位记者就这些照片十分肯定地说："毫无疑问这些照片肯定会让他丢脸。"但此前他又说，"我本人并没有见过这些照片。"……假设这些照片真的存在，那么谁又能下作到把它们刊印出来？谁又敢冒触犯刑律的危险去干涉别人的私生活？

然而，的确有敌视左派的警员将情报总局的白皮秘密信息册的影印本拿给某些记者看过。其中谈到 2006 年时斯特劳斯-卡恩曾在布洛涅森林他的汽车里和一名妓女发生了关系，此事还被警方发现做了笔录。我和我的一位曾提过此事的同行进行确认，他告诉我说他的消息来源可靠，但他本人从未能辨认这些白皮信息是否可靠。然而我了解到的情况是：那天晚上斯特劳斯-卡恩确实做过笔录……但却是因为闯红灯！当时他和安娜·辛克莱就住在布洛涅森林附近。

就斯特劳斯-卡恩而言，像对别的政要一样，记者们最喜欢"揭内幕"，有时不免耸人听闻。他们也会被人操纵，追索独家新闻并不犯法，但他们把我们都变成了各路人马利用的对象。

2010 年，林达·乌藏、原萨荷赛尔市市政顾问，后来又成为巴黎大区人民运动联盟的地区顾问，曾向我承诺揭露有关斯特劳斯-卡恩和他那帮人爆炸性的内幕，在我们第一次通话时，她就谈到了她在萨尔塞勒市时见证过诸如"初夜权"、"腐败"等种种肮脏的行为，但并没有给出细节。

当我一周后再给她打电话要求面谈时，她却向我传达说会有危险，如果我把斯特劳斯-卡恩和他那帮人的"真相"写出来，"他们会阻止您的书出版，他们可厉害了"。接下来，虽然我又几次要求面谈，这位女士却再也不理我了。一位人民运动联盟的重要人物，前部长和正直的议员告诫我要当心林达·乌藏和她党内的某些成员，这些人急于兜售这些流言飞语，目的只有一个，搞臭斯特劳斯-卡恩。

我应该算是对斯特劳斯-卡恩的过去研究得最多的记者。我发现他对女人确实胃口很大，但与犯罪毫无关系。同时我也能理解这一点会触犯某些女权主义者。然而我从未从中发现有可能变成性侵犯的先兆，除了——假设这是真的——巴农这个个案，我在发行于纽约事件之前的本书的头版中已经说过。

在这两个案子里，斯特劳斯-卡恩都被指斥为行为像个野兽，用年轻女作家的话来说，就是个"发了情的猩猩"，他朝他的牺牲品猛扑过去，把她摁倒在地，一顿暴打，拦着她不让走，最后才让她逃了出来。接着便若无其事、气定神闲地又去公干了。

巴农事件是否预示了索菲黛酒店事件？或者它是四年来一直在网上可查到的一个范本？这个范本启发了某些人？他们有可能在暗中为法国总统大选的热门人物布下陷阱？

就我个人而言，我只关心事实。我发现斯特劳斯-卡恩被巴农和纽约州检察官描绘成一名精神分裂狂。我同时也发现我认识的许多女士都不怀疑他是无辜的，除了安娜·辛克莱，斯特劳斯-卡恩的两位前妻，他妹妹，他的三个女儿，他最亲密的女助手荷美尔，这些女士都是成年人，独立自主，是左派和女权主义者，他们都深深确信他不会犯下人们对他指控的罪行。

曼哈顿没人要的人

安娜·辛克莱在出事两天后赶到纽约，我和她互通了邮件。她对丈夫的无辜具有不可动摇的充分信心，给我留下了深刻的印象。"问题的实质不容置疑，但我很担心。"她在 5 月 19 日早晨给我的信中写道。这一天，先被剥夺自由继而关在条件恶劣的洛克岛监狱里已经五天的斯特劳斯-卡恩将会知道法官是否允许他有条件保释。安娜·辛克莱与正在纽约读书的斯特劳斯-卡恩的小女儿卡密也一起到庭。斯特劳斯-卡恩向她们招了招手。他露出了一丝微笑，他重又恢复成被捕前的模样。

两天前，他还背着手，戴着铐，一脸疲惫，穿着拖沓的外套，在被捕后的整整两天里，连脸都不让洗一下，就这样出现在全世界的摄像机前，斯特劳斯-卡恩沉默着，听法官嘴角带着微笑地把他描绘成一个试图不顾一切地逃脱美国法律的罪犯。斯特劳斯-卡恩显得十分紧张。

事实上，他只是模模糊糊地看着这一幕。斯特劳斯-卡恩高度近视，也没换上隐形眼镜。他的脑袋比平常更往脖子里缩进去，但他并不低头，也没在摄像机前崩溃。这个决定作无罪申辩的人是个斗士。

为了获得取保释放，他的律师们不得不提出最苛刻的条件：100 万美元的保释金，外加安娜·辛克莱在华盛顿的房子作保，护照没收，不许离开曼哈顿，戴电子手铐，两位看守二十四小时监护，费用由被告自理。

斯特劳斯-卡恩放弃了最后一个象征他过去权力的职位。5 月 19 日早晨，他在洛克岛的牢房里起草了一封辞职信，字字句句都令人想起他在 1999 年 11 月 2 日写的另一封在他陷入学保案之前辞去财政部长职务的离职信。

像在 12 年前一样，他解释此举是考虑到大家的共同利益，12 年前是为了若斯潘政府，现在是为了整个国际货币基金组织，同时也为了能全力以赴为捍卫他的声誉而战。两封信的结尾，在重申了他的无辜后，都向他的夫人、他的全家、他的朋友和合作伙伴们致谢。

在监狱里又过了一夜后，5 月 20 日星期五，斯特劳斯-卡恩终于尝到了与妻子女儿重聚的喜悦，尽管只是形同虚设的自由。斯特劳斯-卡恩夫妇在百老汇一个临时居所暂住几天。

然而现实仍不放过他们。这个"自由"带着苦味，他们的楼前有几十名记者监视着他们。在附近的房子里，"狗仔"们已经安营扎寨，甚至有些旅游大巴专程绕道前来，让车上的乘客在"那个法国人"门前照张相。在一个言论自由得没边的国家里，某些专掏阴沟的小报趁机煽动排外情绪，这种情绪在 2003 年法国拒绝与美国一起进攻伊拉克时就已经出现过。

人送外号"黄鼠狼"，还有"变态"斯特劳斯-卡恩在纽约的部分舆论眼里象征着不受欢迎的人。一位没事干的人在街上举了块牌子，上面写着："我家不要斯特劳斯-卡恩。"在这种背景下，安娜·辛克莱必须与时间赛跑，与满城的怨恨抗争。

根据法庭强制的苛刻条件，斯特劳斯-卡恩夫妇最多只有一星期并且只能在曼哈顿地区自行找到固定的住所。否则斯特劳斯-卡恩就必须重回监狱。用自己的钱找套够大的房子让斯特劳斯-卡恩夫妇以及两位看守者住？财务上他们是没问题的，但这几乎成了不可完成的任务，由于他们的名声和处境。

安娜·辛克莱跑了所有的中介公司，得到的都是拒绝。只要有一位住户反对，交易就做不成。许多人并不仇视他们，但所有的人都怕这位邻居的麻烦事会引来报刊媒体和看热闹的人，从而必然破坏他们的宁静生活。

5 月 23 日星期一，安娜·辛克莱给他们夫妇多年来的老朋友洛朗·阿苏莱打电话。作为企业家，他曾是社会党的财务总监，2006 年斯特劳斯-卡恩进行社会党初选时他负责管理财务。安娜·辛克莱知道阿苏莱在美国认识许多人，尤其是在纽约的地产界。她请他在法官给他们留下的非常短的时间里帮着找套房子。

这一天，阿苏莱正要过生日，他撇下全家和来宾。紧急总动员，电邮和电话在巴黎与纽约之间接连不断。几个小时里，阿苏莱瞄准了几套房子，可法官要求苛刻，必须在曼哈顿地区以内，安保必须得以实施，邻居必须乐意接受。在纽约这个地方这么快要找到符合上述条件的房子几乎不可能。

安娜·辛克莱于是考虑在同样条件下租一独幢，曼哈顿地区这样的房子少而又少。结果还真搜到了两幢。当第一幢的房主得知谁是未来的住户，便明显上调了房租，甚至还要求预付一年的租金，终于在快到限期时，安娜·辛克莱选择了最后一幢由阿苏莱建议的房子，在特丽比卡，是曼哈顿地区最贵的出租房，月租 5 万美元。

全世界的媒体都将向他们的读者或是观众展示这座"镀了金的监狱"，里面关着的人 15 天前还在民调榜上名列前茅。某些人包括社会党的成员会对斯特劳斯-卡恩的"流氓行为"和"浮华生活"感到气愤。他的命运却并不令人羡慕，他不经允许便不能出屋，每天只能见 4 个人，生活完全没有隐私，房子有监视器，电话有人监听，但他可以在家人的关爱上找到寄托。他弟弟和弟媳住在华顿盛，他们是第一批来探望他的人之一。整个夏天，家人、孩子、朋友都会渡过大西洋来探访他。

像大部分斯特劳斯-卡恩派的成员，阿苏莱仍然忠实于他的朋友。"5 月 23 日星期一，"他叙述说，"我正要与安娜通话，接电话却是多米尼克，听到他的声音我激动得不能自制，他对我说他会战斗到底来恢复他的声誉，他定能走出困境。我听到的是一个下定决心、斗志昂扬的男人，尽管他的声音因经受考验而显得苍老。"

2011 年 6 月 6 日，多米尼克·斯特劳斯-卡恩重申他将作无罪申辩。2011 到 2012 这一年将成为他生命中的战斗之年。这场战斗是他的生死之战。如果他又一次像他一生中多次重复过的那样，最终又东山再起，许多新的还不能想象的篇章将会接着充实和丰富本书。